“十二五”职业教育国家规划教材
经全国职业教育教材审定委员会审定

21世纪高职高专规划教材·通识课系列

实用商务礼仪

第三版

SHIYONG SHANGWU LIYI

主编◎金正昆
撰稿◎金正昆 刘 拓
王白石 李佳龙
郎简阁 张志帅

中国人民大学出版社
·北京·

前 言

2009 年初，在金正昆教授的主持下，我们组织编写完成了《实用商务礼仪》。迄今为止，它已出版 11 年，并于 2014 年被评为“十二五”职业教育国家规划教材。自 2018 年 9 月起，按照中国人民大学出版社与广大读者的要求，并本着与时俱进的精神，我们对本教材进行了第二次修订。

本次修订，仍然由中国人民大学教授、博士生导师金正昆教授担任主编。其他参加修订的人员有：刘拓、王白石、李佳龙、郎简阁、张志帅。在修订过程中，具体分工如下：

导论：由金正昆负责。

第一章：由王白石、李佳龙负责。

第二章：由刘拓、张志帅负责。

第三章：由金正昆负责。

第四章：由郎简阁、刘拓负责。

第五章：由李佳龙、金正昆负责。

参考文献：由李佳龙负责。

邓小平同志曾明确指出：我国的“教育要面向现代化，面向世界，面向未来”。谈及职业教育，习近平同志则进一步要求：“要牢牢把握服务发展、促进就业的办学方向”。他们的这些重要论断，是我们进行此次修订的指导思想。

《礼记》上讲：“礼，时为大。”由此可见，礼仪本身与礼仪教育均须与时俱进。当前，中国人民正在以习近平同志为核心的党中央领导下，以中国式现代化全面推进中华民族伟大复兴，把我国建设成为富强民主文明和谐美丽的社会主义现代化强国。当代的中国礼仪与中国礼仪教育因而也应当更好地“发出中国的声音”，体现出中国立场、中国智慧与中国贡献。具体而言，本次修订旨在更好地体现中国特色，更好地传承中华优秀传统礼仪，更好地为我国当代高职高专院校的礼仪教育服务。有道是：“眼界决定境界。”在此次修订的过程中，在增加新知、改正错误的同时，我们继续坚持古为今用、洋为中用、联系实际、学以致用、明确规范、教授技巧，以遵循高职高专教育教学规律和高职高专学生身心发展规律为本，力求为提高我国当代高职高专学生的思想道德水准和文明礼仪素养而尽一己之力。

本次修订，是一次认真、细致、全面的修订。在具体修订中，我们不仅增加了一些时效性、操作性、规范性较强的新内容，而且也对某些章节重新进行了调整与编写，以求使之精益求精。

尽管本教材的全体编写者在具体的编写过程中尽力而为，但它所存在的问题与不足仍然在所难免。在此，恳请专家、学者、高职高专教师与广大高职高专学生使用者们对其继续予以批评指正。

本教材初版至今已有 11 年。在这 11 年之中，它与伟大祖国一起成长。一路走来，与我们全体作者同行者，皆为我等之师友；对本教材有所指教与鞭策的前辈、专家、同事、读者，皆为我等之恩师。值此本教材第三版出版之际，再次感谢大家！

目录

导　论

当前，中国不断取得进展的社会主义市场经济建设极大地促进了人与人之间的交往。用现代人的眼光来看，人与人之间的交际应酬，不仅是一种出自本能的需要，而且也是适应社会发展、个人进步的一种必不可少的途径。从某种意义上来说，交际本质上就是一种信息交流，而信息乃是现代社会中尤其是商务交往之中最为宝贵的资源。由此可见，具有较强的交际能力，是商务人员立足于今日社会，并求得可持续发展的重要条件。在此背景之下，作为市场经济社会主流交际艺术的商务礼仪自然迅速升温，备受商务人员的青睐。对商务人员而言，学习商务礼仪、应用商务礼仪，目前已经成为大势所趋、人心所向。

在当前条件下，学习商务礼仪、应用商务礼仪，必须首先从思想上、理论上解决下述四个方面的重要问题。唯有如此，才能更准确、更全面地对其加以掌握。

一、商务礼仪的界定

要正确地界定商务礼仪，有必要首先明确礼仪的基本含义。

在一般性的表述之中，与“礼”相关的词最常见的有三个，即礼仪、礼节、礼貌。大多数情况下，它们被视为一体并混淆使用。其实，从内涵上来看，三者不宜简单地混为一谈。它们之间既有区别，又有联系。

其一，礼貌。它一般是指在人际交往中，通过言语、动作向交往对象表示谦虚和恭敬。它主要是一种待人接物的友善姿态，侧重于体现个人的品质与素养。

其二，礼节。它通常是指人们使用于交际场合的，相互表示尊重、友好的惯用形式。它实际上是礼貌的具体表现方式。它与礼貌之间的关系是：没有礼节，就无所谓礼貌；有了礼貌，就必然伴有具体的礼节。

其三，礼仪。它是对礼貌、礼节的统称，是指在人际交往之中，自始至终地以约定俗成的程序、方式来表现的律己、敬人的规范化行为。显而易见，礼貌是礼仪的基础，礼节是礼仪的基本组成部分。换言之，礼仪在层次上要高于礼貌、礼节，其内涵更深、更广。礼仪，实际上是由一系列的、具体的、表现礼貌的礼节所构成的习惯法。它不像礼节一样只是一种具体的做法，而是一个表示礼貌的系统而完整的过程。不过从本质上讲，三者所表现的都是对人的尊敬与友好。

有鉴于此，为了更完整、更准确地理解“礼”，采用“礼仪”这一概念来对此加以表述，是最为可行的。

站在不同的角度上，往往还可以对“礼仪”这一概念作出种种不同的、殊途同归的解释。

从个人修养的角度来看，礼仪可以说是一个人内在修养和素质的外在表现。也就是说，礼仪即教养，个人的素质往往体现为对礼仪的认知和应用。荀子曾说：“礼者，养也。”

从道德的角度来看，礼仪可以被界定为人们为人处世的行为规范，或者说是标准做法、行为准则。孔子认为：“礼也者，理也”，即所谓做人之道。

从交际的角度来看，礼仪既可以说是人际交往中所适用的一种交往艺术，也可以说是一种交际方式或具体的交际方法。正如孟子所言：“礼，门也。”

从民俗的角度来看，礼仪既可以说是在人际交往中必须遵行的律己敬人的习惯形式，也可以说是在人际交往中约定俗成的示人以尊重、友好的习惯做法。简言之，礼仪是待人接物的一种惯例。有人明言：“礼者，规也。”

从传播的角度来看，礼仪可以说是一种在人际交往中进行相互沟通的技巧。《礼记》便直言：“礼也者，报也。”

从审美的角度来看，礼仪可以说是一种形式美。它是人的心灵美的必然外化。正因为如此，先贤曾有明示：“礼从宜”。

了解上述各种对礼仪的具体诠释，可以进一步地加深对商务礼仪的理解，并且能够更为准确地对商务礼仪进行把握。

商务礼仪，就其学理层面而言，可被界定为商务人员在其商务交往中所应恪守的行为规范。或者说它是商务外交之规、商务沟通之道。此种界定，可从以下三个方面予以解释：

其一，有助于明确商务礼仪的适用对象。显而易见，商务礼仪主要适用于商务人员之间进行有效沟通、处理自己所面临的人际关系。对非商务人员来说，商务礼仪并非其有效的交际技巧。

其二，有助于明确商务礼仪的有效范围。在商务交往中，商务礼仪方才适得其所。在其他类型的人际交往中，商务礼仪并不是放之四海而皆准的。

其三，有助于明确商务礼仪的基本内容。商务人员的行为规范，乃是商务礼仪的基本内容。行为者，人之所作所为也；规范者，交际中约定俗成之标准做法也。因此，可将商务礼仪视为商务人员在其商务交往中待人接物的标准化、规范化做法。

二、商务礼仪的内容与归属

从内容上讲，商务礼仪由主体、客体、媒体、环境四项基本要素构成。

其一，商务礼仪的主体。它指的是商务礼仪的操作者和实施者。它既可以是个人，也可以是组织。当商务礼仪活动规模较小、较为简单时，其主体通常是个人；当商务礼仪活动规模较大、较为复杂时，其主体则通常是组织。没有商务礼仪的主体，商务礼仪活动就不可能进行，商务礼仪也就无从谈起。

其二，商务礼仪的客体。它又称商务礼仪的对象，具体指的是商务礼仪的指向者和承受者。从外延上来讲，它可以是人，也可以是物；可以是物质的，也可以是精神的；可以是具体的，也可以是抽象的；可以是有形的，也可以是无形的。没有商务礼仪的客体，商务礼仪就失去了对象，就不成其为商务礼仪。

其三，商务礼仪的媒体。它指的是商务礼仪活动所依托的一定的媒介。进而言之，它实际上是商务礼仪的内容与商务礼仪的形式的统一。任何商务礼仪都必须使用媒体，不使用媒体的商务礼仪是不可能存在的。商务礼仪的媒体具体由人体媒体、物体媒体、事体媒体等所构成。在具体操作商务礼仪时，这些不同的媒体往往是交叉、配合使用的。

其四，商务礼仪的环境。它指的是商务礼仪活动得以进行的特定的时空条件。大体说来，它可以分为自然环境与社会环境。商务礼仪的环境经常制约着商务礼仪的实施，不仅实施何种具体的商务礼仪由其所决定，而且具体的商务礼仪的实施方法也由其所决定。

进而言之，由上述四项基本要素所构成的商务礼仪，亦可被归纳为两个方面的具体内容：

一是律己之规。孟子曾说过："不以规矩，不能成方圆。"它主要包括对商务人员的言谈话语、举止行为、仪容仪表、穿着打扮等方面的规范。它亦称形象设计，主要要求商务人员严于律己、维护自尊，并且事事有规矩、时时守规矩、处处讲规矩。

二是敬人之道。子曰："修己以敬。"它主要包括商务人员在面对交往对象时进行交际与应酬的基本技巧，涉及商务人员所从事的商务交往的各个方面。

随着理论研究的发展和社会实践的检验，商务礼仪已经逐渐成为一门新兴的人文科学。作为社会科学的一个重要分支，商务礼仪主要以商务交往的基本规范及一般规律作为自己的研究对象。它是商务外交学的基本内容。

总的来说，商务礼仪是一门应用性的人文科学。具体而言，商务礼仪这门学科的特点如下：

首先，它是一门应用性学科。商务礼仪具有很强的实用性与可操作性。从某种意义上说，它实际上就是有关商务活动的交往艺术的科学。

其次，它是一门实践性学科。诚如杜威所说："教育即生活。"与纯粹的理论演绎、概念探讨、逻辑抽象显然不同，商务礼仪来源于社会实践，并且直接服务于社会实践。它拒绝夸夸其谈，并注重一切从实际出发，坚持实事求是。

再次，它是一门普及性学科。在现实生活中，每一个人都有可能参加商务交往，每一个人都希望自己的商务交往取得成功，而商务礼仪则正是一门将商务交往导向成功的学科。由此可见，在现代社会里，商务礼仪应当是一门人人所必修的普及性学科。随着社会文明程度的提高，它也必将进一步得到广泛的普及。

最后，它是一门综合性学科。不容置疑的是，商务礼仪是一门专门研究人们的商务交往的行为规范的学科。这正是它有别于其他学科的标志。但在另一方面，它又广泛吸收了其他许多学科的成果，用以充实、完善自身。在这个意义上，又可将它视为一门综合性学科。

三、商务礼仪的特征与原则

与其他领域的礼仪规范相比，商务礼仪有着其独具的一系列特征与原则。

（一）商务礼仪的特征

商务礼仪自身所独具的特征，主要表现在其规范性、限定性、操作性、传承性、变迁性、普适性六个方面。

1. 规范性

商务礼仪，指的就是人们在商务交往中待人接物时所必须遵守的行为规范。这种规范性不仅约束着人们在一切交际场合的言行举止，使之合乎礼仪；而且也是人们在一切交际场合所必须采用的一种“通用语言”，是衡量他人、判断自己是否自律、敬人的一种尺度。总之，商务礼仪是约定俗成的一种自尊、敬人的惯用形式。因此，任何人要想在商务交往中表现得合乎规范、彬彬有礼，就必须对商务礼仪无条件地加以遵守。另起炉灶，自搞一套；或是只遵守个人所适应的部分，而不遵守自己不适应的部分，都难以为交往对象所接受。

2. 限定性

顾名思义，商务礼仪主要适用于商务活动，适用于普通情况之下的、一般性的商务交往与应酬。在这个特定范围之内，商务礼仪肯定行之有效，而离开了这个特定的范围，商务礼仪则未必适用。这就是商务礼仪的限定性特征。理解了这一特征，就不会把商务礼仪当成放之四海而皆准的东西，就不会在非商务交往的场合使用商务礼仪去以不变应万变。必须明确，当所处场合不同、所具有的身份不同时，所要应用的商务礼仪往往会因此而各有不同，有时甚至还会差异很大。

3. 操作性

切实有效，实用可行，规则简明，易学易会，便于操作，是商务礼仪的一大特征。它并非纸上谈兵、空洞无物、不着边际、故弄玄虚、夸夸其谈，而是既有总体上的礼仪原则、礼仪规范，又在具体的细节上以一系列的方式、方法，细致而周详地对礼仪原则、礼仪规范加以贯彻，将它们落到实处，使之“言之有物”“行之有法”。商务礼仪的易记易行，能够为其广觅知音，使其被人们广泛地运用于商务交往的实践，并受到广大公众的认可；而反过来，又进一步地促使商务礼仪以简便易行、容易操作为第一要旨。

4. 传承性

任何国家的商务礼仪都有自己鲜明的民族特色，任何国家的当代礼仪都是在本国古代礼仪的基础上继承、发展起来的。离开了对本国、本民族既往商务礼仪成果的传承、扬弃，就不可能形成当代商务礼仪。这就是商务礼仪传承性的特定含义。作为一种人类的文明积累，商务礼仪将使用在商务交往中的习惯做法固定下来、流传下去，并逐渐形成自己的特色，这不是一种短暂的社会现象，而且不会因为社会制度的更替而消失。对于既往的商务礼仪遗产，正确的态度不应当是食古不化、全盘沿用，而应当是有扬弃、有继承，更有发展。与此同时，亦须明确：在经济全球化的今日，商务礼仪往往也更加讲究遵循国际惯例。

5. 变迁性

从本质上讲，商务礼仪可以说是一种社会历史发展的产物，并具有鲜明的时代特点。一方面，它是在人类长期的商务交往实践之中形成、发展、完善起来的，绝不可能凭空杜撰、一蹴而就，完全脱离特定的历史背景；另一方面，社会的发展和历史的进步，以及由此而导致的众多商务交往的新特点、新问题的出现，又要求商务礼仪有所变化、有所发展、推陈出新、与时代同步，以适应新形势下新的要求。与此同时，随着世界经济的国际化倾向日益明显，各个国家、各个地区、各个民族之间商务交往的日益密切，其各自的商务礼仪也不断地相互影响、相互渗透，相互之间取长补短，不断地被赋予新的内容。这就使商务礼仪具有相对的变迁性。了解了这一点，就不会把它看作一成不变的东西，而能够更好地以发展、变化的眼光去对待它。

6. 普适性

在商务交往中，每一位商务人员干什么，就要像什么。按照许慎在《说文解字》中的解释："礼者，履也。"孔子主张对人们"约之以礼"。荀子曾经指出："礼者，节之准也。"司马光则说过："礼莫大于分。"他们的本意都是强调在任何一种类型的人际交往中，人们都必须有规可循，不可以为所欲为。由此可见，商务礼仪对于商务人员而言，在其商务交往中，自然是普遍适用的。此即其普适性。

（二）商务礼仪的原则

在日常工作与生活中，学习、应用商务礼仪，有必要从宏观上掌握一些具有普遍性、共同性、指导性的有关商务礼仪的基本规律。这些有关商务礼仪的基本规律，即商务礼仪的原则。

一般而言，商务礼仪有其发挥指导性作用的下述十项原则。它们同等重要，不可或缺。掌握这些原则，将有助于人们更好地学习、应用商务礼仪。

1. 敬人

孟子曾经对礼的核心理念做过高度的概括："有礼者敬人。"所谓敬人的原则，就是要求人们在商务交往中，与交往对象既要互谦互让、互尊互重、友好相待、和睦共处，更要将对交往对象的重视、恭敬、友善置于第一位。在商务礼仪的两大构成部分中，有关对待他人的做法这一部分，实际上是商务礼仪的重点与核心。而对待他人的诸多做法之中最为关键的一条，就是要常存敬人之心，处处不可失敬于人，不可伤害他人的尊严，更不能侮辱他人的人格。掌握了这一点，就等于掌握了商务礼仪的灵魂。在人际交往中，只要不失敬人之意，哪怕具体做法一时失当，也不能算是失礼。

2. 自律

从总体上来看，商务礼仪的具体规范由对待自身的要求与对待他人的做法这两大部分所构成。对待自身的要求，是商务礼仪的基础和出发点。学习、应用商务礼仪时，首先需要自我要求、自我约束、自我控制、自我对照、自我反省，这就是所谓自律的原则。古语云："己所不欲，勿施于人。"若是没有对自己的严格要求，人前人后不一样，只求诸人，不求诸己，不讲慎独与克己，遵守商务礼仪就无从谈起，就是一种蒙骗他人的大话、假话、空话。

3. 互动

在商务交往中如欲取得成功，就必须无条件地遵守互动的原则。这里的"互动"有两层含义：一是要求商务人员在其商务往来中必须主动进行换位思考。换位思考的基本之点，就是要求商务人员必须善于体谅交往对象的感受。二是要求商务人员在其商务活动中要时时、处处努力做到"交往以对方为中心"。也就是说，不允许无条件的"以自我为中心"；按照孔子的要求，就是"勿意，勿必，勿固，勿我"。具体应用商务礼仪时，互动的原则永远都不容许被忽略。

4. 沟通

在商务交往中，传播力决定影响力。通常人与人之间有接触才会了解，有了解才会沟通，有沟通才会互动。因此，可将沟通视为商务交往中人与人之间的互动之桥。在商务礼仪中，沟通的原则要求商务人员在其商务交往中，既要了解交往对象，又要为交往对象所了解。礼仪的主旨在于"尊重"，而欲尊重他人，就必须首先了解他人，并令自己为对方所了解，这样做，才能实现有效的沟通。

5. 宽容

宽容原则的基本含义，就是要求人们在商务交往中，既要严于律己，更要宽以待人。古人云："君子尚宽。"因此，要多容忍他人、多体谅他人、多理解他人，而千万不要求全责备、斤斤计较、过分苛求、咄咄逼人。在商务交往中，要容许其他人有个人行动和独立进行自我判断的自由。正所谓"有容乃大"，对不同于己、不同于众的行为要耐心容忍，不必苛求他人处处效法自身，与自己完全保持一致。此种心态，实际上也是尊重对方的一种表现。

6. 平等

在具体应用商务礼仪时，允许因人而异，根据不同的交往对象，采取不同的具体方法。但是，与此同时必须强调指出：在商务礼仪的核心点，即尊重交往对象、以礼相待这一点上，对任何交往对象都必须一视同仁，给予同等程度的礼遇。不允许因交往对象在年龄、性别、种族、国别、学历、职业、身份、地位、财富、习俗以及与自己关系的亲疏远近等方面有所不同，而厚此薄彼、区别对待，给予不同待遇。这便是商务礼仪中平等原则的基本要求。

7. 从俗

由于国情、民族、文化背景的不同，在当代商务交往中，实际上存在着“十里不同风，百里不同俗”的局面。对这一客观现实要有正确的认识，不要自高自大、唯我独尊，不可简单否定其他人、其他单位、其他国家不同于己的做法。必要之时，必须坚持入国问禁、入门问讳、入乡随俗，与绝大多数人的习惯做法保持一致，切勿目中无人、自以为是、随意批评或否定其他人的习惯性做法。遵守从俗原则的上述规定，会使人们对商务礼仪的运用更加得心应手，更加有助于人们的商务交往。

8. 真诚

商务礼仪中的真诚原则，就是要求在运用商务礼仪时，务必待人以诚、诚心诚意、诚实无欺、言行一致、表里如一。只有如此，自己在运用商务礼仪时所表达的对交往对象的尊敬与友善，才会更好地被对方所理解和接受。与此相反，倘若仅把运用商务礼仪作为一种道具或伪装，在具体操作商务礼仪规范时口是心非、言行不一、弄虚作假、投机取巧，或是当时一个样、事后一个样，有求于人时一个样、被人所求时另外一个样，则有悖于商务礼仪的基本宗旨。

9. 适度

适度原则的含义，主要是要求运用商务礼仪时，为保证取得成效，必须注意技巧、合乎规范，特别是要注意做到把握分寸、认真得体。这是因为凡事过犹不及，运用商务礼仪时，假如做得过了头或者做得不到位，都不能正确地表达自己的自律、敬人之意。当然，运用商务礼仪要真正做到恰到好处、恰如其分，只有勤学多练、积极实践，此外别无他途。

10. 遵守

在商务交往中，每一位参与者都必须自觉、自愿地遵守商务礼仪，以商务礼仪去规范自己在交际活动中的一言一行。对商务礼仪，不仅需要学习、了解，更重要的是使用，要将其付诸个人社交实践。在商务活动中，任何人，不论其身份高低、职位大小、财富多寡，都有自觉遵守、运用商务礼仪的义务，否则，就会受到公众的指责，其商务交往就难以成功，这就是遵守的原则。没有这一条，就谈不上商务礼仪的运用、推广或普及。

四、商务礼仪的功能与操作

欲真正地重视商务礼仪，须了解其主要功能。欲操作好商务礼仪，亦有规可循。

（一）商务礼仪的功能

毛泽东同志曾说过：“读书是学习，使用也是学习，而且是更重要的学习。”显而易见，学习商务礼仪的目的，全在于运用。当前，商务礼仪之所以受到社会各界的普遍重视，主要是因为它具有多重重要的功能。

1. 有助于提高自身修养

在商务交往中，商务礼仪的运用往往是衡量一个人文明程度的准绳。它不仅反映一个人的交际技巧与应变能力，而且还反映一个人的气质风度、阅历见识、道德情操、精神风貌。因此，在这个意义上，完全可以说商务礼仪的运用体现了商务人员的个人教养，而有道德才能高尚，有教养才能文明。这也就是说，通过一个人对商务礼仪运用的程度，可以察知其教养的高低、文明的程度与道德的水准。由此可见，学习、运用商务礼仪，有助于提高个人的修养，有助于“用高尚的精神塑造人”，真正提高现代人的文明程度。

2. 有助于美化自身、美化生活

管仲说过：“礼仪者，尊卑之仪表也。”个人形象，实际是一个人仪容、表情、举止、服饰、谈吐、教养的集合，而商务礼仪在上述诸方面都有自己详尽的规范，因此学习、运用商务礼仪，无疑将有益于人们更好地、更规范地设计个人形象、维护个人形象，更好地、更充分地展示个人的良好教养与优雅的风度，这种商务礼仪美化自身的功能，任何人都难以否定。当个人重视了美化自身，大家个个以礼待人时，人际关系将会更和睦，生活将变得更加温馨，这时，美化自身便会发展为美化生活。这也是礼仪的运用所发挥的作用。

3. 有助于促进商务交往、改善人际关系

孔子曾经提倡：“礼之用，和为贵。”也有古人认为：“世事洞明皆学问，人情练达即文章。”他们的这些话语，讲的其实都是在交际中懂规矩、讲礼仪的重要性。一个人只要从事商务活动，就不能不讲究商务礼仪。运用商务礼仪，除了可以使个人在商务交往中充满自信、胸有成竹、处变不惊之外，其最大的好处就在于，它能够帮助人们规范彼此的具体的交际行为，更好地向交往对象表达自己的尊重、敬佩、友好与善意，增进彼此之间的了解与信任。假如人人皆如此，长此以往，必将促进社会交往的进一步发展，帮助人们更好地取得交际成功，进而造就和谐、完美的人际关系，取得事业的成功。

4. 有助于净化社会风气、推进社会主义精神文明建设

一般而言，人们的教养反映其素质，而素质又体现于细节，细节往往决定着成败。反映现代人个人教养的商务礼仪，是人类文明的标志之一。一个人、一个单位、一个国家的商务礼仪水准如何，往往反映着这个人、这个单位、这个国家的文明水平、整体素质与整体教养。古人曾经指出：“礼义廉耻，国之四维”；“薄于德，于礼虚”，将礼仪列为立国的精神要素之本。而在日常交往之中，诚如英国著名哲学家约翰·洛克所言：“没有良好的礼仪，其余的一切成就都会被人看成骄傲、自负、无用和愚蠢。”荀子也曾说过：“人无礼则不立，事无礼则不成，国无礼则不宁。”反过来说，遵守、运用商务礼仪，将有助于净化社会风气，提升个人乃至全社会的精神品位。中共中央颁布的《公民道德建设实施纲要》，就明确地将“明礼诚信”规定为我国公民的基本道德规范。

当前，我国正在大力推进社会主义精神文明建设，其中的一项重要内容，就是要求全体社会成员讲文明、讲礼貌、讲卫生、讲秩序、讲道德，心灵美、语言美、行为美、环境美。这些内容，与商务礼仪完全吻合。因此，完全可以说，提倡商务礼仪的学习、运用，与推进社会主义精神文明建设是殊途同归、相互配合、相互促进的。这种社会主义的礼治，对于我国的现代化建设是不可或缺的。

（二）商务礼仪的操作

在具体运用商务礼仪时，一个亟待解决的重要问题是：如何对其具体地加以操作？面对这一问题时，商务人员主要应关注两个方面：一是必须坚持正确的理念；二是必须掌握有效的方法。

1. 坚持正确的理念

所谓理念，亦即有关某一事物的基本观念。有道是：立场决定观点，思维决定行为，选择决定命运。倘若商务人员在具体操作商务礼仪时基本理念有误，则难免徒劳无益。

一般而言，商务礼仪以“尊重”为基本理念。在具体操作商务礼仪时，这一基本理念又体现于如下两点：

其一，摆正位置。在商务交往中，每一个人都拥有自己的具体位置，而且自己的具体位置往往还会不断地发生变化。在操作商务礼仪、以礼待人时，商务人员关键是要明确自己的具体位置、各就各位，切勿错位或越位。

对自己而言，每一名商务人员都必须维护自尊：一是必须尊重自我；二是必须尊重自己的职业；三是必须尊重自己所在的单位；四是必须尊重自己所处的国家和社会。

对他人而言，每一名商务人员亦应以尊重为本：尊重上司，是一种天职；尊重同事，是一种本分；尊重下级，是一种美德；尊重客户，是一种常识；尊重同行，是一种艺术；尊重对手，是一种风度；尊重所有人，则是一种教养。

其二，调整心态。在商务交往中，商务人员不仅需要智商，而且更需要情商。所谓情商，在此指的是一个人适应环境、与人合作、有效沟通的能力。在具体处理人际关系、运用商务礼仪时，商务人员应自觉地进行心态调整，即以正确的态度对待别人、对待工作、对待生活。因为对自己的工作、生活乃至人际关系而言，心态往往决定状态，甚至决定一切。

在具体操作商务礼仪时，商务人员所应进行的心态调整主要涉及如下三点：

一是需要“接受他人”。在商务交往中，商务礼仪要求商务人员必须尊重他人。进而言之，所谓尊重他人，实际上就是要求商务人员必须善解人意地接受对方的一切合乎情理的选择。无论如何，都要学会欣赏他人。换言之，操作商务礼仪不仅需要严于律己，而且更加需要宽以待人。

二是应当“换位思考”。在商务交往中，不仅内外有别、中外有别、外外有别，而且人人有别、时时有别、处处有别、事事有别。既然在操作商务礼仪时强调“交往以对方为中心”，那么商务人员必须善于进行“换位思考”自然不言而喻。

三是坚持“和而不同”。习近平同志曾经指出：“智者求同，愚者求异。”进行商务交往时，商务人员必须坚持“求同存异”的正确态度，善于与他人和睦相处。与此同时，还须真正地意识到：自己所面对的世界是多有“不同”的，只有坚持“求同存异”，才能真正地为自己营造出一种良好的人际环境。

2. 掌握有效的方法

一般而言，商务礼仪的具体操作主要涉及“有所不为”与“有所为”两个互有联系的不同层面。

其一，必须明确“有所不为”。荀子说过：“大巧有所不为”。所谓“有所不为”，即具体操作商务礼仪时，首先需要清楚“不能做什么”。例如，不能讲什么话，不能做什么事等。在此方面不出现差错，即可“问题最小化”：自己可以不出“洋相”，而且还可避免失礼于他人。

其二，必须尽力“有所为”。所谓“有所为”，即具体操作商务礼仪时，应该了解“需要如何做”，或者“如何做得更好”。例如，应该怎样讲话，应该怎样办事情。在此方面尽力而为，就会令自己的所作所为好上加好。

在具体操作商务礼仪时，需要强调的是：所谓“有所不为”，是商务人员人人皆须力戒的；所谓“有所为”，则正是全体商务人员所努力的目标。知其“有所不为”，然后方可“有所为”。

第一章

商务人员的往来礼仪

本章要点提示

- 会面——问候、称呼、握手、拜会
- 介绍——时机、形式、顺序、态度
- 销售——接近客户、争取客户、影响客户
- 名片——功能、类型、制作、交换、存放
- 礼品——选择、赠送、接受
- 会议——会务性工作、会议的座次、会风的端正
- 餐饮——中餐、西餐、酒、茶

所谓往来，即社会交往，亦称社交。它是指日常生活中，人们在公共场所彼此相互结识、相互交流，进而建立更长久联系的活动。开放的中国日新月异，当代人的发展空间也日益宽广。因此，在人际交往中养成良好的习惯非常重要。

所谓往来礼仪，通常指的是人们在来来往往的社交活动中所应恪守的行为规范，亦即主流社会有关人际往来的习惯法。参与社交，是商务人员的日常活动之一。遵守往来礼仪，亦是对商务人员的基本要求。爱迪生说："高雅的风度得靠经常的、细微的奉献去养成。"每一名商务人员平时都应该有意识地加强主动交往的意识，提高交往能力，使自己成为有教养、有魅力、受欢迎的人。

本章将就日常交往中基本的往来礼仪进行概述，具体包括会面、介绍、销售、名片、礼品、会议与餐饮的礼仪。

第一节　会　面

会面，即人与人相见，泛指人们在公共场所相遇时，彼此用语言、手势、行动表示致意的一系列活动。会面是一切人际交往的开始。运用会面礼仪，可为人们的社交活动打开一扇新的窗户。

一个人的言谈举止，反映了他的精神面貌、文化修养以及道德水准，一定程度上还直接关系着自己国家和民族的声誉。因此，在日常生活中，无论是在正式场合还是非正式场合，与他人会面时熟练掌握并恰当地运用问候、称呼、握手等礼节，会给人留下亲切、友好、被尊重等美好印象，为其进一步参加社交活动奠定基础。

良好的开端是成功的一半。美国一位心理学研究人员说过：看一个人是否有教养、懂礼仪，只要看他与人会面的前几分钟的所作所为就够了。平时，商务人员应该把握好会面的时机，运用规范化的会面礼仪来更为出色地展示自己。

一、问候

问候，亦称问好或打招呼。通常，这是人们相互见面时用语言或语言辅助部分肢体动作来表达彼此之间致意的一种方式。主动问候或者友善地回应问候，是做人基本的礼貌。

在问候时，问候者应该注意以下几个常见礼节性问题：问候的原则、问候的内容、问候的方式、问候的先后顺序和问候的态度。

（一）问候的原则

人们见面时相互问好，彼此打招呼，是为了传达彼此之间的友好情谊。无论是用语言还是用肢体动作来表达彼此之间的和谐关系，都不能忽视下述三项原则。

1. 传递善意

任何问候，均应传递出问候者的善意。“见到你很高兴”“身体还好吧”“一切都好吧”等这样的问候语，传达了问候者对对方的关怀、体贴、祝福；同时，也会为问候者自己带来愉悦。

2. 表示尊重

无论是握手、鞠躬行礼还是口头问好，相关的问候均应展示问候者之间对彼此文化、习俗的接受和尊重。

3. 意在交流

通过考察问候语和问候习俗的由来，可知问候多数出于与人交流的目的。今天人们看重的，主要是平等的沟通、友善的问候能够消除彼此之间的误解、分歧，甚至宿怨。

（二）问候的内容

问候者应该根据所处的环境、场合、被问候对象的具体情况，向问候对象表示问候。

可以直接问好，也可以间接问好，或者就所关心的事情问候。常用的问候语有“您好”“早上好”“见到你很高兴”“一切都好吧”等。

在间接问候时，切勿违反被问候者的风俗习惯。特别是问候有宗教信仰的人们时，必须对他们的具体讲究心中有数，不能想当然。例如，遇到中东某些国家信仰伊斯兰教的人，切忌问候他们的夫人。

（三）问候的方式

问候除了运用恰当的语言之外，还要伴随身体语言的辅助，使对对方的敬意表达得更充分、更热情、更友好、更适当。握手、拥抱、接吻、鞠躬等方式，都是很常见的问候礼节。

握手之外的礼节，像拥抱、接吻、鞠躬、合十都有其特别的既定动作，不能有误。

在西方国家，人们见面拥抱的方式是：右手扶对方左肩，左手扶对方右腰后部，然后依次“左—右—左”地与对方交替脸颊相贴并拥抱。

在东南亚国家，双手合十是人们相互致意常用的方式。合十时，双手必须指尖向上举在额头和胸部之间，手掌向外倾斜，头稍微垂下。对方施以双手合十礼致意，一定要回以同样的双手合十礼，“佛祖保佑”是此时最吉祥的问候语。

（四）问候的先后顺序

在正式会面时，主客之间的问候要遵循一定的先后顺序。具体要求如下：

(1)“位低者先行”。会面者“一对一”时，须“位低者先行”。也就是说，在一个人问候另一个人的情况下，双方之中身份较低一位要先问候身份较高的一位，才是符合礼节的做法。

(2)“由尊至卑”。会面者“一对众”时，须“由尊至卑”。当一个人面对多个被问候者时，有两种问候的方法：第一，可以笼统地问候，没有“顺序”之别。例如，正视大家，面带微笑地道以“大家好”“你们好，很高兴……”，不再一一问候。第二，可以逐一问候，此时就必须遵守被问候者地位由“尊”到“卑”、年龄由长至幼的顺序依次问候。

(3)“顺时针进行”或“由近至远”。在正式场合，对围坐在一起的人们进行问候时，应按顺时针方向依次问候，或者由近至远地进行问候。

（五）问候的态度

人人都希望得到别人的尊重，怎样对待别人其实就是怎样对待自己。平时，微笑就是一种商务人员对别人表达敬意的真诚问候。有人曾说：“微笑是免费的工具，是人和人之间最便宜、最易互相赠送的礼物。请用微笑把我们连接起来！”

在具体态度上，还要注意下述几点。

1. 主动

问候他人时，应该主动而积极。当面对他人首先进行的问候时，要积极主动地回应，不可不理不睬。

2. 热情

问候他人时，应该热情、友善；应避免表情冷漠、无精打采。

3. 大方

问候他人时，要掌握热情和主动的分寸，表现得自然大方。动作夸张、态度扭捏，则是失礼的表现。

4. 简洁

向人表达问候时，语言要简洁，语调要平缓、稳重、积极。内容繁杂、声音过高、语速过快，则往往令人不悦。

5. 专注

问候他人时，一定要专注对方的眼睛，切勿左顾右盼。届时必须心无旁骛，专注于自己所问候的人，并且要面带微笑，以传递对对方的尊重。

二、称呼

在社会交往中，言谈举止是人的一面镜子。

人们见面寒暄问好之时，最难以把握的是如何运用恰当的称呼。由于时间、地点、场合以及交往对象性别和身份的不同，称呼的运用成为一个不可小视的问题。

人人都希望受到尊重和欣赏。富兰克林提醒道："出言不慎，很可能会失去别人的同情、别人的合作、别人的支持。"无论是新朋友还是老朋友，见面时的恰当称呼都会给对方带来美好的感受，并避免不必要的尴尬。

(一) 称呼的原则

各国、各地区、各民族语言不同，礼俗习惯也不相同，称呼上差别非常大。根据往来礼仪的规范，选择正确、适当的称呼，必须牢记下述几项原则。

1. 合乎常规

根据场合，选择人们通常使用的称呼。例如，在学校，不能用"小姐""阿姨"称呼老师和任何部门的工作人员，可以使用表示职务、职业的称呼方式，如"老师""教授""科长"等。在正式的商务场合，对外人切勿称兄道弟，一般可以称呼其职务。

2. 照顾习惯

面对来自不同国家、不同宗教信仰的人们，要考虑对方的习惯，选择恰当的称呼。例如，在君主制国家称国王、皇后为"陛下"；对王子、公主、亲王，习惯称"殿下"；对其他有爵位的人士，按照其公、侯、伯、子、男的封号称呼便可。

再如，在基督教新教教派中，把主持宗教仪式、管理教务的人员称为"牧师"；而在基督教天主教与东正教教派中，则把此类人员称为"神父"。

3. 尊重传统

入乡随俗，尊重传统。在此前提下适时运用合适的称呼，在社交活动中很重要。在中国，人们仅在同辈分人之间直呼其名，否则就会被视为没有礼貌，显得很失礼。而在西方国家，人们更愿意被直呼其名，甚至在初次见面时，会直截了当地告诉或询问该如何称呼自己或对方。因此，人们常常听到这样的说法：“请叫我名字吧”“叫我比尔吧”。

（二）称呼的对象

恰当地称呼他人，体现了对对方的尊重和友好。因此，要使用恰当的称呼，必须依据所称呼对象身份的不同而定。

1. 亲属

在外人面前，对待自己的亲戚，常常使用谦称。在国内，称呼自家辈分高的亲戚，可在其称呼前加“家”，如“家父”“家姐”等；称呼自家辈分低的亲戚，可在其称呼前加“舍”，如“舍弟”“舍侄”等。

对待他人的亲戚，常常使用敬称。称呼其长辈多用“尊”，如“尊母”“尊兄”；称呼其平辈或晚辈要加“贤”，如“贤妹”“贤侄”；在使用“令”字为敬称时，不分长幼、辈分，如“令尊”指对方的父亲，“令爱”指对方的女儿。

2. 朋友和熟人

“您”是常常使用的敬称，无论面对长辈、平辈，都可以使用，表达对对方的恭敬。在北京，与朋友或熟人久别重逢，更是如此。说者热情，听者亲切。

在中国，直呼其名，适用于同辈之间或长辈称呼晚辈。对年长者，为了表示亲切，往往在姓前面加“老”，如“老张”“老刘”。但对长辈或老师，此种称呼并不合适。

3. 陌生人

对于不熟悉人的称呼，为了不造成误会，又体现对他人的尊重，一般情况下可以根据性别和年龄称呼“先生”“女士”“夫人”或“同志”。

（三）称呼的场合

称呼常常受到交往场合的限制。无论对内、对外的工作场所，应该注意所使用称呼的庄严性、正式性和规范性。

1. 职务性称呼

职务性称呼，是工作中最为常见、最易于使用的称呼方式之一。它通常又有三种情况：其一，在职务前不加姓氏，例如，“部长”“校长”“董事长”。其二，在职务前加姓氏，如“习主席”“梁司长”。其三，在职务前加全名，例如，“李克强总理”。这种称呼，最常运用于正式的对内、对外场合。

2. 职称性称呼

近年来，国内也开始流行以人们获得的职称作为称呼的方式。这体现了对专业技术人员的尊敬和重视。通常有两种情况：其一，一般性场合，使用姓氏或不使用姓氏均可；其二，特别正式的场合，必须使用“全名＋职称”，例如，“汪波主任医师”，以示严肃和尊重。

3. 学衔性称呼

在学术交流中，按照所获学衔称呼他人，体现甚至加强了被称呼者的学术权威性，是国内、国际交往中常用的称呼方式。博士、硕士、学士都属于学衔范围，但“博士后”不是学衔。

4. 行业性称呼

在体育训练场、公安局、律师事务所等场合，应使用与其相应的称呼，否则误会、麻烦会接连不断。适合这些场所的称呼常见的有：“教练”“警官”“律师”等。而在服务性行业，人们多数情况下则乐于使用“小姐”“女士”“先生”。

(四) 称呼的禁忌

在商务交往中，为了不失敬于人，须切记下面一些禁忌。

1. 误读

“误读”他人姓名或头衔是最不能容忍的，此种做法通常是使用者犯了想当然的错误。当不确定交往对象的姓名或头衔时，主动向其询问比冒失开口要礼貌得多。

2. 使用不通用的称呼

在国际商务交往中，一般不称呼对方的行政职务。此外，“夫人”也很少用于商务活动中。

3. 使用庸俗的称呼

日常生活和工作中的正式场所，切忌使用过于私人化、地方化的称呼，如“堂客”“大嫂”“我兄弟”“哥们儿”等。它往往会破坏交往的平等和严肃性。

4. 乱用绰号

在与人交往中，不要自作主张给他人起绰号，更不能随意使用。尊重他人的最根本的体现，便是尊重姓名。姓名是一个人生活在社会中所专有、专用的，受到国家法律保护，不容许以任何形式予以轻视。

三、握手

一位法国名人曾说过：“最坏的习惯，是以为本国的举止皆好、外国的举止皆坏。”因此，商务人员学习会面礼节时，既要学习传统的，又要掌握通用的。

如今世界变得越来越小，国与国之间、民族与民族之间、个人与个人之间，各种形式的交往日益频繁。纵观当今所流行的会面礼节，握手是最经常使用的。

学习握手礼，一定要重视下述几个方面的具体问题。

(一) 握手的时机

何时宜行握手礼？这是一个十分微妙而复杂的问题。通常应该根据交往对象之间的关系、现场的气氛、当事人的个人感受和心情而定，不能一概而论。为了不至于失礼，施行握手礼时，要注意下述两个方面。

1. 必须握手的场合

必须与人握手的场合，通常有以下几种：

(1) 表示喜悦、问候，如遇到久违的熟人、欢迎被邀请的客人、他人有喜事之时。

(2) 表示珍重、祝福，如社交场合与他人告别时。

（3）表示谢意和荣幸，如初次与人相识，或者被人介绍时。

（4）表示衷心的感谢，如受到他人鼓励和支持时。

（5）表示理解和慰问，如他人遇到困难、失意时。

（6）表示友谊和郑重其事，如赠送或接受礼品、颁发或领取奖品时。

2. 不必握手的场合

在交往对象不便于行握手礼时，为了不造成对方的尴尬，切忌主动使用握手礼。交往对象不便握手的情况主要有：其一，对方手部有伤或者负重。其二，对方手中忙于其他事务。其三，对方在远距离的地方。其四，对方所处的环境不适合握手。

（二）握手的次序

在比较正式的社交场合中，握手的礼节最难以把握的是：在多个将要握手的人中，先和谁握手才是合适的、不失礼的。

1. “尊者决定”的原则

根据往来礼仪规范，握手时双方伸手的先后顺序，应当在“尊者决定”的原则下进行。也就是说，在两人握手时，各自应该首先确定握手双方彼此身份的尊卑，然后依此而决定伸手的先后次序。通常是，尊者先行伸手，位卑者予以回应。届时贸然抢先伸手，是极为失礼的表现。

“尊者决定”的原则恰到好处地对尊者表示了尊重，也保护了位卑者的自尊。握手表示一切交往的开始，位尊者若不想与位卑者继续交往，可以不必伸手；若位尊者伸出手，则表示位尊者对位卑者印象不错，有着与之进一步交往的意愿。

2. 通常的次序

具体而论，双方握手时可按如下的先后次序操作：

（1）年长者与年幼者握手，应由年长者先伸出手。

（2）长辈与晚辈握手，应由长辈先伸出手。

（3）老师与学生握手，应由老师先伸出手。

（4）女士与男士握手，应由女士先伸出手。

（5）社交场合的先至者与后来者握手，应由先至者首先伸出手来。

（6）职位、身份高者与职位、身份低者握手，应由职位、身份高者首先伸出手来。

请注意，上述情况一般用于律己，却不可苛求他人。当自己处于尊者之位时，若他人抢先伸出手来，最礼貌的做法是积极地配合。若苛求和过于拘泥于礼仪次序，不仅会使人难堪，更会使自己的声誉受到损害。

（三）握手的方式

握手的标准方式，是行礼时行至距握手对象约一米处，双腿立正，上身略向前倾，伸出手，四指张开与对方相握。握手时，应用力适度，上下晃动三四下，随后松开手，恢复原状。其具体要点有三：

1. 神态自然、友好

与人握手时，应当神态专注、热情、友好、自然。也就是说，要面带微笑，目视对方，口中问候。

握手时，切勿与其他人打招呼、东张西望，那样做将显得很不经意、很失礼。

2. 姿势大方、得体

行握手礼时，最好起身站立。除非是长辈或女士，否则坐着与人握手是非常失礼的。

请注意保持握手时的空间合理距离，不要过近，也不要太远，握手双方之间相距约一米即可。

3. 手位规范、舒适

握手时，规范的手位有右手单手相握和双手相握两种。

（1）单手相握。它表示双方平等的关系。当掌心向上时，表示自己谦虚、谨慎，又称“友好式握手”；当掌心向下时，表示自己感觉很好，自高自大，又被称为“控制式握手”。

（2）双手相握。它俗称“手套式握手”，即用右手握住对方右手，再以左手握住对方右手的手臂。若非亲朋故旧，此种握手方式最好不用。

握手时力度和时间要适中，不可过度用力，也不要太轻率，尺度以舒适为准。

（四）握手的禁忌

在商务活动中，握手虽然司空见惯，看似平常，但它可被用来传递多种信息。要做到握手规范、得体，就必须重视下列禁忌：一是不能用左手与他人握手，因为在某些国家和地区左手被视为“不洁”；二是不要争先恐后地握手，以避免多人重叠、交叉握手；三是不要握手时戴手套；四是不要握手时戴墨镜；五是不要握手时将另外一只手插在衣袋里；六是不要握手时不放下另一只手中的物品；七是不要握手时面无表情；八是不要握手时长篇大论、点头哈腰；九是不要握手时仅仅握对方的手尖，显得冷淡、勉强；十是不要只是伸给他人冰冷的手指尖；十一是不要强行拉、握他人的手；十二是不要用肮脏不洁的手与别人相握；十三是不要在与人握手之后，立即擦拭手掌；十四是不要拒绝与他人握手。

四、拜会

所谓“拜会”，在此是指在商务和私人交往中，人们前往他人的工作地点、私人住所，与人会面，探望对方，或进行其他方面接触的社交活动。

拜会是一种双向活动，其礼仪包括“主人”和“客人”两方面的具体规范。下面从“主”“客”两个不同的角度，分别介绍拜会礼仪的常规做法。

（一）做客

做客虽然是正常人际交往中不可缺少的应酬，但若不谙做客之道，难免会使拜会不能尽如人意。下面三点请铭记于心。

1. 事先约定

做客的首要之点是：事先约定。随意拜访，或仓促约定，都不是进行友好拜访和顺利完成拜访活动的可取办法。莎士比亚曾告诫人们：“不速之客在告辞之后，才受欢迎。”

需要约定的内容有三：会面时间、到场人数和具体地点。

（1）时间。通常，主人所提出的时间应优先考虑；当由客人提出方案时，最好给主人多种选择。除非确有急事，否则，拜会的时间不宜选在临近下班的时间、节日、周末、假期、凌晨和夜晚、用餐时间。

（2）人数。按惯例，宾主双方在最终确定拜访计划前，要主动通报到场的人员数量和他们的身份情况。特别是重要场合拜会，双方各自理应尽量避免自己一方出现对方所不喜欢的人。

参加拜会的人数一旦确定，不宜再变。特别是客人一方，不要随便增加人数、更换人员。任何更改都会给主人带来麻烦，影响拜会效果。

（3）地点。按照常规，拜会地点多数为办公场所和主人住宅。应将详细地址和联系方式弄明确。

2. 准时赴约

约定拜会时间之后，必须认真遵守，轻易不再更改。

万一不能准时赴约，必须尽快与对方取得联系，或推迟或取消，一定要给予对方充分的理由。

拜访时不宜迟到，但也不能过早到达，以免主人措手不及。一般以准时抵达为宜。

守时，是拜会的一个根本性礼仪规范。法国国王路易十四曾说："准时，是正人君子的义务。"

3. 文明做客

要做一名文明、受欢迎的客人，并非易事。拜访时，每一位客人均要时刻提醒自己以下诸点：

（1）通报到达。抵达约定地点后，应先请相关工作人员或家人告知主人。若敲门，要用食指轻叩门板；若按门铃，须轻按一次，不可连续地按门铃。

（2）举止文明。不可在门外大呼小叫，干扰邻人生活或工作；更不可推门而入，使自己和主人陷入尴尬难堪的境地。

（3）进门问好。进门后，须先向主人问好，并与主人握手，随后再向主人其他的朋友和早到的客人问好。

如需要携带小礼物上门，则小礼物可以是鲜花、糖果、水果等，进门后应马上交给主人，不要拖到临分手时再说。

（4）讲究着装。着装要轻便、干净、高雅。特别是比较正式的拜会，更要求客人重视自己的服饰。

进门后，要脱下帽子、大衣、手套，收好后将其放在适当地方；随身带的包不要放在椅子上，可以放在门的右手边的地板上。

（5）客随主便。跟随主人进入室内，被主人让座后，客人方可落座。

如果没有被主人邀请进入室内，请自己知趣，寒暄后主动告退；千万不要探头探脑进行窥视，更不能径直闯入。

落座后谈话要很快进入主题，不可随意更改主题，让拜访的目的性受挫。

应在既定的空间活动，不可在主人室内随意乱窜，或乱动主人的物品。

如果要吸烟，一定要事先征得主人同意，并在离开时把烟蒂处理掉。

如果使用主人家的座机电话，一定要征得主人同意，并感谢；绝不可借用主人家的座机电话拨打长途。

要与限定的人员交谈，谈话内容也要与拜访主题有关。

（6）适时告退。要把握告退时机。若有约在先，要谨记在心；若没有事先约定时间的长短，应主动提出结束拜访，初次拜访以半小时为宜，其他情况下则一小时最妥当。

如遇主人有其他客人到访，应尽快结束自己的拜访。切勿硬找人家攀谈。

拜访结束时，主动与主人握手告别，并表示感谢。

（二）待客

当自己作为主人邀请客人时，待客之道就必须熟练掌握和运用了。待客的礼节，核心之点是：主随客便。

1. 精心准备

待客前，宜在以下方面有所准备：

（1）清洁、清新的待客环境。在客人来之前，要专门进行一次卫生清洁工作。重点应放在门厅、客厅、餐厅、阳台、卫生间等客人必经之处；大门外、楼梯和公共卫生间也要清理。

（2）整洁、丰富的待客用品。待客茶点要丰富、干净、新鲜，可略备水果、饮料、糖果、干果和点心；待客娱乐、休闲用品要多样、雅俗共赏，可以备书报、光盘等供客人选择。

（3）舒适、方便的出行和食宿设施。有条件时，可提供餐饮、食宿，提供便利的交通工具；若无条件，可以提供相关信息，便于客人选择。

2. 宾至如归

当客人到达时，主人一定要热情欢迎；辞别时，要热情相送。

接待初次远道而来的客人，要亲自或派人到客人抵达的机场、车站、港口和下榻之所迎候，并事先告知对方。

迎接本地客人，要在大门口、楼下、办公室或居所门外，或事先约定的地方等候。

对常客，也要热情欢迎。客人到达时，一定要立即起身相迎。

3. 热情招待

见到客人时，要含笑问候，与对方热情握手，并真诚地表示欢迎。此“迎宾三部曲”，缺一不可。若有其他人员在场，要主动进行介绍，主人不能怠慢客人，让客人被动或自己跟他人接触。

随后，要立即将客人迎入室内，安排就座并献茶。客人往往被安排在主人的右手边，或光线明亮、视野开阔、离房门较远的座位上。客人坐下后，主人才可入座。

待客时，对来宾不分男女、长幼、尊卑，应该给予同样热情的接待。在“一视同仁”的前提下，通常亦应女士优先、长者优先、位高者优先。

会客过程中，主人要始终全神贯注倾听客人所谈内容；适时转换话题，活跃气氛。

会客结束时，主人可与客人握手道别，送于门外、机场、交通工具上等，主人不可先于客人离开。

（三）座次

凡是正式的会晤，宾主双方都会对具体座次的安排极其重视。在商务交往中，正式的座次排列主要有并列式、分列式、相对式、居中式、主席式、自由式六种。其具体操作方式存在着一定差异，其适用的场合亦有所不同。

1. 并列式

并列式会晤，一般指的是会晤之时宾主双方并排就座。这种“平起平坐”，往往显示着双方关系密切，地位相近。它具体又分为下述两种情形：

其一，宾主双方共同面对房间正门而坐。这一做法，符合“面门为上”的座次排列规则。双方共同面门而坐时，则应遵守“以右为上”的规则，即主人应请客人在自己的右侧就座（见图 1-1）。

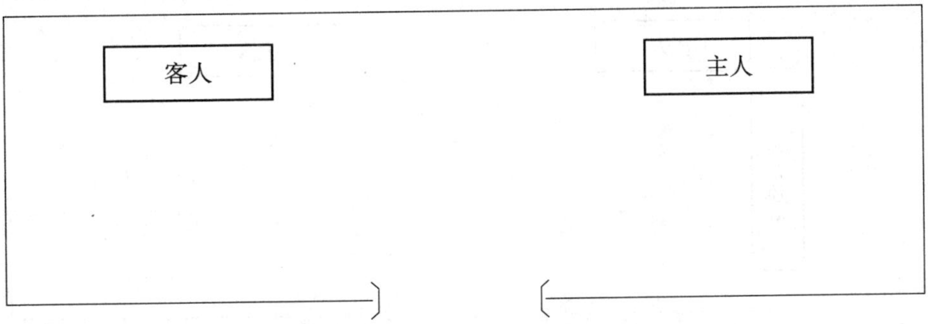

图 1-1　并列式会晤的座次排列之一

其二，宾主双方一同在室内右侧或左侧就座。这时，应根据“以远为上”的规则，请客人就座于距房门较远处，而主人则在距房门较近之处落座（见图 1-2、图 1-3）。

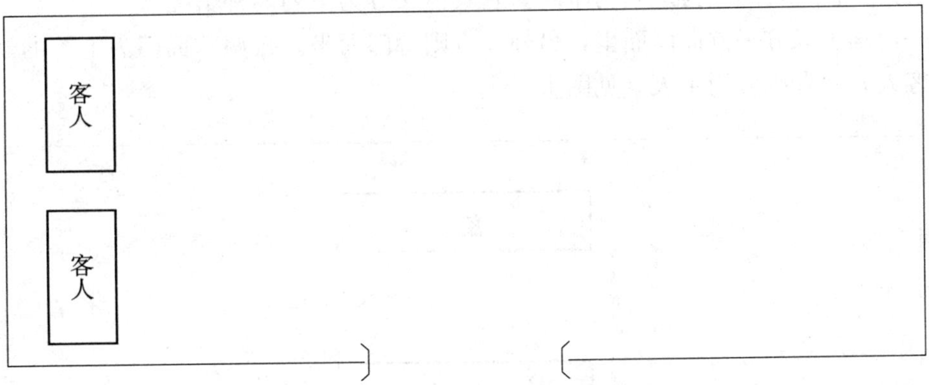

图 1-2　并列式会晤的座次排列之二

2. 分列式

分列式会晤，乃属并列式会晤的一种特例。它指的是当主人居左、主宾居右面对会客室房间正门就座时，双方的其他随员按照一定的礼宾顺序，自高而低地分别在其一侧面对

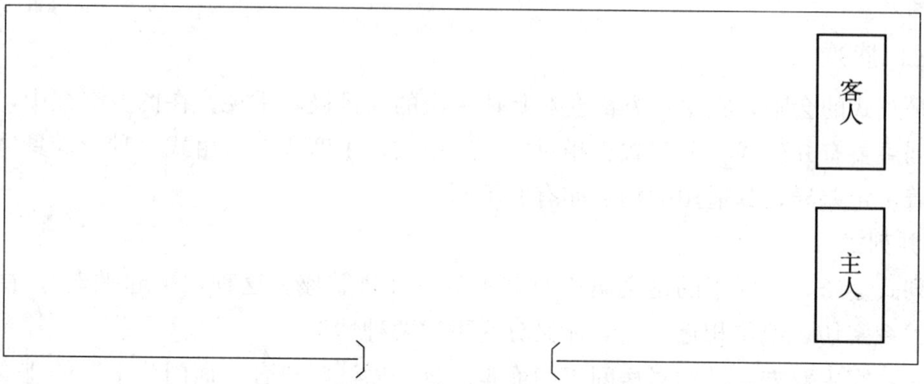

图 1-3 并列式会晤的座次排列之三

面地就座（见图 1-4）。

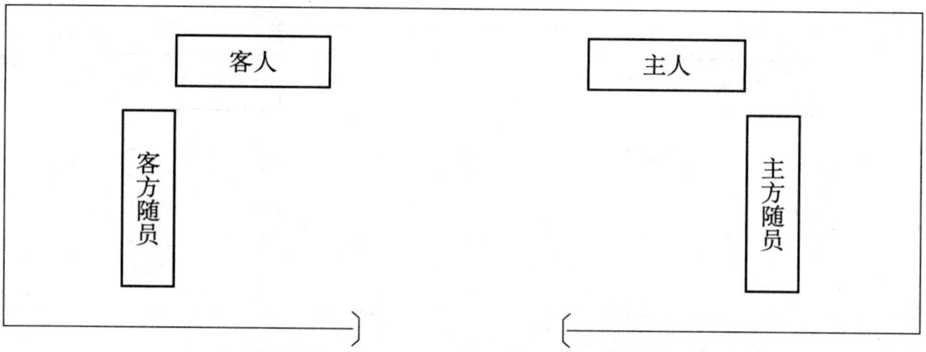

图 1-4 分列式会晤的座次排列

3. 相对式

相对式会晤，一般是指宾主双方面对面地就座。这种“两军对垒”的阵容，有利于双方公事公办，彼此之间保持适当的距离。它具体又分为下列两种情况：

其一，宾主双方一方面门而坐，另外一方则背门而坐。按照“面门为上”的规则，前者应为客人，后者则应为主人（见图 1-5）。

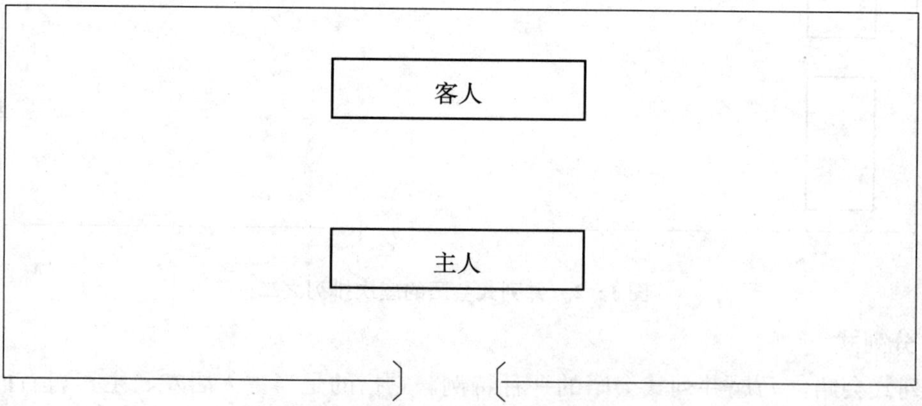

图 1-5 相对式会晤的座次排列之一

其二，宾主双方在室内左右两侧就座。此时，进门之后的右侧应请客人就座，其左侧则应由主人就座（见图 1-6、图 1-7）。

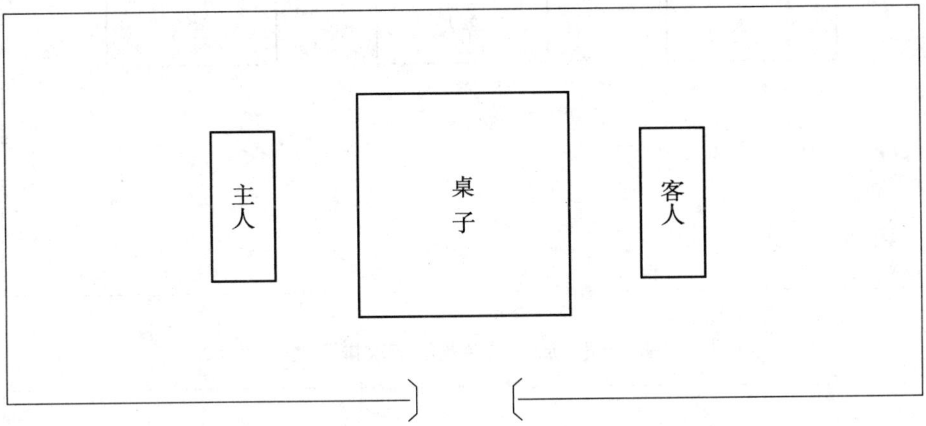

图 1-6　相对式会晤的座次排列之二

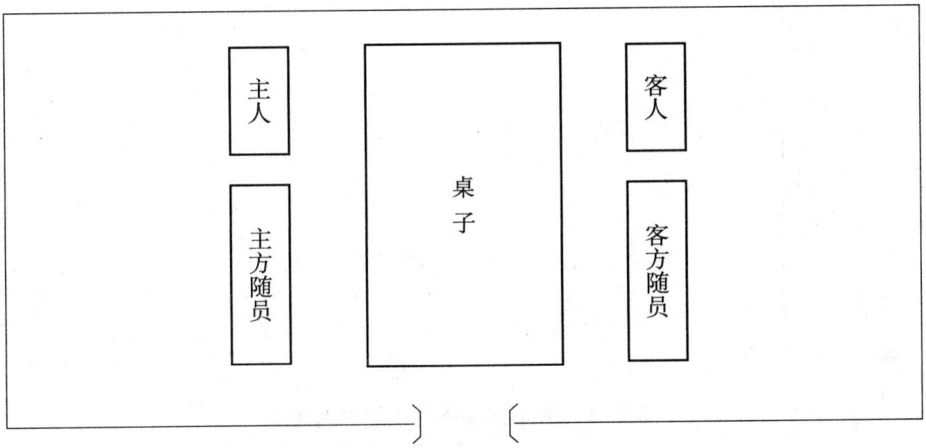

图 1-7　相对式会晤的座次排列之三

4. 居中式

居中式会晤，其实是并列式会晤的一种特殊情况。它指的是当宾主双方多人一同并排就座时，通常应遵守“居中为上”的规则，请客人居中而坐，其两侧的位置，则应由主方人员就座（见图 1-8、图 1-9、图 1-10）。

5. 主席式

主席式会晤，多见于主方在同一时间、同一地点会晤两方或两方以上的来宾。此时，主人一般面门而坐，其他各方来宾则在其对面背门而坐（见图 1-11）。有时，主人亦可就座于长桌的一端，而请各方来宾在其两侧就座（见图 1-12）。

6. 自由式

自由式会晤，在此是指举行会晤时各方人员的座次不进行具体的排列，而由大家自由、随意地选择座位。它多用于正式的多边会晤或非正式的双边会晤。

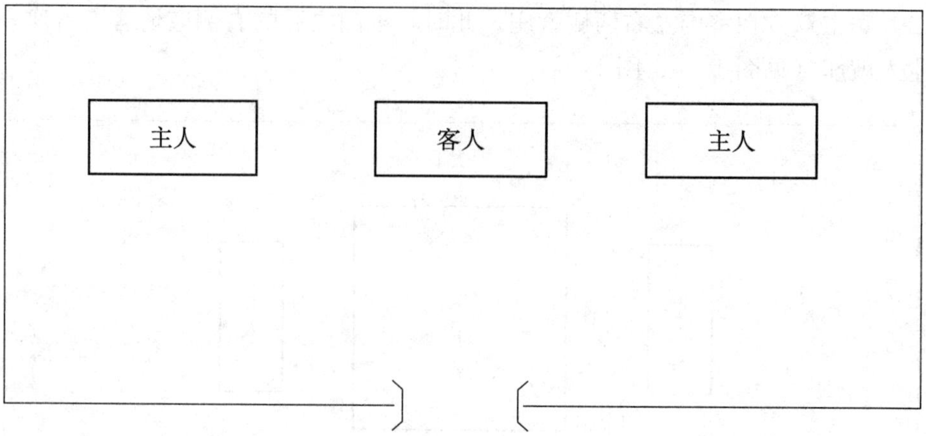

图 1-8　居中式会晤的座次排列之一

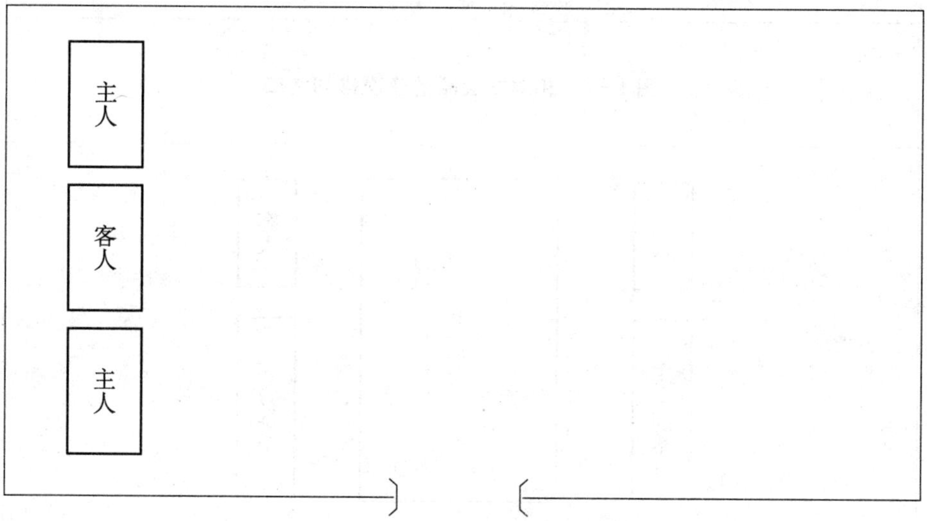

图 1-9　居中式会晤的座次排列之二

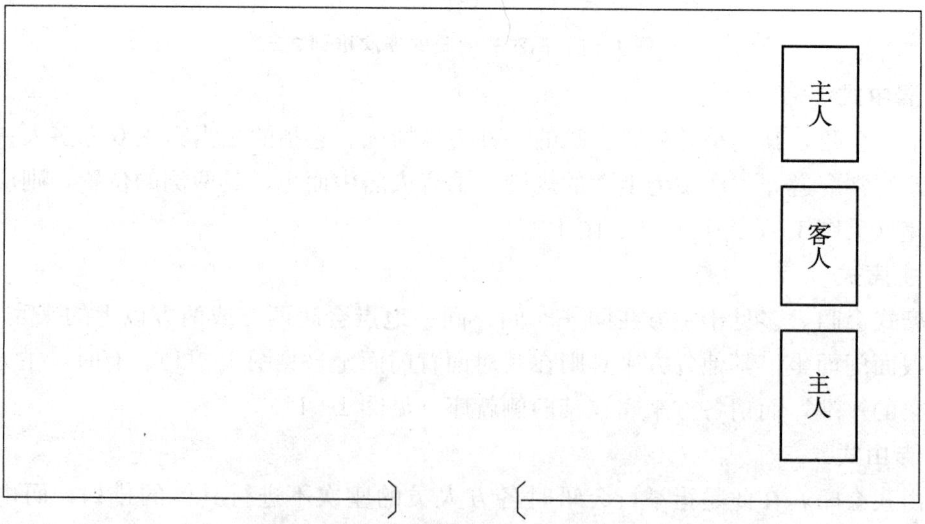

图 1-10　居中式会晤的座次排列之三

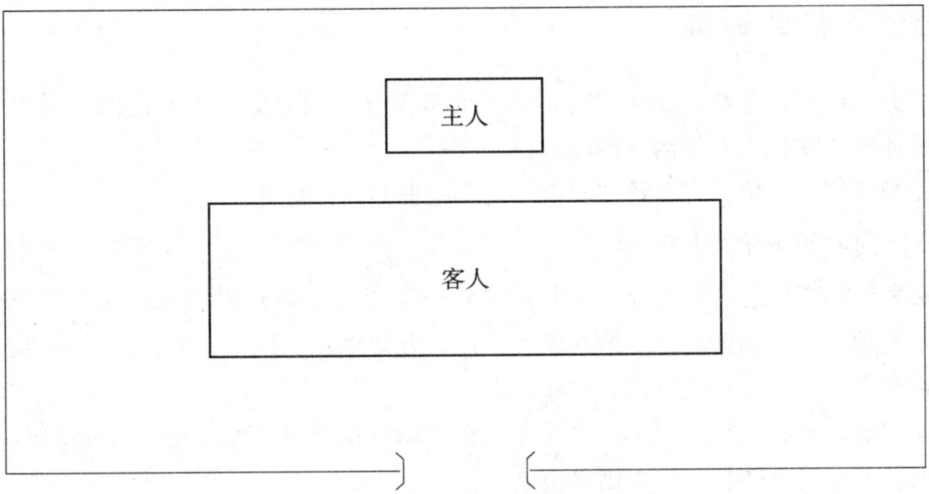

图 1－11　主席式会晤的座次排列之一

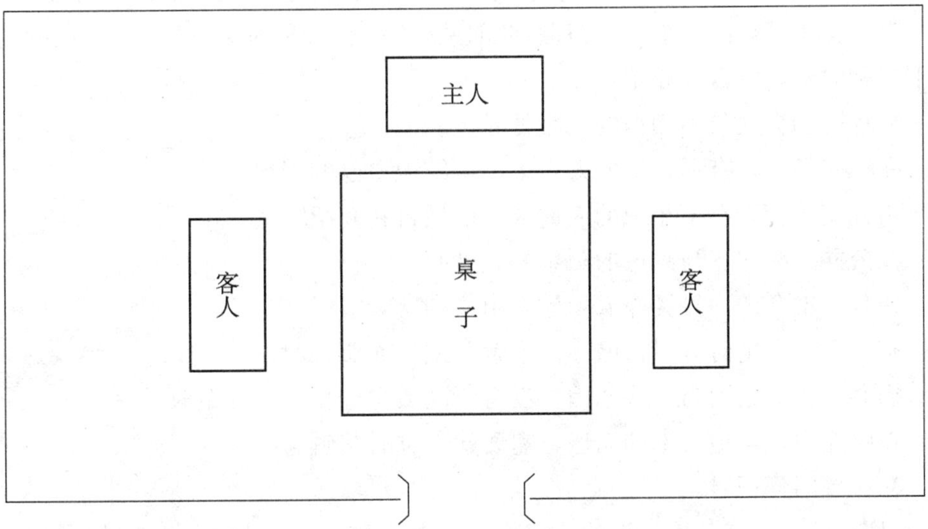

图 1－12　主席式会晤的座次排列之二

第二节　介　绍

介绍，是商务交往中商务人员与他人进行沟通、增进了解、建立联系的一种最常见的方式。正确使用介绍礼仪，可以扩大交际圈、结识更多朋友，还可以消除误会、减少麻烦。

介绍，是人与人之间进行相互沟通的出发点。介绍的时机、形式、顺序、态度等，构成其礼仪规范的基本内容。

一、介绍的时机

在商务交往中，尤其是在介绍时，除了要考虑介绍的对象，还要把握好适当的时机。此点往往体现了现代人有效沟通的能力。

根据被介绍的对象，有三种“时机”需要把握其具体分寸。

（一）自我介绍的时机

在必要的社交场合，自我介绍非常重要，介绍者自己兼介绍者和被介绍者两种角色。自己要准确地把自己的情况介绍给其他人，让对方知晓、认识、了解自己。介绍者本人既不能太过谦虚，也不能夸大自己。

根据情况，自我介绍分为主动自我介绍和被动自我介绍两种。无论哪种情况，都不能忽视下面一些时机介绍自己，否则是很失礼的。

一位美国学者说：人际交往中最忌讳的，是以为人人都有很好的记忆力。有人往往在自我介绍一遍之后，以为人们就会记住自己的名字。其实不然。这位美国学者建议，不妨在正式开始谈话或仪式等活动前，先向那些此前见过一面的交往对象重复一下自己的名字。

以下几种时刻，宜自我介绍：

（1）在社交场合，与不相识的人相处时。

（2）在社交场合，有不相识的人表现出对结识自己的兴趣时。

（3）在社交场合，有不相识的人请求自己做自我介绍时。

（4）在公共聚会中，与身边的陌生人相处时。

（5）在公共聚会中，打算介入陌生人组成的交际圈时。

（6）有求于人，当对方对自己不甚了解，或一无所知时。

（7）担心交往对象因为某些原因，没有听到或忘记自己的介绍时。

（8）在路途中，与他人不期而遇，需要建立临时接触时。

（9）初次登门拜访时。

（10）拜访熟人，遇到不相识的人挡驾、本人不在，需要请此人代为转告时。

（11）初次出现在大众媒体中，例如，广播、电视、网络等，有必要向社会公众进行自我介绍、自我宣传时。

（12）前往陌生办事机构、组织，进行业务接洽时。

（13）由于工作需要，在公众场所推广产品技术或服务时。

（14）应聘求职时。

（15）应试求学时。

（16）偶遇曾有一面之缘者，不能确定对方是否还能记得自己。

（二）他人介绍的时机

顾名思义，他人介绍是指通过“他人”这个“第三者”所进行的相识过程。它往往包括三方人士：介绍者、双方互不相识的被介绍者。

1. 介绍者

谁来做介绍者？明确这一点，是他人介绍的一个关键环节。一般来说，具有下列身份的人可以充当介绍者：

（1）社交活动中的东道主。

（2）社交场合的长者。

（3）家庭聚会中的女主人。

（4）公务交往中的专职人员，如公关人员、礼宾人员、文秘人员、办公室工作人员、公司前台的接待人员。

（5）正式活动中的地位、身份较高者，或者主要负责人。

（6）熟悉被介绍者双方的人。

（7）应被介绍一方或双方要求者。

（8）在交际活动中被指定的介绍者。

介绍者要审时度势，不能莽撞行事，最好事先征得双方同意，以免出现尴尬局面。

2. 介绍的时机

遇到下列情况时，有必要充当他人介绍的介绍者：

（1）在家中，接待彼此不相识的客人时。

（2）在办公地点，接待彼此不相识的来访者时。

（3）同家人外出，在其他公共场所，遇到家人不相识的同事、同行、客户或朋友时。

（4）陪同亲友拜会亲友不相识者时。

（5）本人的接待对象遇见了不相识的人士，而对方又跟自己打了招呼时。

（6）陪同上司、长者、来宾时，遇见了他们所不相识的人士，而对方又跟自己打了招呼时。

（7）打算推介某人加入某一交际圈时。

（8）受到邀请而需要介绍他人相识时。

（三）集体介绍的时机

集体介绍，是他人介绍的特殊形式，也是通过“第三者”来介绍。它与他人介绍的区别在于，集体介绍中的被介绍者，一方或两方人员数量多于一人。

通常，集体介绍分为两种：一种是为一人和多人进行介绍；另一种则是为多人和多人进行介绍。

无论哪种类型的集体介绍，介绍者都应当把握如下时机：

（1）大型的公务活动，参加者不止一方，而且各方不止一个人时。

（2）涉外交往活动，参加活动的宾主双方皆不止一个人时。

（3）较大规模的社交聚会，有多方参加，各方均不止一个人时。

（4）家庭性私人交往，主人的家人与来访者双方均不止一个人时。

（5）正式大型宴会，主办方人员与来访客方人员均不止一个人时。

（6）婚礼、生日晚会，当事人与来宾各方人员均不止一个人时。

(7) 举行会议，应邀前来的与会者不止一个人时。

(8) 演讲、报告、比赛，参加者不止一个人时。

(9) 会见、会谈，各方参加者不止一个人时。

(10) 接待参观、访问，来宾不止一个人时。

二、介绍的形式

在商务交往中，由于时间、地点、场合的限制，介绍的具体形式也不尽相同。一般而言，根据介绍的对象来划分，可以分为自我介绍、他人介绍和集体介绍三种类别。由于集体介绍是他人介绍的特殊形式，故以下仅就自我介绍、他人介绍的具体形式进行简述。

(一) 自我介绍

自我介绍，即自己把自己介绍给别人。它可分为两种类型：其一，自己欲结识某人或某些人而无其他人引见时，由自己向他人介绍自己的情况，这种介绍称“主动型的自我介绍”。其二，应其他人要求，把自己的某些具体情况介绍给他人，这种介绍称“被动型的自我介绍”。

无论是主动还是被动地进行自我介绍，它在总体上有下述五种具体形式。

1. 应酬式

应酬式的自我介绍，适用于某些商务场合和一般性的社交场合，诸如旅行途中、宴会厅里、舞场上、通话时，或网上联络之际。此时，交往的对象是一般性接触的对象。进行自我介绍时，内容要少而精，常常只包括姓名。例如：

主动型的应酬式自我介绍：“您好！我叫赵晓敏。”

被动型的应酬式自我介绍：“您好，请问您叫什么名字?”“您好！我叫赵晓敏。”

2. 问答式

问答式自我介绍，适用于应试、应聘和商务交往。在普通交往中，有时也会用到。问答式自我介绍的内容，即“问”什么就“答”什么，有问有答。例如：

甲：“这位女士，您好！不知您怎么称呼?”

乙：“先生，您好！我叫李芳。”

3. 交流式

交流式自我介绍，注重的是与交往对象之间的彼此交流和沟通，目的是让对方进一步认识自己、了解自己，并渴望建立长久联系。通常，姓名、工作、籍贯、学历、兴趣，甚至某些与所交往对象相识的老熟人的关系等，都可能成为介绍的内容。但是，切记要视情况而定，不要给人“套近乎”的感觉。例如：

“我叫王德方，在北京吉普有限公司工作。我是清华大学汽车工程系 98 级的，我想咱们是校友，对吗?”

“我的名字叫迟灵，在天马公司当财务总监，我和您先生是高中同学。”

“我是天津人，叫甄黎。很喜欢您刚才唱的蒋大为的歌，他也是天津人。我是他的歌迷……”

4. 公务式

公务式自我介绍，是在工作场合的自我介绍，也叫工作式自我介绍。一般而言，公务式自我介绍的内容包括姓名、供职单位和部门、所担任的职务或具体的工作三项。这三个要素缺一不可，否则就是不完整的介绍。

在介绍时，第一项是姓名，要一口气报出自己的全称，“姓”和“名”缺一不可。第二项是单位及部门，可能的话尽量全部报出来，有时部门会省略。第三项是职务或具体工作，有职务的报职务，低职务或没职务的报具体工作就行。例如：

主动型的公务式自我介绍：“你好！我叫章玉溪，北海市政府外事办交际处的处长。”

被动型的公务式自我介绍：“你好！请问你也是北海市政府的吗?”“对不起，我是南通市政府商务局的刘新，负责……”

5. 礼仪式

礼仪式自我介绍，常适用于讲座、报告、演出、庆典、仪式等一些正式而隆重的场合。它是一种意在表示对交往对象友好、敬意的自我介绍。

礼仪式自我介绍的内容包括姓名、单位、职务，并有一些适当的谦辞、敬语，以示自己礼待交往对象。例如：

“各位来宾，大家好！我叫裴英俊，是中海公司的总经理。我代表本公司热烈欢迎大家光临我们的开业仪式，谢谢大家的支持。”

（二）他人介绍

他人介绍，就是通过第三者进行的介绍。为他人介绍时，介绍者对介绍的内容应当字斟句酌、慎之又慎。由于介绍的内容不同，通常有下述六种形式可供借鉴。

1. 简介式

简介式他人介绍使用广泛，适合一般社交场合。其内容包括双方姓名全称一项即可，有时甚至只有双方的姓氏。随后，可以根据情况，由被介绍者之间各自随机行事，介绍者的任务就基本完成了。例如：

“我来替二位介绍一下，这位是老贺，这是小刘，你们彼此认识一下吧。”

2. 引见式

引见式他人介绍，适用于普通的社交场合。它的主要目的是将不认识的双方引见到一起，通常没有具体的实质性内容。例如：

“两位认识一下如何？大家都是校友，只不过以前不认识，现在请你们各自自报家门吧。”

3. 强调式

强调式他人介绍，适用的场合也非常广泛，各种社交场合都能遇见。除了被介绍者的姓名，往往强调和突出一方被介绍者与介绍者之间的特殊关系，从而引起另一方被介绍者的注意和重视。例如：

“这位是神亚公司的业务经理杨正平先生。这位是邱英，在市卫生局工作，是我的侄女，请杨经理多关照。”

4. 推荐式

推荐式他人介绍，一般用于比较正规的社交场合。介绍者有备而来，它的主要目的是将某人举荐给某人，往往会格外突出第一位被介绍者的情况，这位被介绍者通常是年轻者或职位低者，此人的优点是介绍的主要内容。例如：

“这位是周洋先生，这位是我们公司的刘立仁总经理。周先生是管理方面的专业人士，是北大的 MBA 毕业生。刘总一定想认识他吧？”

5. 标准式

标准式他人介绍，适用于正式场合，其具体内容包括姓名、单位、职务等。例如：

“我来给两位介绍一下，这位是满江红公司公关部主任万方先生，这位是大海集团总经理曹绮文女士。”

6. 礼仪式

礼仪式他人介绍，适用于正式场合，是一种最为正规的他人介绍形式。其内容略同于标准式，与之不同的是礼仪式他人介绍的语气、语句、称呼要更礼貌、谦恭。例如：

“陆小姐，你好！请允许我把深圳大鹏集团的销售经理佟建先生介绍给你。佟先生，这位是海口新生集团的业务部经理陆云子小姐。”

三、介绍的顺序

在他人介绍和集体介绍时，常常遇到以下问题：“先介绍谁？后介绍谁？”届时把握时机、运用恰当的形式固然重要，但是如果搞错了顺序亦非小事。特别是在正式场合中，介绍的顺序要时刻注意，不可马虎。

他人介绍和集体介绍，确定具体顺序的基本原则是：“尊者优先了解情况”。

（一）他人介绍

为他人作介绍时，须遵循“尊者优先了解情况”的原则。首先确定双方地位的尊卑，然后先介绍位卑者的情况，以便见机行事，在交际应酬时掌握主动权，即应确保尊者拥有“优先知情权”。这一原则，有时又称“后来居上”原则，它所指的是后被介绍者应较之先被介绍者地位为上。两者从不同角度，阐明了同一问题。

根据此项原则，为他人介绍时的顺序大致有如下几种情况：

（1）介绍年长者和年幼者相识时，应先介绍年幼者，后介绍年长者。例如：

“老李，这是我同事王玫，她想跟您认识一下。……王玫，老李是搞城市规划研究的，和你的工作很有些关系呢。”

（2）介绍长辈和晚辈相识时，应先介绍晚辈，后介绍长辈。例如：

“王阿姨，这是我的表妹李玲玲，刚从杭州来，她很喜欢养花。……玲玲，王阿姨是农学院园艺系的教授，你们好好聊聊吧。”

（3）介绍老师和学生相识时，应先介绍学生，后介绍老师。

（4）介绍男士和女士相识时，应先介绍男士，后介绍女士。

（5）介绍已婚者和未婚者相识时，应先介绍未婚者，后介绍已婚者。例如：

“哈特夫人，我想请您认识一下陈美小姐。她是我的同事，刚刚从伦敦回来。这位哈特夫人是伦敦人，曾在渣打银行总行高就，来中国有两个月了。”

（6）介绍同事、朋友和家人相识时，应先介绍家人，后介绍同事、朋友。例如：

“小张，这是我妈妈。……小张很能干的，人也热情。”

（7）介绍来宾和主人相识时，应先介绍主人，后介绍来宾。

（8）在社交场合，介绍先来者和后来者相识时，应先介绍后来者，后介绍先来者。例如：

“萧经理来了，欢迎欢迎。王笑小姐，请来认识一下萧干之经理，萧经理是北方公司市场开发部经理。”

（9）介绍上级和下级相识时，应先介绍下级，后介绍上级。

（10）介绍职位、身份高者与职位、身份低者认识时，应先介绍职位、身份低者，后介绍职位、身份高者。

（二）集体介绍

集体介绍的顺序，若有可能，应比照他人介绍的顺序进行。若实难参照，则可酌情参考下述顺序。应当强调的一点是，越是正式、大型的交际活动，对集体介绍的顺序就越是不可马虎大意。

1. “少数服从多数”

它的含义是：当被介绍者双方地位、身份大致相似，或者难以确定时，应当使人数较少的一方礼让人数较多的一方，一个人礼让多数人；即先介绍人数较少的一方或个人，后介绍人数较多的一方或多数人。

2. 强调地位、身份

若被介绍者双方地位、身份之间存在明显差异，特别是当这些差异表现为年龄、性别、婚否、师生以及职务有别时，则地位、身份为尊的一方即使人数较少，甚至仅为一人，仍然应被置于尊贵的位置，最后加以介绍，而应先介绍另一方人员。

3. 单向介绍

在演讲、报告、比赛、会议、会见时，往往只需要将主角介绍给广大参加者，而没有必要一一介绍广大参加者，因为这种可能性实际上并不存在。

4. 人数较多一方的介绍

若需要介绍的一方人数不止一人，可采取概括式的方法进行介绍，例如，可以说：“这是我的家人”“他们都是我的同事”等。但是最好还是要对其一一进行介绍。进行此种介绍时，可比照他人介绍时位次尊卑的顺序，由尊而卑，如先长后幼，先女后男等。不过，这一顺序的标尺一定要正规、单一，且为众人所认可。

5. 人数较多双方的介绍

若被介绍的双方皆不止一人，则可依照常规，先介绍位卑的一方，后介绍位尊的一方。在介绍各方人员时，均须由尊而卑地依次进行。

6. 人数较多各方的介绍

有时，被介绍的不止两方，此时需要对被介绍的各方进行位次排列。排列的具体方法是：其一，以其负责人身份为准。其二，以其单位规模为准。其三，以其单位名称的英文字母或汉语拼音字母顺序为准。其四，以其抵达时间的先后顺序为准。其五，以其位次顺序为准。若时间不允许，则不必介绍其具体成员。

四、介绍的态度

介绍时，介绍者与被介绍之间的态度、回应以及风度如何，都反映了一个人的教养和修养。面带微笑、亲切和蔼的氛围，会带给相互结识的双方美好的印象和回忆。

恰到好处地把握分寸，是十分重要的礼仪原则。下面将自我介绍、他人介绍和集体介绍时介绍者、被介绍者应该掌握的分寸详述如下。

（一）自我介绍的分寸

进行自我介绍时，对下述几方面的问题必须予以正视，方能使自我介绍恰到好处、不失分寸、大方得体。

1. 控制时间

在进行自我介绍时控制时间，具有以下双重含义：

（1）力求简洁。它的含义是：进行自我介绍一定要力求简洁，尽可能地节省时间。虽说各种形式的自我介绍所用的时间长度不可笼统地进行规定，但总的原则还是所用时间愈短愈好，一般半分钟左右为佳，如无特殊情况最好不要超过一分钟。

在初次见面作自我介绍时，指望交往对象仅凭自己的自我介绍就对自己“一目了然”是不现实的。在自我介绍时东拉西扯、借题发挥、信口开河、滔滔不绝，对自己而言是失态，对对方而言也是失败，都是出力不讨好的。

为了节省时间，在作自我介绍前，可以递上本人的名片、介绍信加以辅助。若使用了名片、介绍信，则其上所列有的内容应尽量不重复。

（2）适时而为。它的含义是：自我介绍必须在适当的时间进行，而不应在不适当的时间进行。进行自我介绍的适当时间：一是对方有兴趣的时间；二是对方有空闲的时间；三是对方情绪好时；四是对方干扰少时；五是对方有此要求时。

进行自我介绍的不适当时间，则是指对方无兴趣、无要求、工作忙、干扰大、心情坏、休息用餐或正忙于私人交往时。

2. 讲究态度

进行自我介绍，态度务必要自然、友善、亲切、随和，应显得落落大方、笑容可掬。既不要小气、畏首畏尾、瞻前顾后，又不要虚张声势、轻浮夸张、矫揉造作。

在自我介绍时，要充满信心和勇气。千万不要妄自菲薄、心怀怯意，临场发挥失常。

在进行自我介绍时，一定要敢于正视对方的双眼，显得胸有成竹、不慌不忙。这样做，将有助于进行自我放松，并使对方对自己产生好感。

在自我介绍的过程中，语气要自然，语速要正常，语音要清晰，这对自我介绍的成功将大有好处。一定要力戒语气生硬冷漠、语速过快或过慢、语音含混不清，它们其实都是缺少经验、缺乏自信的表现。

3. 真实无欺

进行自我介绍时表述的各项内容，一定要实事求是、真实可信。没有必要过分谦虚，一味贬低自己去讨好别人，但是也不可以自吹自擂、夸大其词，否则一定会得不偿失。

（二）应对他人介绍

在进行他人介绍时，介绍者与被介绍者都要注意自己的表达、态度与反应。此即所谓他人介绍的应对。

介绍者为被介绍者作介绍之前，不仅要尽量征求被介绍者双方的意见，而且在开始介绍时还应再打一下招呼，切忌上去开口即讲，显得突如其来，让被介绍者措手不及。

被介绍者在介绍者询问自己是否有意认识某人时，一般不应加以拒绝或扭扭捏捏，而应该欣然表示接受。实在不愿意时，则应说明缘由。

当介绍者走上前来，开始为被介绍者进行介绍时，被介绍者双方均应起身站立，面带微笑，大大方方地目视介绍者或对方，神态庄重、专注。

当介绍者介绍完毕后，被介绍者双方应依照合乎礼仪的顺序进行握手，并且彼此问候对方。此时的常用语有："你好""很高兴认识你""久仰大名""认识你非常荣幸""幸会、幸会"等。必要时，还可作进一步的自我介绍。不要在此时有意拿腔拿调、硬端架子、显得瞧不起对方，或是心不在焉、疲于应付；更不要奴颜婢膝、低三下四、阿谀奉承、成心讨好对方。

（三）集体介绍的禁忌

集体介绍时，介绍的内容大致与他人介绍的内容无异，不过要求更认真、更准确、更清晰。下述两点应尤为注意。

1. 不要使用易产生歧义的简称

不规范的简称，往往容易产生歧义。例如，不要讲"人大""消协"，而应该详尽地说明是"中国人民大学""消费者协会"，还是"市人大常委会""消防协会"。又如，将范局长简称为"范局"，就会使人听上去好似"饭局"而哗然大笑。至少，要在首次介绍时使用准确的全称，然后再采用简称。

2. 不要开玩笑、捉弄人

进行介绍时，要庄重、亲切，切勿随意拿被介绍者开玩笑，或是成心出对方的洋相。例如，在介绍时这样讲："这位是大名鼎鼎的沈瑞先生，大家看，沈先生肥不肥？"就是很不文明的。

第三节 销 售

在一家公司的各项日常业务之中，销售永远处于至关重要的位置，公司员工的很多工作都是为销售业务而服务。从根本上来说，每一家公司销售业绩的好坏，往往直接关系到它的生存与发展。

所谓销售，通常是指卖出自己的产品、技术与服务。任何成功的销售，往往既有赖于产品、技术、服务自身的特点，又有赖于相关人员的努力。

就礼仪规范而言，公司员工从事销售工作时，主要应当在接近客户、争取客户、影响客户三个方面多加注意。

一、接近客户

从事销售工作，必须以接近客户为出发点。接近客户，在此具体是指以一定的方式与客户进行直接接触，有时又称为接触客户。只有接近客户，才有可能令对方注意到自己的公司及其产品、技术、服务的存在，才有可能令对方对此产生兴趣，并逐渐在今后成为自己潜在的或现实的消费者。假如销售人员连接近客户这一点都做不到，便没有任何成功的机会可言。

根据礼仪规范，销售人员在销售过程中如欲成功地接近客户，就务必遵守“三T法则”。所谓“三T”，是时机（Timing)、机智（Tact)、容忍（Tolerance）三个英文单词的首字母组合。它的含义是：在接近客户时，销售人员务必掌握时机、灵活机智、善于容忍。只有认真遵守“三T法则”，销售人员才能够真正地做到在空间距离与心理距离上同时接近客户。

（一）掌握时机

要想成功地接近客户，必须首先看准时机。假如不合时宜，销售人员的主观意图自然便难以兑现。一般而言，下列几种时机都是销售人员主动接近客户的最佳选择：

一是客户产生兴趣之时。如果客户已经自发地对某项产品、技术或服务产生了兴趣，销售人员对对方的接近往往便会取得成功。

二是客户有此要求之时。有时，客户主动提出要求，希望对有关产品、技术、服务进行更深一步的了解，此刻销售人员接近对方便是顺理成章之事。

三是客户较为方便之时。对方若是不方便，接近对方则必然会碰壁；相反，若不会给其带来不便，并且对方心情愉快之时，则接近对方便易于成功。

四是现场环境有利之时。倘若当时的现场及其周边环境对接近客户比较有利，则销售人员对对方的接近一般容易取得成功。

五是内外形势较好之时。在内外形势对本公司比较有利时，因势利导地主动接近客户，也有较大的胜算。

（二）灵活机智

接近客户，有时必须讲究一定的方式与策略。不论采用哪一种具体的接近方式，都要求销售人员必须灵活机智，既要知难而上，又要适可而止；既要设法引起客户的兴致，又要力戒勉强对方。

销售人员要想真正做到机智灵活这一点，关键是要因人而异、因物而异。因人而异，在此是指针对不同的销售对象，接近对方之时必须采取不同的对策，具体情况具体对待。因物而异，则是指销售人员在接近销售对象时，还须统筹考虑自己所销售的产品、技术、服务的特点。销售不同的产品、技术、服务时，应采用不同的推销方式。目前，常见的可以直接接近客户的推销方式主要有以下四种：

一是现场推销。它是指将欲售之物置于一定的场所，一边介绍一边销售。此种推销方式的长处是受众具体、现身说法、易于调整，它的不足则是覆盖面较小。

二是上门推销。它是指销售人员直接登门拜访潜在的消费者，对自己所售之物进行推销。这种推销方式受外界干扰较少，但却容易遭到拒绝。

三是电子推销。它指的是利用目前通行的电子媒介，例如，以网络、电话等所进行的推销。这种推销方式的优点是可以节省各种资源，并且可以详尽地说明情况。它的缺点则是不易及时得到反馈，可信度较差。

四是传媒推销。它指的是利用电视、报纸、广播、杂志等大众传媒所进行的推销。传媒推销的覆盖面广、影响大，但所需要的费用较高，效果不好控制。

（三）善于容忍

由于销售工作是让消费者付款接受一种产品或服务的过程，所以当销售人员主动接近客户时，必须做好必要的思想准备，要学会接受被人拒绝，要容忍他人的怠慢，甚至要忍受常人难以忍受的种种委屈。

具体来说，在接近客户时要做到善于容忍，主要应当注意以下四点：

一是态度上谦恭有礼。不论自己意欲接近的对象如何对待自己，都要自始至终地对对方以礼相待，友善、热情、文明、谦恭。

二是口头上有问必答。在自己接近客户的过程中，对对方以及周围之人所提出的任何问题，不论其是否专业、是否友善，均应来者不拒、有问必答。

三是语气上不厌其烦。对别人的非议、质疑，甚至是讽刺、挖苦、刁难，都要以静制动，克制自己的情绪，不为其所动。对自己的本职工作，一定要表现出应有的素质。

四是表现上不卑不亢。它要求销售人员在接近客户时，除了主动热情之外，要有一个克制与容忍的基本底线：不应有损于人格；不应有损于国格。在任何情况下，都不应当为了接近客户、促成销售而对他人低三下四、摇尾乞怜，甚至放弃做人的基本原则。

二、争取客户

在销售过程中，销售人员一旦成功地接近了销售对象，就应当再接再厉，尽快与对方实现良性互动。这一过程称作争取客户。争取客户的关键是要求销售人员认真了解客户心理，积极见机行事，主动启发、引导对方，以促进双方交易的成功。

在争取客户的过程中，在礼仪规范上通常要注意做到掌握客户心理、临场反应敏捷、推介重视互动、讲究销售技巧四大要点。

（一）掌握客户心理

在争取客户的过程中，必须注意对方的心理变化。不仅如此，还应当努力适应对方，并且因势利导，争取变被动为主动。

针对客户的心理变化，销售人员在争取客户时，通常要做如下四件事情：

一是促使客户加深认识。在推介所售商品时，应针对客户的兴趣及疑虑，尽可能地向对方提供更多的资讯，以便对方对所售商品有更为全面的认识。

二是促使客户体验商品。在条件允许时，应为销售对象提供一些直接接触所售商品的机会，让对方对其进行试看、试听、试穿、试玩、试用，以便亲自体验所售商品的优点。

三是促使客户产生联想。推介产品、技术、服务时，销售人员可以客观地突出其品牌、特征、知名度、消费圈等客户关心的要素，促使客户产生正面联想，引发消费冲动。

四是促使客户有所选择。进行消费前，客户往往要对拟购商品的品牌、型号、质量、功能、价格、优惠条件与售后服务反复权衡、比较。若销售者适时地向对方多提供几种选择，既可以满足客户需要，又可以赢得客户信任。

（二）临场反应敏捷

面对客户时，销售者不但要观察细致，而且还应该反应敏捷。做不到这一点，容易失去客户。要求销售人员面对客户时反应敏捷，主要是要求其具有一种反应迅速的综合能力。具体而言，它应当表现为以下“六快”：

一是眼快。它要求：销售者善于察言观色，及时看清楚客户的神态、表情、举动。

二是耳快。它要求：销售者能够耳听八方，及时而准确地听到、听清、听懂客户的具体要求、建议或意见。

三是脑快。它要求：销售者思维敏捷，及时根据自己的所见所闻做出判断，并迅速做出必要的反应。

四是口快。它要求：销售者能及时而流畅地说明、解释、答复客户感兴趣的任何问题，在语言沟通上与对方不存在障碍。

五是手快。它要求：销售者及时用双手为客户提供规范、周到的服务。

六是腿快。它要求：销售者腿脚利索，行动迅速，办事效率高，不耽误客户的时间。

（三）推介重视互动

任何一次成功的销售，通常都离不开销售人员与销售对象之间的互动。作为争取客户的关键步骤之一，销售人员在推介所售商品时，一定要重视双方之间的互动。

销售人员在向销售对象推介所售商品时，能否实现真正的互动，关键在于销售人员在下述两个方面表现如何：

一是发现焦点。一般而言，消费者在购买产品、技术、服务时，主要关注其档次、功能、价位、时尚四大因素，它们被称作消费者购物的四大焦点。具体来说，不同层次的消费者在关注这四大焦点时，往往又有各自不同的侧重点：成功人士讲究的是档次，专业人员重视的是功能，工薪阶层注意的是价位，年轻一代追求的则往往是时尚。销售人员在面向销售对象进行推介时，一定要善于区别对象，善于发现不同对象所关注的不同焦点。

二是投其所好。推介产品、技术、服务时，销售人员往往还必须学会对销售对象投其所好。其中最常用的做法之一，就是要在所售商品的独特之处上大做文章：其一，强调“人无我有”。若自己所售产品拥有同类其他产品所不具备的新功能时，必定就会令人注目。其二，强调“人有我优”。当自己的产品、技术、服务在功能上与竞争者不相上下时，强调其优质、优价，同样可以吸引广大消费者。其三，强调“人优我新”。若自己的产品、技术、服务跟竞争者相比没有其他长处时，突出其在技术、设计、款式等方面的一个“新”字，亦可吸引不少追求新潮、新款的消费者。

（四）讲究销售技巧

从总体上讲，争取客户是一项十分复杂的工作。要做好此项工作，既需要销售人员具备高度的责任心，又需要面对销售对象时讲究一定的服务技巧，二者往往缺一不可。直接面对客户时，销售人员必须坚持的销售技巧有“四先四后”，它们具体是指：

一是先易后难。销售人员向客户介绍产品、技术、服务时，务必先从客户易于理解之处入手，然后方能由浅入深，逐渐提高其难度、深度。

二是先简后繁。销售人员介绍产品、技术、服务的功能、设备、结构等专业性问题时，应先从简单易理解之处开始，随后再逐步向复杂烦琐之处过渡。

三是先急后缓。在一般情况下，推销人员在推介、展示产品、技术、服务时，均应首先考虑客户服务需求，从对方急于了解之处开始，然后再逐渐推进到对方并不急于了解的相关内容上。

四是先特殊后一般。推销人员在介绍、推广产品、技术、服务时，通常应先强调其特点，首先从其特别之处入手，然后再逐步涉及其较为普通的一般性内容。

三、影响客户

众所周知，在整个销售过程中，销售人员与销售对象往往相互影响。对销售人员而言，一定要尽最大的努力，向销售对象施加正面的、积极的、有益的影响，以争取销售的成功。

在任何时候，影响往往都具有一定的主观目的性。当销售人员主动在销售过程中影响客户时，其影响应具体体现在价值、诚信、真心、情感、形象五个方面。它们又被称为“影响客户五要素”。

（一）以价值影响客户

客户购买产品、技术、服务时，首先希望的是等价交换，并物有所值。因此，在影响客户时，销售人员始终应坚持以价值为基本导向。具体而言，下列三点尤须注意：

一是强调其真实价值。向客户讲清楚产品、技术、服务的真实价值，自然而然就会令对方感到自己所购物品物有所值。

二是强调其使用价值。客户购买产品、技术、服务的时候，最看重的是其使用价值，亦即对自己“需求的满足”。从科学的角度讲，使用价值又可分为物理性使用价值与心理性使用价值。前者指的是纯粹物质方面的用途，后者则是指对消费者精神方面的满足。强调所售商品的使用价值时，对其两个侧面应当并重。

三是强调其价格优势。价格是价值的表现形式，同时往往也会成为销售的一大障碍。在涉及价格问题时，销售人员要重点强调自己所售商品货真价实，同时要防止价格欺诈或过分地讨价还价。

（二）以诚信影响客户

孔子曾经明言：“人而无信，不知其可也!”古罗马大政治家西塞罗则强调：“没有诚实，何来尊严?”他们对诚信的推崇，销售人员应当铭记于心。在销售产品、技术、服务的具体过程之中，要真正做到诚信，就必须注意下列两点：

一是坚持以诚待人。所谓以诚待人，就是要求一个人为人处世要诚实坦然、表里如一、言行一致。这一点讲起来很容易，真正付诸实施却有一定的难度。在销售过程中，要求销售人员以诚待人，主要表现为：所售商品在质量、功能、价格及售后服务方面，必须说到做到，不能够弄虚作假、欺骗他人。永远都不要忘记：诚实是做人的一种教养与美德。

二是坚持取信于人。所谓取信于人，就是要求人们在日常的交往应酬之中，必须讲究信誉，遵诺守信，讲话算数。在任何时候，都不能在正式场合信口开河、言过其实、胡乱承诺、开空头支票。在销售过程中，每一名销售人员都要充分认识到，取信于人是公司员工都要遵守的职业道德。讲不讲信用，不仅是一名销售人员懂不懂规矩的原则问题，更反映了其公司是否有严格的纪律约束，并直接涉及其公司的形象。讲不讲信用，同时还是销售工作能否拥有良好口碑、是否可以持续发展的关键性问题。

（三）以真心影响客户

与其他性质的人际交往一样，在销售过程中，销售人员与销售对象之间也是十分讲究坦诚交心的。因此，销售人员与销售对象进行交往时，要始终与对方坦诚相见，待之以真心。具体来讲，对以下三点一定要高度重视：

一是明确销售工作的终极目标。从总体上讲，销售工作拥有三大终极目标：其一，让客户动心。其二，让客户放心。其三，让客户省心。真正做到了这三点，才算为客户服务，才能令客户满意。

二是遵守销售工作的岗位要求。做好销售工作，从根本上要求销售人员在面对销售对象时要具备“三心”：其一，细心。它指的是对客户进行耐心细致的观察和了解。其二，实心。它指的是要实心实意地主动站在客户一方思考问题。其三，热心。它指的是为客户提供服务时必须十分热情。

三是全心全意地提供优质服务。在销售工作中，为客户提供服务是否全心全意，往往至关重要。销售人员要想真正为客户提供全心全意的优质服务，不仅需要有高度的责任心、精湛的专业技术，而且必须注意以下三点：其一，应当善始善终；其二，应当面面俱到；其三，应当细致入微。

（四）以情感影响客户

高水准的销售人员，通常都会重视情感变化对销售过程的种种影响。所谓情感，一般指的是人们对于客观事物所持的具体态度，它往往体现为喜、怒、哀、乐等。一个人的情感往往会随着自己所处环境、所交往对象的不同而不断发生变化，并且直接左右其待人接物的态度。

在销售过程中，销售人员必须在面对销售对象时学会以情感人。以情感人，在此即指要以情感去影响客户。它主要体现为以下三点：

一是健康。销售人员只有拥有健康的情感，对为人处世才有可能抱有正确的态度。

二是积极。在销售过程中，销售人员的个人情感一定要深厚持久、坚忍不拔、奋发图强、积极向上。

三是友爱。所谓友爱的情感，就是为人要有友爱心。具体而言，包括：其一，要有同情与恻隐之心；其二，要有宽容与体谅之心；其三，要有关怀与友善之心；其四，要有尊重与爱护之心。

（五）以形象影响客户

销售工作的各个环节都与形象密切相关，不论是售前、售中还是售后，形象的好坏都会对销售工作产生重大影响。在售前阶段，所售产品、技术、服务的形象不好，人家不来买；在售中阶段，所售产品、技术、服务的形象不好，人家不想买；在售后阶段，所售产品、技术、服务的形象不好，人家则不再买。有鉴于此，一位著名企业家曾经指出：从本质上看，一家成功的公司销售的是其形象，而并非其产品、技术、服务。以形象影响客户，具体要求销售人员注意以下三点：

一是树立良好的个人形象。在客户面前，个人形象欠佳的销售人员通常都不受欢迎。

二是塑造完美的产品、技术、服务的形象。面对客户时，销售人员一定要想方设法地为自己所销售的产品、技术、服务打造出尽可能完美的形象。

三是维护自己所在公司的形象。从根本上讲，维护自己所在公司的形象，是销售人员的基本职责与重要使命。

第四节　名　片

在日常社会交往中，人们初次见面、介绍自己时，往往会给对方递上一张自己的名片。名片，已成为现代生活和工作中便捷、简洁的“礼仪文书”的重要组成部分，并为商务人员所常用。关于它的格式、使用，国际上已经形成一些比较固定、约定俗成的惯例。

一、名片的功能

名片，是一种物有所值的实用性交际工具，也是自我的“介绍信”与社交的“联谊卡”。它的功能如下所述。

(一) 自我介绍

初次见面，将名片作为辅助性自我介绍的工具，往往效果最好。不要指望人们一次就可以记住自己的姓名，了解自己的身份。一张简单的名片可以说明并强化自己的身份，使自我介绍给人留下深刻的印象。

(二) 结交朋友

主动递送名片，意味着对对方的信任、友好和渴望进一步交往的意愿。名片上提供的资料增加了联系的便利，是结交新朋友的纽带和桥梁。

(三) 业务往来

名片可以为本人或所在单位进行业务往来，扩大交际面，争取潜在的合作伙伴。在许多国家，一名具有良好教养的商人，一定会在与人初次见面时，立即呈送一张自己的名片，以表示对对方的尊重。因此，名片在商务活动中作用极大。

(四) 通知变更

利用名片，可以及时向老朋友通报新情况。例如，职务晋升、乔迁新址、变换单位、更改电话等。用变更后的新名片向老朋友打声招呼，亦便于彼此之间联系畅通顺利，使对方更及时地了解自己的情况。

(五) 拜会他人

初次前往他人居所或工作单位拜访时，名片可以作为传递来访信息的工具，对方的门卫、家人、秘书等人员可以利用名片通报被访者。此做法比较正规，可避免冒昧造访。

(六) 简短留言

当所要拜访的人不在时，可以在名片上留下简短文字，托请在场他人转交。这样做不易造成不良后果，不会耽误重要或紧急之事。

(七) 用作礼单

送礼时，人们通常喜欢用名片说明是谁送出的礼物。标准的做法是，把名片附在所赠礼物中、礼物包装封口上，或者将其放入不封口的信封内，然后固定在礼品外包装上。

(八) 替人介绍

介绍某人去会见另一人时，可以将本人的名片叠放在被介绍人的名片之上，用回形针固定，有时还可以在本人的名片的左下角写上“p. p.”（意为“介绍”），把它装入信封，再交给被介绍人。这样一封介绍信是非常正式的，通常会受到高度重视。

（九）代替短信

在国外，通常在名片的左下角，用铅笔写下几个法文字母所组成的约定俗成的缩略语，然后以之寄交或转交他人，它如一封信一样正式，表达慰问、鼓励、感谢、祝贺等意义（见图 1－13）。

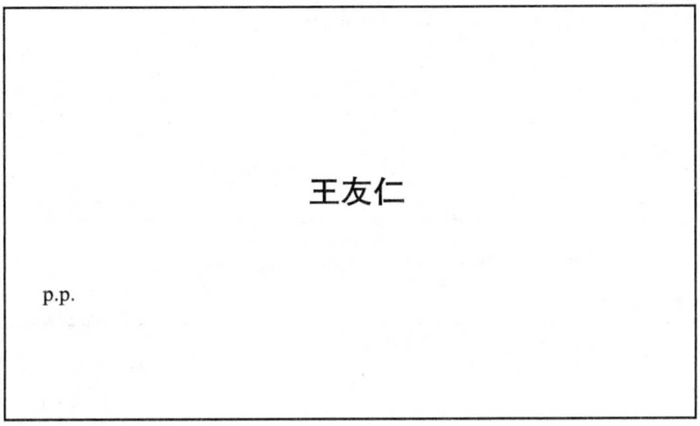

图 1－13　代替短信的名片

常见的以法文字母所组成的缩略语有：n. b.（表示“提请注意”）；p. f.（表示“祝贺”）；p. r.（表示“感谢”）；p. c.（表示“谨唁”）；p. p.（表示“介绍”）；p. p. c.（表示“辞行”）；p. f. n. a.（表示“贺年”）。

（十）个性档案

收到名片时，可以在每张名片后面写上对其的简短描述，几个字或一两句话均可。这样做，可以牢牢记住新结识的人的基本特征和对其的第一印象，以便下次交往时不会很尴尬。这种“个人档案”式的记录，对商务人员而言往往非常简易、有效。

二、名片的类型

根据名片内容、用途的不同，商务人员所使用的名片可分为应酬式名片、社交式名片、公务式名片、单位式名片四种，其中前三种又笼统称为个人名片。

在正式的场合，讲究面对不同的交往对象使用不同的名片；希望给人以不同的印象，应使用不同的名片。因此，一个人同时制作并携带多种名片不足为怪，而不分对象、不讲目的地滥用同一种名片则是失当之举。

（一）应酬式名片

应酬式名片，又称本名式名片。顾名思义，其内容通常只有个人姓名一项，最多还会加上本人的籍贯与字号（见图 1－14、图 1－15）。

应酬式名片，主要适合在社交场合应付泛泛之交，拜会他人时说明身份，馈赠时替代礼品单，以及用作便条或短信。

图 1-14　应酬式名片之一

图 1-15　应酬式名片之二

（二）社交式名片

社交式名片，特指主要适用于社交场合，进行自我介绍与保持联络时用的个人名片。其内容有二：一是个人姓名，应以大号字体印于名片中央；二是联络方式，应以较小字体印于名片右下方（见图 1-16）。

其联络方式一项，主要有家庭住址、邮政编码等内容，必要时还可以加印微信号码、QQ 号码、电子邮箱号码、住宅电话号码。它一般不会印办公地址，以示“公私分明”。若不喜欢打扰，还可以只印住宅电话号码，而不印家庭住址与邮编。需要强调的是：商务人员在名片中所列出的座机号码，不仅应当加上本地区号，而且还应当加上本国的国际代码。

（三）公务式名片

公务式名片，指的是在政务、商务、服务等正式的业务交往中所使用的个人名片。它是目前最为常见的一种个人名片。

一张标准的公务式名片应由归属单位、本人称呼、联络方式三项内容所构成（见图 1-17）。

战　迪

家庭地址：北京市花园路10号
邮政编码：1　0　0　0　8　3

图 1－16　社交式名片

ABN股份有限公司

陆　路　总经理

单位地址：上海市延安路2349号
办公电话：(008621)34457898
邮政编码：2　0　0　0　8　9

图 1－17　公务式名片

1. 归属单位

此项内容由企业标志、供职单位、所在部门三个部分组成，并可酌情增减。但供职单位与所在部门均不宜多于两个，免得给人以用心不专的印象，必要时可多印几种名片。此外，供职单位与所在部门均应采用全称。

2. 本人称呼

本人称呼由本人姓名、所任职务以及学术头衔三部分组成，后两项可有可无，但不宜过多。在本人姓名之后加注“先生”“小姐”“夫人”则是完全没有必要的。

3. 联络方式

本项内容由单位地址、办公电话、邮政编码三个部分组成，因其均不可缺少，故又称“联络方式三要素”。在此，不宜提供家庭住址与住宅电话。至于手机号码、传真号码、微信号码、QQ 号码与电子邮箱地址是否需要列出，则应根据自己的实际情况而定。

通常本人称呼应以大号字体印在名片正中央，归属单位与联络方式则应分别以小号字体印在名片的左上角与右下角。如有必要，可在名片的另一面印上本单位的经营范围（见图 1－18）或所在方位图，而不必非印外文不可。

本公司经营范围

图 书　　磁 带

期 刊　　录 像

软 件　　影 碟

图 1－18　名片背面的内容

(四) 单位式名片

单位式名片，因其多为企业所用，故又称企业名片。它主要用于单位对外宣传、推广活动。它的内容主要包括以下两项：一是单位的全称及标志；二是单位的联络方式。后者由单位地址、邮政编码、单位电话总机号码或公关部门的电话号码所构成（见图 1－19）。

FM

泛美实业公司

单位地址：海南三亚市环岛路1号
电话总机：(0086899)32224455
邮政编码：5　7　2　1　1　6

图 1－19　单位式名片

三、名片的制作

目前，在国内印制名片，一般均可以委托名片制作商承办，所以并不费力。为了使自己的名片规范实用，应当精心选择、耐心斟酌，以求使名片体现本人风格，而不可一切推给名片制作商代办，致使自己的名片被粗制滥造。

(一) 规格

目前国内最通用的名片规格为 9 厘米×5.5 厘米，这是制作名片时应当首选的规格。此外，名片还有两种常见的规格：10 厘米×6 厘米；8 厘米×4.5 厘米。前者多为境外人士使用，后者则多为女士专用。

（二）质材

印制名片，最好选用纸张，并以耐折、耐磨、美观大方的白卡纸、再生纸、合成纸、布纹纸、麻点纸、香片纸为佳。至于高贵典雅、纸质挺括的刚古纸、皮纹纸，则应量力而行，酌情选用。必要时，还可为之覆膜。

没有特殊原因，最好不要选用布料、塑料、皮革、光纤等质材印制名片。

（三）色彩

印制名片的纸张，宜选用庄重朴素的白色、米色、淡蓝色、淡黄色、淡灰色，并且以一张名片一种颜色为好。不要印制杂色名片，黑色、红色、粉色、紫色、绿色等也不适宜。

（四）图案

在名片上，允许有图案。除了纸张自身的纹路外，还可以有企业标志、企业蓝图、企业主导产品介绍等，但以少为佳。

一般而言，不要在名片上印制头像、漫画、花卉、宠物等夸张或不适宜的图案。

（五）文字

在国内使用的名片，宜采用汉语简体字，不要故弄玄虚地使用繁体汉字。在国内少数民族聚居区、外资企业以及境外使用的名片，可酌情使用少数民族文字或外文。

最佳的做法，是在一张名片的两面分别以简体汉字和一种少数民族文字或外文印制相同的内容。切勿在一张名片上采用两种以上的文字，也不要将两种文字交错印在同一面。

（六）字体

不论使用何种文字印制名片，均宜采用标准、清晰、易识的印刷字体。尽量不要采用行书、草书、篆书或花体字印制名片，更不要手写。要记住：只有他人看清楚、看懂了自己的名片，它才会真正发挥作用。

（七）印法

制作名片，最好不要自制，也不要以复印、油印、影印的方法制作名片，它们均不够正规。

名片一般铅印即可，若是胶印，则显得档次更高一些。但是，后者价格会高出前者许多。

（八）版式

印制名片，通常有两种版式可以选择。一是横式，行序由上而下，字序由左而右（见图 1－20）；二是竖式，行序由右而左，字序由上而下（见图 1－21）。

一般认为，中文名片以采用横式为佳，因为它易辨识、易收藏。而竖式名片虽然风格古朴，却不具备这些特点。若以两种文字印制同一张名片，则应避免一面横式、一面竖式。

仁达商贸公司

岑　西 总经理

公司地址：北京海淀区云海路3号
办公电话：(008610)62544455
邮政编码：1 0 0 8 6 1

图 1－20　横式名片

应杰

联系电话：【〇〇八六一〇】六二六二六二六六

图 1－21　竖式名片

四、名片的交换

要使名片在人际交往中发挥作用，还必须在交换名片时做得更合乎规范。交换名片时，需要注意的问题如下所述。

（一）交换名片的时机

遇到以下情况，需要将自己的名片递给对方，或与对方交换名片：

（1）希望认识对方。

（2）表示自己重视对方。

（3）被介绍给对方。

(4) 对方提议彼此之间交换名片。

(5) 对方向自己索要名片。

(6) 初次登门拜访对方。

(7) 通知对方自己变更情况。

(8) 打算获得对方的名片。

遇到以下几种情况，则不必把自己的名片递给对方，或与对方交换名片：

(1) 对方是陌生人。

(2) 不想认识对方。

(3) 不愿与对方深交。

(4) 对方对结识自己并无兴趣。

(5) 经常与对方见面。

(6) 双方之间地位、身份、年龄悬殊。

(二) 交换名片的方法

交换名片时，必须重视具体的方式、方法。

1. 递送自己的名片

递送名片，一定要郑重其事。届时，请起身站立，用双手或右手将名片正面面对对方，交予对方。

递送名片时，应同时向对方表示："请多关照""请保持联系""我们认识一下吧"。

与多人交换名片时，一般应按照由近及远或由尊及卑的次序依次进行。

2. 接受他人的名片

接受他人的名片时，应立即起身站直，面带微笑，双手或右手接过名片。

接过名片时，一定要看，以示尊重；不要不看就放在桌上、装入口袋，或转交他人。

接过他人名片后，应口头道谢，或者重复谦词、敬语。

交换名片，不要"一来一往"同时进行。收好对方的名片之后，再将自己的名片呈上。

(三) 索取他人名片

不要强行索要他人名片。索要名片时，一定要讲究具体策略：

(1) 可向对方提议交换名片。

(2) 可主动递上自己的名片。

(3) 可询问"今后如何向您请教"，此法适用于向长者、尊者索要名片。

(4) 询问"怎样与你联系"，此法适用于向平辈、晚辈索要名片。

(四) 拒绝他人

当他人索要自己的名片时，如果不愿提供，可以委婉拒绝，不宜直接拒绝。可以说"对不起，我忘记带名片了"，或"抱歉，我的名片用完了"。

五、名片的存放

要想使名片的交换合乎规范，并且使其在人际交往中充分发挥作用，还应兼顾下述两个具体问题。

（一）名片的放置

在参加交际活动之前，要提前准备好名片，并进行必要的检查。

随身携带的名片可放在专用的名片包、名片夹里，或者放在上衣口袋里。无论如何，都不要把名片放在裤袋、裙兜、提包、钱夹里。

在社交场合，如提前已意识到要用名片，就事先准备好，不要使用时乱翻找。

接过他人的名片，要放入自己的名片夹、名片包或上衣口袋里。

（二）名片的收藏

参加交际应酬后，要立即整理所收到的名片，以便日后使用。保存名片时，通常可以分类存放：

（1）按姓名的拼音顺序分类。

（2）按姓名汉字笔画多少分类。

（3）按专业、部门分类。

（4）按国别、地区分类。

第五节　礼　品

礼品，是一种常规的交际媒介。为了表达祝贺、谢意等，人们常常会相互赠送礼品，正所谓“千里送鹅毛，礼轻情义重”。

适当地使用礼品，不仅能表达情意、促进友谊，而且能够加强沟通、增进理解。对礼品礼仪有基本了解，有利于日常生活中礼品的使用。对商务人员而言，礼品礼仪主要包括礼品选择、赠送与接受三项内容。

一、选择礼品

送礼本身固然是件好事，但若所送之礼选择不当、不讲规则，常常会弄巧成拙。送礼之人，都希望赠送的礼物受到重视。要想使馈赠取得理想效果，就必须遵循一定的规则选择礼品，并且考虑周全、符合习俗、谨慎从事。

（一）选择礼品的标准

选择礼品时，要根据交往对象的不同，选择恰当的礼品。选择礼品的标准，大体上有下述几点。

1. 实用性

选送他人的礼品，一定要能满足对方的某种实际需求，令对方在工作、学习或生活中能够使用，或使之符合对方的业余爱好和兴趣。换言之，礼品要“投其所好”。例如，将音乐 CD 赠送给喜爱音乐的人；送鲜花给女士；送戏票给喜欢戏曲的朋友。

2. 独特性

选择礼品时，应当精心构思，符合时尚，富于创意。具有独特性的礼品，不仅会令收礼人兴奋，而且还可以显示送礼者的诚意。

3. 纪念性

在绝大多数情况下，礼品要突出它的纪念意义，无须过分强调其价值、价格。只有“量力而行”，送出的礼品才不会产生不必要的误解，避免使人处于尴尬境地。例如，在商务交往中不宜送贵重物品、名贵珠宝或者现金。

4. 便携性

选择礼品时，要“小、少、轻”。有人以为，个头大、分量重、数量多的礼品才能显示心意和诚意，其实这往往会给对方造成不必要的负担。有人说过：“送的礼品少而适时，往往更受欢迎。”例如，送人泥塑并不见得是一种好选择，因为它笨重、易碎。送礼物时，一定要考虑对方携带方便，并且易于收藏。

（二）选择礼品的禁忌

选择礼品时，除了以上的标准，还应该有意识地做到不送受赠者所不欢迎的东西，也就是要主动、自觉地避开对方收礼的禁忌。一般而论，下述物品忌送于人。

1. 违法的物品

国家的法律体现了人民的意志，法律高于一切。在任何时候、任何情况下，礼品都不能违反国家现行法律。例如，具有严重政治问题，涉及国家机密或商业机密，涉及“黄色”、毒品、枪支一类的物品，在任何时候都不能赠送给别人；否则就会既害人又害己。

2. 犯规的物品

所谓“犯规”，是指所赠礼物不符合馈赠双方，尤其是受赠者一方的有关规定。赠送犯规物品，属于明知故犯，成心让人为难，甚至有害于对方。例如，中国政府规定：公务员在执行公务时，不得以任何理由收受礼品，或变相收受礼品；否则便有受贿之嫌。

3. 败俗的物品

所谓“败俗”，是指所选礼品不符合受赠者的地方风俗、民族习惯、宗教信仰。在任何情况下，都要避免把对方认为属于伤风败俗的物品作为礼品相赠。这样做，既尊重交往对象，又充分展示了自己的教养。例如，中国人通常不会把钟送给老人，因其忌讳“送终”；不会把雨伞送给恋人，因其忌讳“散”；不能送法国人黄色的菊花，因为它在法国代表着死亡、悲哀。

4. 可能有害的物品

有些物品作为礼物送人，可能对他人工作、生活、健康造成危害，例如香烟、烈度酒等。

5. 广告类物品

广告，就是支付费用并借助于某种载体所进行的意在获利的宣传。在一般情况下，不要轻易把带有广告标志的物品赠送给他人。用广告品送人，不仅相当于什么都没送，而且还会使人产生存心“杀熟”的想法，有利用对方替自己免费做宣传的嫌疑。

6. 私人化物品

不要选择太私人化的物品作为礼物。过于私人化的礼品会留给受赠者产生误解的空间，也是不礼貌的。例如，睡衣、袜子、唇彩、香水等。

二、赠送礼品

无论什么样的礼物，只有以合适的方式赠送出去，并被对方笑纳，才能发挥送礼的应有功效。从接受礼物的角度讲，采取规范、平等、体贴、友善的方式赠送礼物往往比礼物本身更重要，更能展示送礼人的教养和诚意。因此有人曾说：“送礼的方式，往往比礼物本身更有价值。”

（一）赠送的方法

赠送礼品时，选择好礼品之后，就要认真考虑对其如何包装，用怎样的方式送到对方手里，如何让受赠的人感到欣喜。届时，请务必注意下列三个细节。

1. 精心包装

无论向哪一类人士赠送礼物，都要将礼品进行包装。包装礼物时，可以选择纸张、盒子、袋子、瓶子等材料。选择包装纸时，一般选用专门的包装纸张，注意上面是否印有文字，一定不要把“生日快乐”“新年好”等包装纸包在其他用途的礼物外面。

最不容易出错的选择是，选用单色的包装纸，如玫红色、淡蓝色、咖啡色、浅紫色等。

包装完成后，不要忘记随礼品附上一张自己的名片，或者小小的留言卡片，此举会给人一种温馨的感觉。

2. 举止大方

赠送礼品，是为了表达自己对受赠者的敬意、喜爱、祝贺等美好情感。现场赠送礼物时，要神态自然、动作大方。不要动作扭捏、手足无措、神情忐忑、语无伦次；也不要半推半就、态度含糊，把礼品胡乱塞给对方。

赠送礼品时，要郑重其事。站直身，走近受赠者，双手将礼品递到对方手里。

3. 适当说明

赠送礼品时，一言不发是十分失礼的表现。送礼时，要对礼物进行必要、适当的说明：

（1）说明原因。例如，“祝贺公司开业”“生日快乐”“谢谢你的帮助”等。

（2）说明心意。有些人喜欢自谦，经常贬低自己的礼物，例如，对受赠者说“没什么准备，临时才买的”或“没什么好东西，略表心意”。其实，应该实事求是，应该说明

“这是我专门为你挑选的”“希望你喜欢我为你选的礼物”，此举显然会让受礼者更受用、更高兴。

（3）说明寓意。在送礼时，这一点非常必要。把礼物送给外国人时，说明寓意则更为必要，否则有时会造成误解。

（4）说明用途。当礼品比较新奇时，有必要对礼品的特点、用途、使用方法进行解释。例如，当把中国的茶叶送给西方人时，一定要详细说明此种茶叶如何冲泡、饮用。

（二）赠送的时机

礼品的赠送，要根据时间、地点、目的、对象的不同，选择合适的时机送出。若时机没有选好，送礼就会弄巧成拙。具体适宜的礼品赠送时机如下：

（1）道喜时。在亲朋好友结婚、生子时，可以送上礼品表示恭喜。

（2）祝贺时。当友人搬迁、晋级或获奖时，送上礼品表达道贺之意。

（3）慰问时。在交往对象遭遇重大疾患、不幸、挫折时，一份恰当的礼物往往可以让对方体会到友情、安慰、祝福。

（4）道谢时。得到别人帮助、协助、支持时，送礼物可以表示对对方的谢意。

（5）鼓励时。当别人遇到困难、不如意时，可以送小礼物表示安慰、鼓励。

（6）纪念时。在告别、久别重逢、特别纪念日等时刻，可向其送上一份礼物以示特别纪念。

（三）赠送的形式

送礼的形式多种多样，主要有以下三种常见方式。

1. 当面赠送

它是最常见的送礼形式，即亲自把礼物送给交往对象。它的好处是，可以亲自介绍礼品的来源、寓意、使用方法，直接表达送礼者的情谊和好意，显示送礼者的周到和礼貌。届时，请多说一些积极而真切的话语。

2. 托人赠送

当不能亲自送达礼物时，可以请第三者代为转送礼物。此时，请一定附上自己的名片或者简短的说明，并最好事先将所托何人、所托何物告知对方。

3. 邮寄赠送

一般而论，居住在异地的交往对象之间，特别是私人朋友之间，常常采用寄送方式赠送礼品。精美的包装、温馨的礼笺，常能更好地表达思念、牵挂之情。现在快递公司的服务广泛而快捷，即使住在同一个城市，寄送礼物也是一种奇妙、美好的传递问候的选择。有时这种邮寄的效果往往比亲自送上更好。

（四）赠送的地点

当面赠送礼物时，不能不考虑送礼的地点。因公送礼时，应该选择工作场所；因私送礼时，则一般选在受赠者家中。

总之，送礼时一定要“公”“私”分明，不能把私人礼物直接送到工作场所，避免

“行贿”的嫌疑；更不能把因公的礼物送往交往对象家中，使对方尴尬。

三、接受礼品

收到礼物时，收礼人如何做出反应，通常体现其教养、风度、礼貌，展示对送礼人尊重和体贴与否。

送礼和收礼时，不论是接受还是拒绝，都应该态度友好、举止大方。

（一）欣然接受

在一般情况下，对于他人诚心相赠的礼品，必须要认真对待。不可以对他人的礼品漠然无视，而是最好欣然接受。届时，请注意下述几个细节。

1. 神情专注

在任何情况下，当他人宣布有礼品相赠时，都要立即放下手中的事情，站立，面向对方，准备接受赠礼。要等到对方介绍礼品或讲明原因后，才可以接过对方手中的礼品，一定不要抢先夺下礼物、开口询问、眼睛紧盯礼物。请保持神情专注、自然、喜悦。

2. 双手捧接

接受赠礼时，要面带微笑，双目注视对方，用双手捧接礼物。不要用单手，特别不宜用左手去接受礼物。

3. 认真道谢

接过他人赠送的礼物后，应该毕恭毕敬，立即认认真真地向对方道谢。当然，当场与对方握手或拥抱一下都可以表示感谢之情。不要推推搡搡，嘴里还说着“不要，不要”，手却伸出去接礼物了。

4. 当面拆封

在中国，当面拆开礼品包装的做法目前已被人们所广泛地接受。这是国际社会所通行的惯例，特别是在西方国家非常流行。拆礼品包装时，一定要特别小心，动作要有条不紊、缓慢文雅，不要乱撕、乱丢包装纸。

5. 表示欣赏

拆开礼品包装后，出于礼貌，要用适当的语言表示对礼品的赞美、欣赏。如果对礼物非常满意，可以说：“太好了，这正是我想要的！”

（二）妥善拒绝

当他人送礼时，也许出于多种原因，商务人员不能接受。此时，要注意拒绝的礼节，不要伤害送礼之人，别让对方难堪、尴尬。

1. 婉言拒绝

当不愿意接受礼物时，可以用委婉、礼貌的语言告诉对方，自己不能接受礼物。例如，当有人送电影票、音乐会票时，假如不想接受，可以委婉地说：“谢谢，我已经被人邀请，有约在先了。”

2. 直接拒绝

在商务场合，遇到他人赠送不符合规定、违反习俗或信仰的礼物时不能含糊，而要直接告诉对方拒绝接受礼物的原因。例如，商务人员如接受现金、购物卡、有价证券、贵重物品等，均属于收受贿赂的行为。

3. 事后退还

当众拒绝接受礼品，可能会使对方难堪、尴尬。在这种情况下，采用事后退还的办法处理更好。请记住：

（1）不要打开包装，应保持礼品原有状态。

（2）不要拖延退还时间，应在 24 小时之内送还。

（3）不要请他人转交，而应由本人亲自将礼品送还送礼者本人。届时应表示谢意，并说明不能接受的原因。

（三）礼貌回礼

在多数情况下，接受他人礼物后一定要回礼。回礼礼节中，最重要的是要遵守平等原则。不过，若恰逢毫无准备的时候，一个得体的微笑和真诚的感谢也是很好的“回赠”。因此，有人说：“即使没有什么可以回赠，大方地、恰到好处地接受礼物，也就等于是回赠。”

1. 回礼适时

回礼要适时，不能太早，也不能太晚。回赠礼物的档次，应该与所收礼物相当，不可以太过贵重，以至于给对方造成心理压力和负担。

回礼的具体次数，不要再三再四。一般而言，可以选在对方的喜庆活动中回赠礼物。

2. 依礼回礼

回礼时，讲究“依礼回礼”。具体来说，有以下三点注意事项：

（1）用对方所赠礼物同类的物品作为回礼。例如，接受了他人赠送的书籍，可以回赠书刊或音乐光盘，因为两者同属于“文艺”类别。但是，切忌所回赠礼物与接受的礼物完全相同。

（2）回礼之物价格大体相仿。价格过高的礼物，不仅使自己负担过重，更可能给对方带来心理压力。切记要量力而行，能够借以表达谢意即可。

（3）不必非以实物回礼不可。有时，一张漂亮的感谢卡、短笺，或者一个电话、一封电子邮件，都可以作为“回礼”。

其实，赠礼者更愿意看到所送礼物被受赠者使用，这要比收到回礼更令人喜悦。

第六节　会　议

会议，又称集会、开会，它通常是指将人们召集在一起，对某些问题进行研究、讨论、说明的一种社会活动的常规形式。在处理日常性行政事务时，不论是国家机关还是企事业单位往往都会召集各种会议，因而商务人员需要经常地面对各式各样的会议。

不论是召集、组织会议，还是参加会议、为会议服务，商务人员都有一系列的基本守则必须遵守。此类与会议相关的守则，就是所谓的会议礼仪。它的核心内容，主要有会务性工作、会议的座次、会风的端正三项。

一、会务性工作

一次会议能否取得圆满成功，在很大程度上取决于其具体的组织工作进行得如何。凡正规的会议，均须进行缜密而细致的组织工作。具体而言，会议的组织工作在会议进行前、进行时与进行后又各有其不同的要求。凡此种种，均可称为会务工作。负责会务工作的商务人员，在具体工作中一定要遵守常规、讲究礼仪、明察秋毫、细致入微、有备无患。

（一）会议之前

在会议的种种组织工作中，以会前的组织工作最为关键，它的具体质量直接关系到会议的成败。会前的组织工作，大体上包括以下四个不同的方面。

1. 主题的确定

举行任何会议，皆须首先确定主题。会议的主题，通常是指某一次具体会议所应解决的核心问题及其指导思想。它不但往往直接在会议的具体名称上会有所体现，而且一般还被视为用以确定会议具体的内容、形式、议程、任务、目标、期限、场地、人员、规模、档次的先决性条件。

2. 通知的拟发

按常规，举行正式会议均应提前向与会者下发会议通知。会议通知，在此指的是由会议的主办单位发给所有与会单位或全体与会者的书面文件。商务人员在此方面，主要是要做好下述两件事情：

第一，拟好通知。会议通知，一般应由标题、主题、会期、出席对象、报到时间、报到地点以及与会要求七项要点所组成。拟写通知时，应保证其完整、准确、规范。

第二，及时送达。下发会议通知，应设法保证其及时送达，不得耽搁或延误。

3. 文件的起草

会议上所使用的各种文件材料，大体上均应在会前准备妥当。需要准备的会议文件主要有会议的议程、开幕词、闭幕词、主题报告、大会决议、背景介绍等。准备会议文件时，应注意如下两点：

第一，有的放矢。起草会议文件时，要提倡简明扼要、实事求是、有的放矢，反对无病呻吟、无事生非。此外，还应认真校对文件，防止出差错。

第二，提前发放。在一般情况下，会议的主要文件均应在与会者报到时或报到之前下发，以便使与会者有所准备。

4. 常规性准备

负责会务工作时，有必要对会议所涉及的具体细节问题做好充分的准备。

第一，做好会场的布置。对会议举行的场地要有所选择，对会场的桌椅要有所安排调整，对开会时所需的各种音响、照明、投影、摄像、录音、电脑、空调、通风设备和多媒体设备等，应提前进行调试检查。

第二，与外界进行沟通。会议举行前，应向新闻界、公安与保卫部门、会议保障部门进行通报，并要对拟邀请到会的嘉宾进行确认。

第三，对会务人员进行分工。对于参加会务工作的所有人员，均应提前进行分工，使其职责分明、各负其责。

第四，会议用品的采办。一些会议用品，诸如纸张、本册、文件夹、姓名卡、座位签，以及饮料、背景音乐和其他的音像用品等，事先均须酌情进行准备或采购。

（二）会议之时

负责会议进行时具体工作的商务人员，既要临阵不慌、处变不惊，又要在下列五个具体环节上表现得训练有素、一丝不苟。

1. 例行服务

会议举行期间，一般应安排专人在会场内外负责迎送、引导、陪同与会人员。对与会的贵宾，包括老、弱、病、残、孕者，以及少数民族人士、宗教界人士、港澳台同胞、海外华侨和外国来宾，往往还须进行重点照顾。对与会者的正当要求应有求必应，对其合理的批评建议则须闻过即改。

2. 会议签到

为掌握到会人数，严肃会议纪律，凡大型会议或重要会议，通常均要求与会者在入场时签名报到。会议签到的通行方式有四：其一，签名报到。其二，交券报到。其三，刷卡报到。其四，刷脸报到。负责此项工作的商务人员，应及时将与会者签到的情况向会议的负责人进行通报。

3. 餐饮安排

举行时间较长的会议，一般应为与会者安排会间的工作餐。与此同时，还应为与会者提供卫生、适宜的饮料。会上所提供的饮料最好便于与会者自助饮用，不提倡为其频频斟茶倒水。那样做，往往既不卫生、安全，又有可能妨碍对方。如果必要，还应为外来的与会者在住宿、交通等方面提供力所能及、符合规定的帮助。

4. 现场记录

凡重要的会议，均应进行现场记录，其具体方式有笔记、速记、录音、录像等。既可选择其中的某一种方式，也可多种方式交叉使用。负责会议记录时，不仅要对会议名称、出席人数、时间和地点、发言内容、讨论事项、临时动议、表决等基本内容面面俱到，而且还要求其具体要点完整、准确、清晰，并事先知会全体与会者。

5. 编写简报

会期较长的重要会议，往往会在会议举行过程中编写会议简报，以便对会议的过程、反响、动态、内容进行扼要报道，帮助有关方面全盘把握好会议。编写会议简报的基本要求是：快、准、新、简。其一，快。所谓快，是要求其讲究时效。其二，准。所谓准，是要求其准确无误。其三，新。所谓新，是要求其独具新意。其四，简。所谓简，是要求其字少篇短。

（三）会议之后

会议进行完毕，亦应做好必要的后续性工作，以便使之有始有终。会后的组织工作大致上应包括以下三项。

1. 形成文件

根据实际需要，会议结束后往往应当形成会议决议、会议纪要等专门性的会议文件。此类会议文件不仅是本次会议的主要成果，而且也是与会者会后传达、贯彻、落实会议精神的主要依据。形成会议文件时，应集思广益、简明扼要、统一口径，具有鲜明的针对性与目的性。

2. 处理材料

根据工作需要与有关保密制度的规定，在会议结束后应对与其有关的一切图文、声像材料进行细致的收集、整理工作。收集、整理会议的材料时，应遵守相关的规定与惯例。应该汇总的材料，一定要认真汇总；应该存档的材料，一定要归档；应该回收的材料，一定要如数收回；应该销毁的材料，则一定要予以全部销毁。

3. 协助返程

大型会议结束后，主办单位应为外来的与会者提供一切返程的便利。若有必要，应主动为与会者联络、提供交通工具，或是帮助与会者订购、确认返程的机票、船票、车票。当团队与会者或与会的特殊人士离开本地时，还可安排专人为其送行，并帮助其托运行李。

二、会议的座次

举行正式会议时，通常应事先排定与会者，尤其是其中重要身份者的具体座次。越是重要的会议，其座次排定往往就越受到与会者以及社会各界的关注。对有关会场排座的礼仪规范，商务人员不但需要略知一二，而且必须认真遵守。在实际操办会议时，由于会议的具体规模不同，因此具体的座次排定便存在一定的差异。

（一）小型会议

小型会议，在此是指参加者较少、规模不大的会议。它的主要特征是全体与会者均应排座，并且不设专用的主席台。

小型会议的排座，国内目前主要有如下三种具体形式。

1. 自由择座

它的基本做法是：不排定固定的具体座次，而由全体与会者完全自由地选择座位就座。

2. 面门设座

它的具体做法是：以面对会议室正门之位为会议主席之座。其他的与会者，则可在其两侧自左而右地依次就座（见图 1－22）。

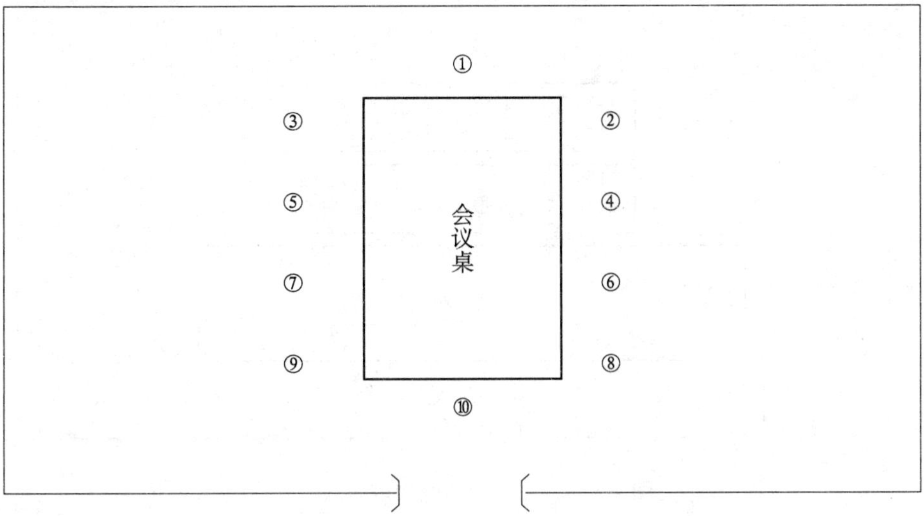

图 1－22　面门设座时的小型会议座次排列

3. 依景设座

所谓依景设座，是指会议主席的具体位置不必面对会议室正门，而应当背依会议室之内的主要景致之所在。例如，字画、讲台、装饰墙等。其他与会者的排座，则略同于前者。

（二）大型会议

大型会议，一般是指与会者众多、规模较大的会议。它的最大特点是：会场上应分设主席台与群众席。前者必须认真排座，后者的座次则可排可不排。

1. 主席台排座

大型会场的主席台，一般应面对会场主入口。在主席台上就座的人通常应当与在群众席上的就座之人呈面对面之势。主席台上的每一名成员面前的桌上，均应放置其姓名签。

主席台排座，具体又可分为主席团排座、主持人座席、发言者席位三种情况。

第一，主席团排座。主席团，在此是指在主席台上就座的全体人员。国内目前举行会议时排定主席团位次的基本规则有三：其一，前排高于后排。其二，中央高于两侧。其三，左侧高于右侧。

具体来讲，主席团的排座又有单数（见图 1－23）与双数（见图 1－24）的区分。一般而言，进行单数排列时，讲究中央高于两侧，左侧高于右侧；进行双数排列时，则讲究右侧高于左侧。

第二，主持人座席。会议主持人，又称大会主席。其具体位置有三种方式可供选择：其一，居于前排正中央。其二，居于前排的右侧。其三，按其具体身份排座，但只宜就座于前排。

第三，发言者席位。发言者席位，又叫作发言席。在正式会议上，发言者发言时不宜就座于原处。发言席的常规位置有二：其一，主席团的正前方（见图 1－25）。其二，主席台的右前方（见图 1-26）。

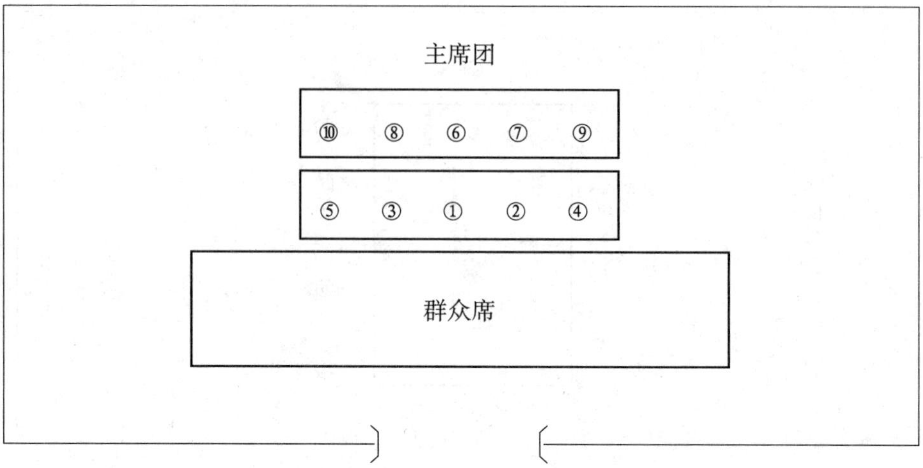

图 1-23　主席团的座次排列之一

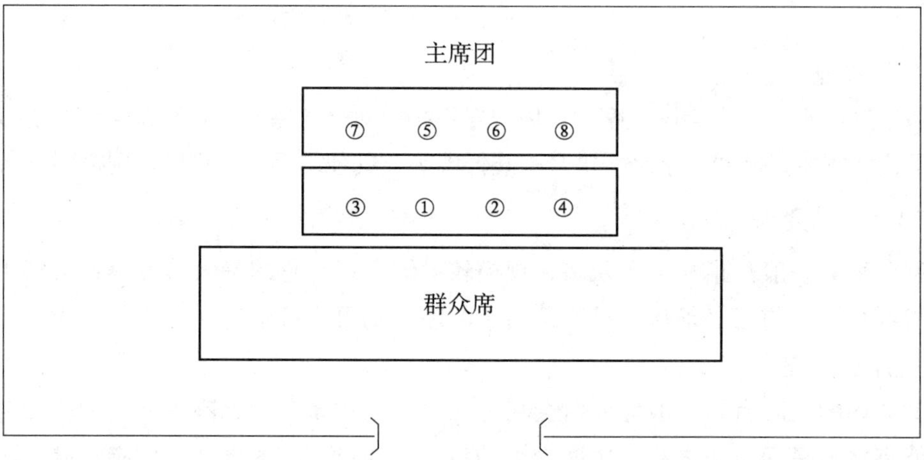

图 1-24　主席团的座次排列之二

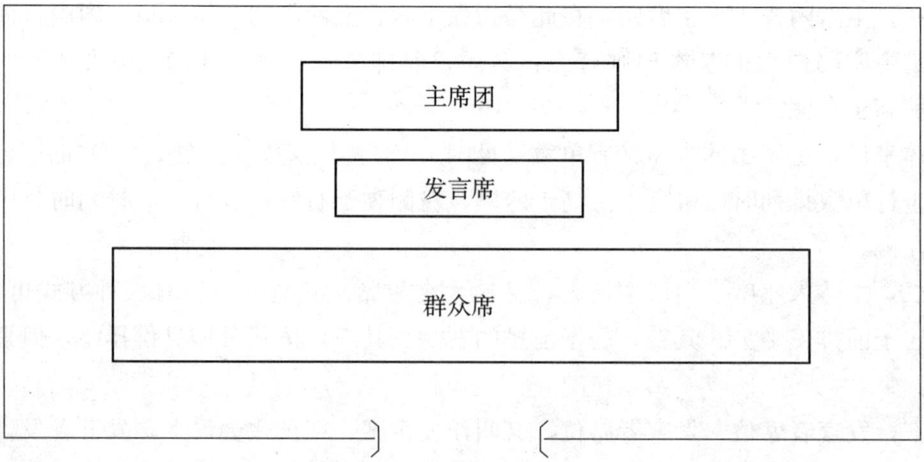

图 1-25　发言者席位之一

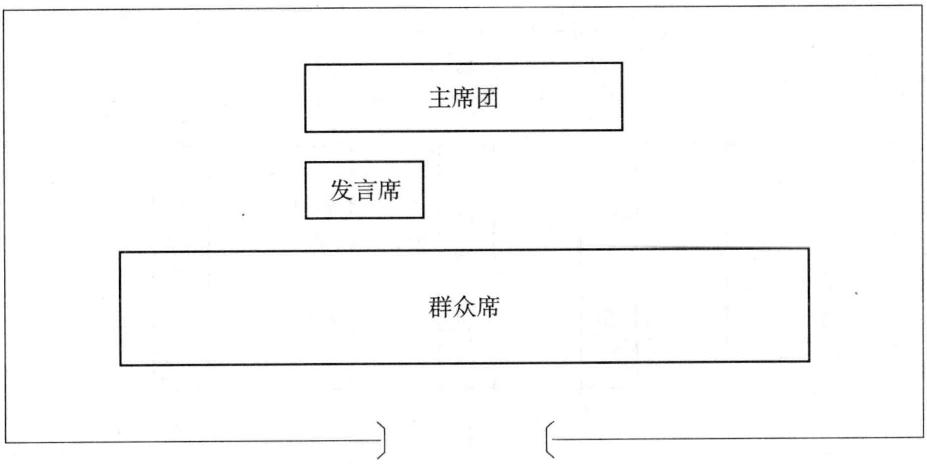

图 1-26　发言者席位之二

2. 群众席排座

在大型会议上，主席台之下的一切座席均称为群众席。群众席的具体排座方式有二：

第一，自由式择座。即不进行统一安排，而由大家自由择位而坐。

第二，按单位就座。即与会者在群众席上按单位、部门或者地位、行业就座。它的具体依据，既可以是与会单位、部门的汉字笔画的多少、汉语拼音字母的先后，也可以是平时约定俗成的顺序。按单位就座时，若分为前排后排，一般以前排为高，以后排为低；若分为不同楼层，则楼层越高，等级便越低。

在同一楼层排座时，又有以下两种普遍通行的方式：其一，以面对主席台为基准，自前往后进行横排（见图 1-27）。其二，以面对主席台为基准，自左而右进行竖排（见图 1-28）。

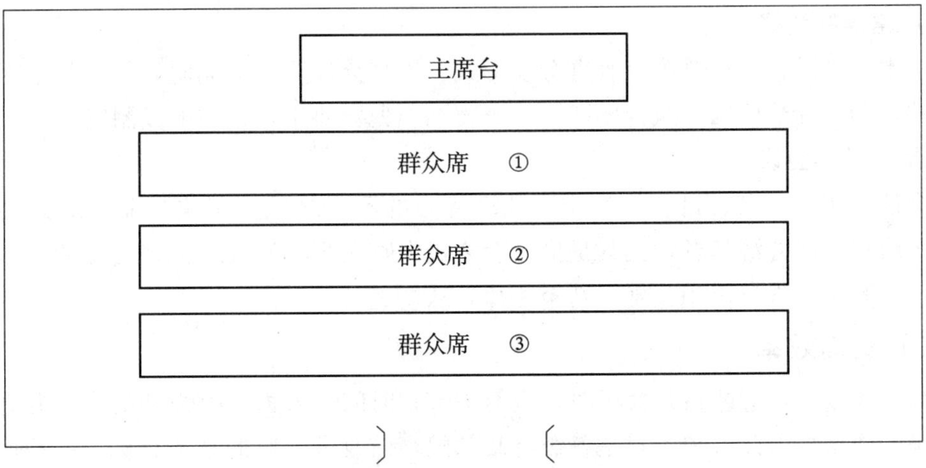

图 1-27　群众席的排列之一

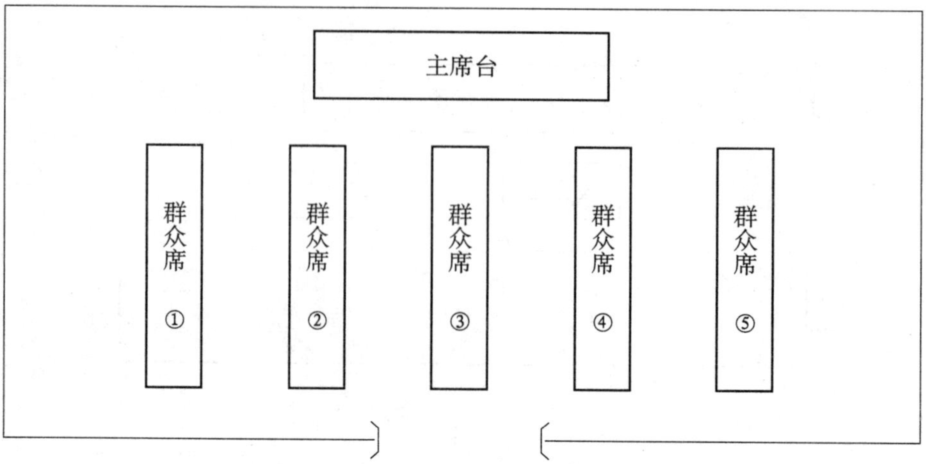

图 1-28　群众席的排列之二

三、会风的端正

从当前的实际情况来看，各级行政部门都有必要认真地端正会风，商务人员在这一方面亦须尽一己之力。

（一）改进会风

会风者，会议风气之谓也。从根本上讲，行政部门的会风，实际上体现着其政风。在当前形势下，端正会风有利于端正政风。端正会风，一般应从改进会风做起。

1. 反对形式主义

一次会议成功与否，重在其实效如何。因此，开会绝不能搞形式主义，不能将会议规模的大小、次数的多少等同于自己的政绩。要提倡少开会、开小会，不开可有可无或一无所用的会。

2. 严格控制会议

从根本上来讲，应在总体上改进会议形式、提高会议质量的同时，从总量上对会议加以严格的控制，标准要细、执行要严、检查要细、处罚要重，重在形成制度。

3. 禁止滥办会议

对会议过多、过杂、过长、过滥，凡事皆会的不正之风要坚决抵制。对开会讲究排场、铺张浪费、假公济私者，尤其是借开会之机大吃大喝、滥发礼品、公费旅游者，则应依照党纪、政纪、本单位相关规定乃至法律，从严查处。

（二）提高效率

提高会议效率，意即召开会议时，应努力节省时间、人力、物力和财力，并力争取得较为圆满的成果。由此可知，它是各级行政部门当前改进会风的基本目标。一般而言，提高会议效率主要有以下四个行之有效的良方。

1. 集中主题

一次会议，最好选定单一而明确的主题。如果有必要同时安排多项重要内容，亦应力求有主有次、主题鲜明。这样做，不仅使会议易于开得扎实而紧凑，而且也便于与会者传达、贯彻、落实会议精神。

2. 改进形式

应允许开会的具体形式灵活多样，重在看其有无收效、能否解决问题。平时，应大力提倡利用电视、电话、广播、互联网等现代化电子媒体举行会议。

3. 压缩内容

作为会议的组织者，应删除一切可有可无的会议内容。一般性质的内容，可代之以书面材料。不提倡各级领导出席与自己本职工作并无任何关联的会议。

4. 限定时间

对会议的起止时间、休息时间、发言时间、讨论时间，应有明确规定，并严格予以执行。这一措施，有助于纠正会议冗长、拖沓的不良风气。

（三）严守会纪

出席会议时，每一位商务人员均应严守会议纪律，以“从我做起”来切实地端正会风。

1. 遵守时间

参加会议时，一定要严格、自觉地遵守有关会议时间的以下几方面的具体规定：

第一，准时到会。任何会议的出席者均应按时到会，并适当提前，不得无故迟到、缺席或早退。

第二，正点开会。规定的开会时间一到，即应准点开会。延迟开会时间，是对全体与会者的不恭敬。

第三，限时发言。不仅要限定发言人数，而且还应规定发言人发言所用时间的长短，以促使其发言时少说、精讲。

第四，到点散会。规定的会议结束时间一到，如没有特殊原因，即应宣布散会。

2. 维持秩序

在会议举行期间，商务人员应自觉地维护会场的正常秩序，确保会议顺利进行。

第一，各就各位。出席正式会议时，应在指定之处就座。未获许可时，不要自由择座、争座抢座，不得东游西逛、中途退场。

第二，保持安静。会场的安静，是会议顺利进行的基本条件。除正常的鼓掌外，严禁制造任何噪声。

第三，遵守规定。对有关禁止录音、录像、拍照、吸烟、使用移动电话以及其他相关的安全保密等会议的具体规定，应认真遵守。

3. 专心听讲

参加会议时，商务人员应认真而专注地听取一切发言。这既是对发言者的尊重，也是自己掌握好会议精神的前提。

第一，一心一意。当他人发言时，不允许心不在焉，更不得公然忙于他事，显得自己三心二意。

第二，支持他人。当自己聆听他人发言时，除适当地进行记录外，还应注视对方，并在必要时以点头、微笑或掌声表达对发言者的支持之意。

第七节　餐　饮

“吃”是人生一大乐事。但是，“吃”的过程中应该注意什么？怎样才能使自己吃好？怎样让别人享受与自己共同进餐的愉快？这些问题都不是纯粹个人的事情。就餐，也是一种交流。文明进餐，也就是文明的交流。正如美国著名礼仪专家艾米莉·波斯特所说：“对用餐礼仪最大的考验，就是不要触犯别人的感觉。”

无论是中餐还是西餐，餐饮礼仪都必须遵循下面两大原则：其一，6M 原则。所谓“6M”，指的是费用、会见、菜单、举止、音乐、环境六个以“M”开头的英文单词。6M 原则强调：用餐时，费用、会见、菜单、举止、音乐和环境六要素必须符合律己、敬人的行为规范。其二，适量原则。它强调：餐饮活动过程中的活动规模、参与人数、用餐档次标准，都要量力而行、有所节制。

一、中餐

中餐，是指一切具有中国特色的、依照传统方式制作的、为中国人日常生活之中所享用的餐食。虽然中国人对中餐习以为常，但仍然有很多人不了解在用餐时应注意哪些问题。不良的用餐行为，有时会影响中餐的国际声誉。

中餐礼仪，实际上是中华饮食文化的重要组成部分。它指的是以中餐待客，或者品尝中餐时，应当自觉遵守的习惯做法和传统习俗。

中餐礼仪，通常包括用餐方式、时空选择、菜单安排、席位排列、餐具使用、用餐举止六个方面的规则和技巧。

(一) 用餐方式

中餐的用餐方式，在此主要是指以哪一种具体形式用餐的问题。对于中餐的用餐方式，依据不同的划分标准，可以有多种多样的划分。按规模划分，主要可以分为宴会、家宴和便餐三种常见方式；若按所用餐具划分，则有分餐式、公筷式、自助式、混餐式四种常见用餐方式。

在正式宴会上，大多采用分餐式用餐方式。分餐式，即一人一份，讲究用餐公平，体现用餐卫生。其他用餐方式大多不太苛求用餐礼仪，讲究较少，用餐时遵守基本社会公德，注意维护卫生、环境和秩序即可。请重要人物共同用餐时，切勿采用混餐式用餐方式。混餐式，即多人一道用餐时，主食和菜肴被置于公用的碗、盘之内，而由用餐者根据自己的口味嗜好，使用自己的餐具，直接从前者之中取用。

（二）时空选择

吃中餐，特别是举办正式的中餐宴会时，必须兼顾举办的具体时间和地点。时空的选择，往往直接影响到宴会的效果。

1. 时间的选择

在时间上，要考虑民俗习惯、主随客便、控制用餐时间三个方面。一般而言，人们习惯在晚上邀请客人一同进餐；但也有特例，例如，在广东、海南、港澳等地，亲朋好友聚会多爱“饮早茶”。为了显示诚意，主人应尽可能给客人多几个就餐时间的选择，以体现“主随客便”。共同进餐时，时间长度的把握也要科学，一般应为一个小时至两个小时。

2. 空间的选择

在空间上，要考虑优雅的环境、良好的卫生、完备的设施、方便的交通四个方面。用餐地点不要太低档，环境应尽量清静、优雅，这样卫生状况也会有保证。此外，就餐地点的设施要完备，以保证饮食安全；就餐地点，通常选在交通发达、畅通之处。

（三）菜单安排

在中餐宴会上，最重要的还是“点菜”这一关，其中大有学问。

1. 点菜的礼规

点菜时，钱与食量都要量入为出，要吃饱、吃好，不要图虚荣、讲排场，别为此让人讥笑。大型聚会，通常提倡“AA 制”付费形式。同时，也不要对别人所点的菜挑三拣四。宜简宜俭、主随客便、相互体谅，是商务人员聚餐的首要原则。

上菜时，正规的次序是：冷盘、热菜、主菜、点心、汤、水果拼盘。通常讲究：咸点心配咸汤；甜点心配甜汤。

2. 菜单的准备

准备菜单时，要注意可选菜肴和忌选菜肴两个问题。诸如特色菜、地方菜、看家菜都是首选的可选菜肴。选菜时，一定要回避进餐者的宗教禁忌、地方禁忌、职业禁忌和个人禁忌。

（四）席位排列

在中餐礼仪中，席位的排列是一项十分重要的内容。它关系到来宾的身份和主人给予对方的礼遇，所以受到宾主双方的同等重视。

中餐席位的排列，在不同情况下存在一定的差异。下面所要讨论的主要是宴请与便餐两种情况下的席位排列。一般认为，宴请对席位排列的礼仪讲究要更多一些，并更为严谨。

1. 宴请时的席位排列

宴请，往往是一种较大规模的公务聚餐活动，它所涉及的席位排列问题，可分为桌次排列与位次排列两个具体方面。根据商务礼仪的规范，两者各有各的具体要求。

（1）桌次的排列。

中餐宴请活动中，往往采用圆桌布置菜肴、酒水。采用一张以上圆桌安排宴请时，便出现了桌次的尊卑问题。

排列圆桌的尊卑次序，大抵会遇到两种基本情况。以下对这两种情况分别加以介绍。

第一，由两桌所组成的小型宴请。这种情况又可以分为两种具体形式：一是两桌横排；二是两桌竖排。

当两桌横排时，其桌次是“以右为尊，以左为卑”（见图 1－29）。这里所讲的右与左，应由面对正门的位置来确定的。这种做法也叫“面门定位”。

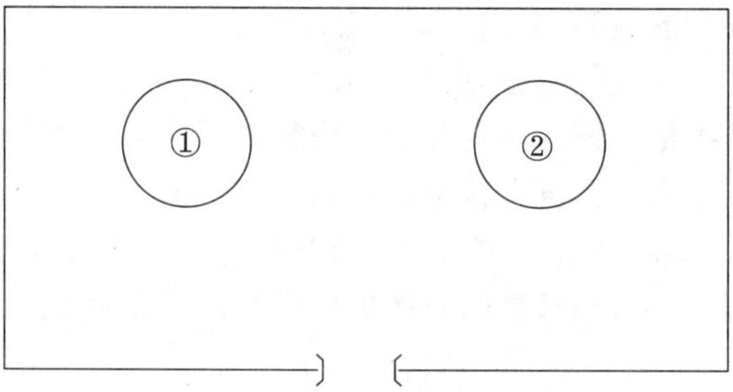

图 1－29　桌次排列之一

当两桌竖排时，其桌次则讲究以远为上，以近为下。这里所谓的远近，是以距离正门的远近而言的（见图 1－30）。此法亦称“以远为上”。

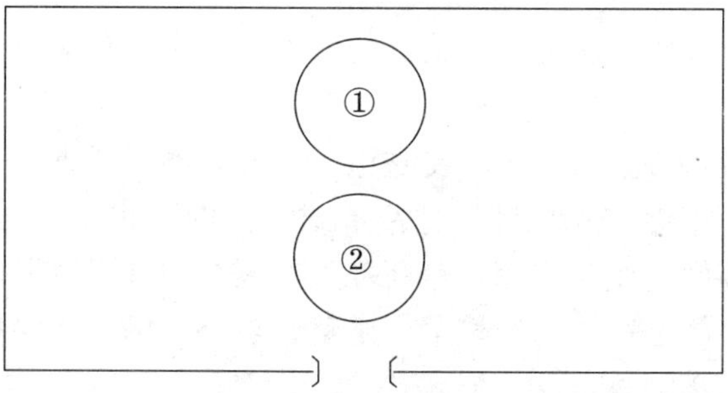

图 1－30　桌次排列之二

第二，由三桌或三桌以上所组成的宴请。通常，它又叫多桌宴请。在安排多桌宴请的桌次时，除了要遵循“面门定位”“以右为尊”“以远为上”“居中为大”等规则之外，还应兼顾其他各桌距离主桌，即第一桌的远近。通常，距离主桌越近，桌次越高；距离主桌越远，桌次则越低。这项规则亦称“主桌定位”（见图 1－31、图 1－32、图 1－33、图 1－34、图 1－35、图 1－36）。

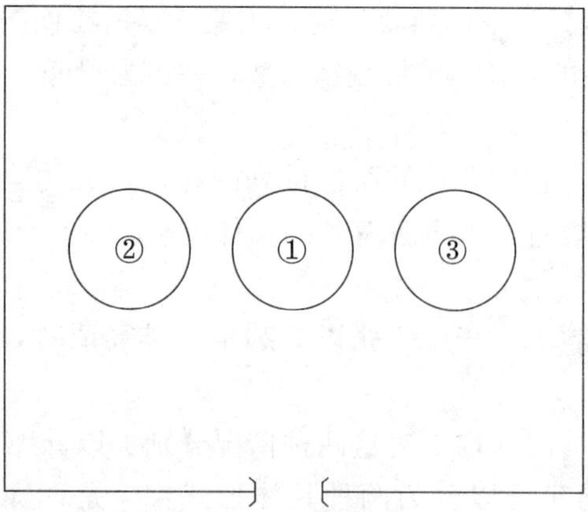

图 1－31　桌次排列之三

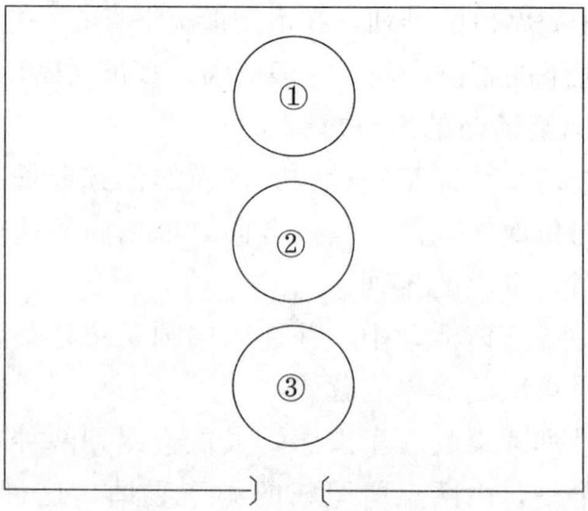

图 1－32　桌次排列之四

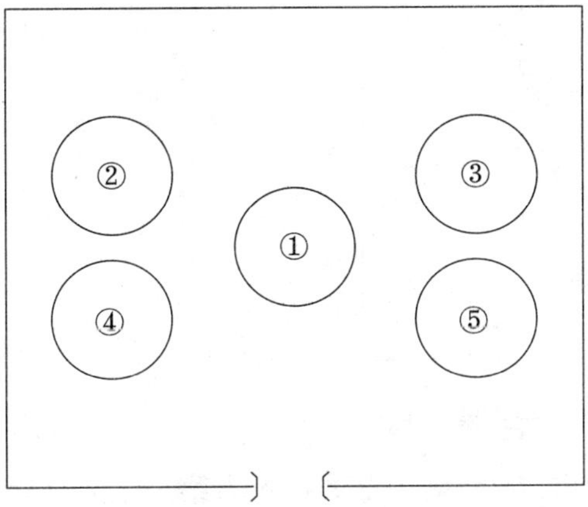

图 1-33　桌次排列之五

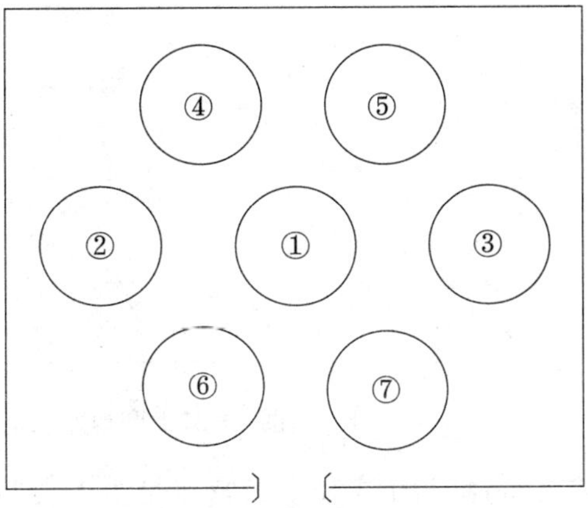

图 1-34　桌次排列之六

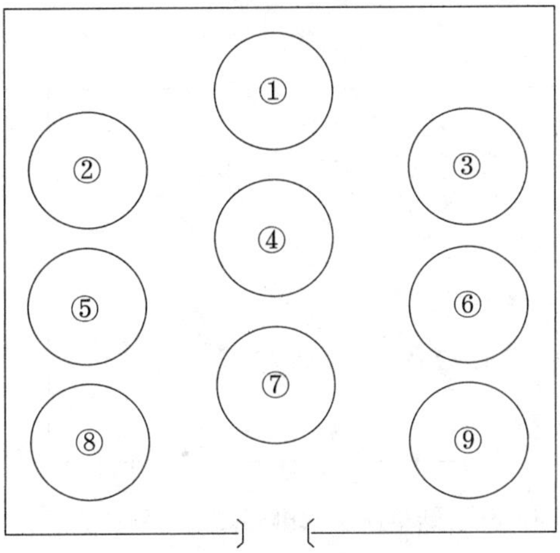

图 1-35　桌次排列之七

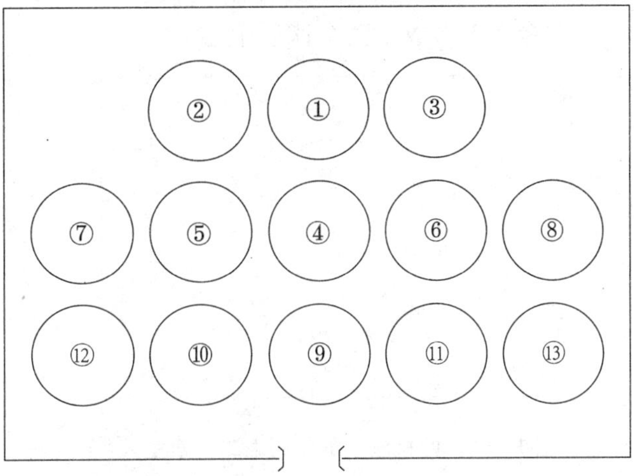

图 1-36　桌次排列之八

在安排桌次时，所用餐桌的大小大体相仿。除主桌可略大之外，其他餐桌不宜过大或过小。

（2）位次的排列。

宴请时，每张餐桌上的具体位次也有主次尊卑之别。排列位次，亦称座次排列。它的基本规则有四。

规则之一，主人大都应当面对正门而坐，并在主桌就座。

规则之二，举行多桌宴请时，各桌之上均应有一名主桌主人的代表在座。他亦称各桌主人。其位置一般应与主桌主人同向，有时也可以面向主桌主人。

规则之三，各桌之上位次的尊卑，应根据其距离该桌主人的远近而定，以近为上，以远为下。

规则之四，各桌之上距离该桌主人相同的位次，讲究以右为尊。此为国际商务交往之惯例。即以该桌主人面向为准，其右为尊，其左为卑。

此外，每张餐桌上所安排的用餐人数应大体上限于 10 人之内，并宜为双数。人数如果过多，不仅不容易照顾，而且也可能坐不下。

首先，圆桌的位次排列。根据上述四条位次的排列规则，圆桌上位次的具体排列又可分为两种具体情况。它们的共同特点是均与主位，即主人的所坐之处有关。

第一，每桌一个主位。其特点是每桌只有一名主人，主宾在其右首就座（见图 1-37），每桌只有一个谈话中心。

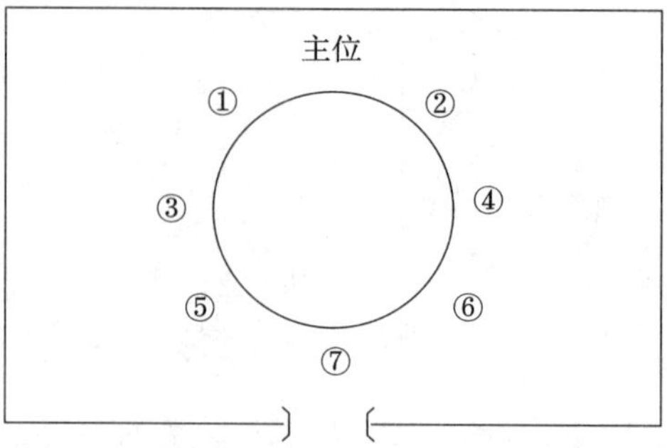

图 1-37　圆桌座次的排列之一：单一主人

第二，每桌两个主位。其特点是主人夫妇就座于同一桌，以男主人为第一主人，以女主人为第二主人，主宾和主宾夫人分别在男女主人右侧就座（见图 1-38、图 1-39）。每桌便在客观上形成了两个谈话中心。

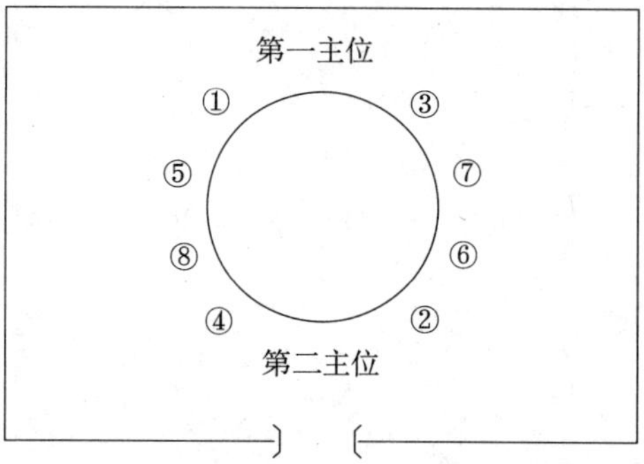

图 1-38　圆桌座次的排列之二：双主人

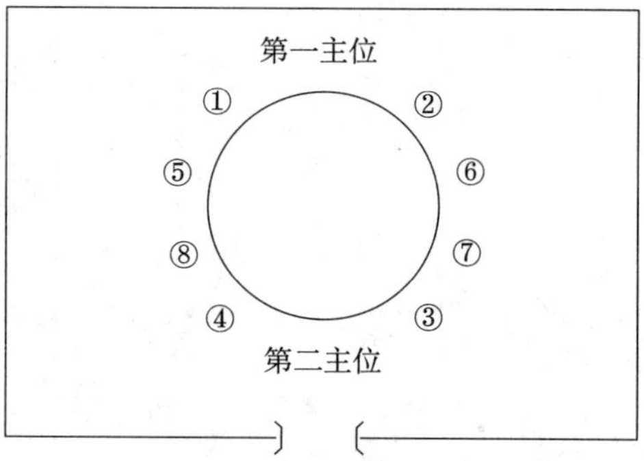

图 1-39　圆桌座次的排列之三：双主人

其次，长桌的位次排列。长桌在一般宴请之中也时有所见。排列长桌时，既可以单独排列一桌，亦可将多桌摆放在一起，构成其他图形。但一般而言，长桌比较适合双主人的情形（见图 1-40、图 1-41、图 1-42、图 1-43、图 1-44、图 1-45、图 1-46）。

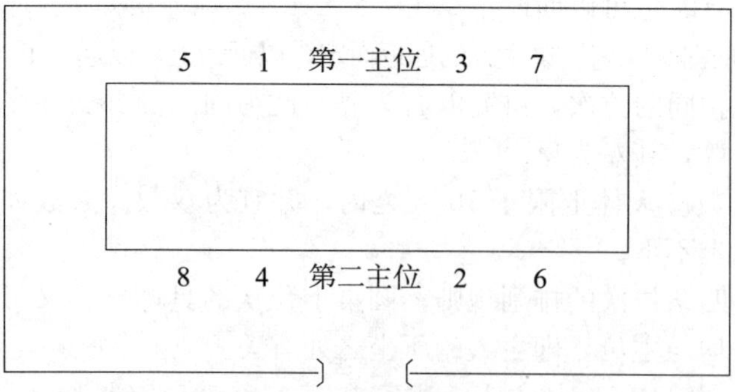

图 1-40　长桌座次的排列之一：双主人

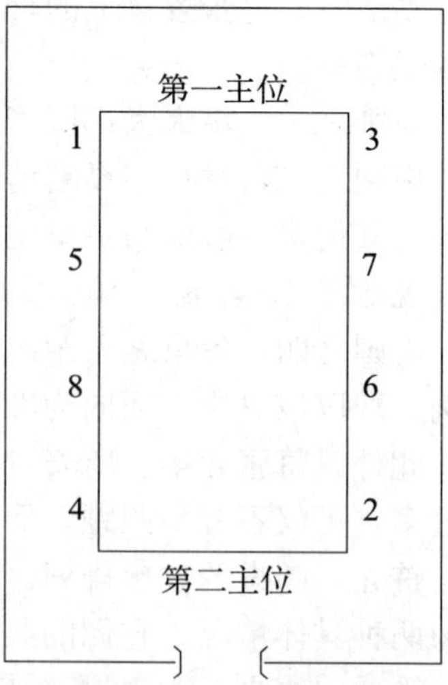

图 1-41　长桌座次的排列之二：双主人

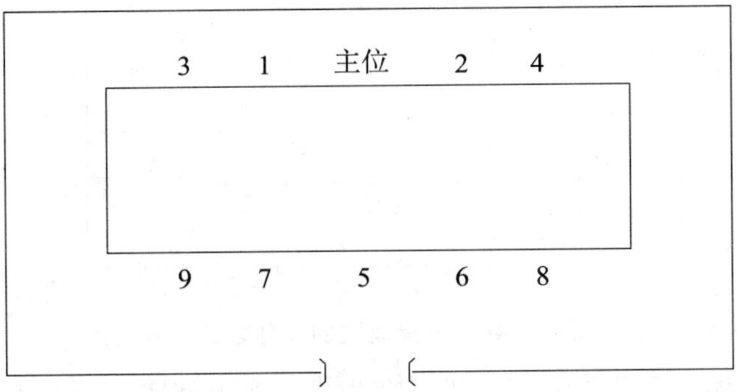

图 1－42　长桌座次的排列之三：单一主人

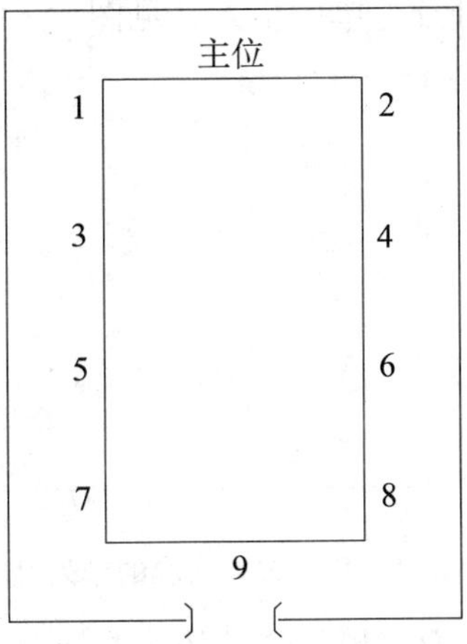

图 1－43　长桌座次的排列之四：单一主人

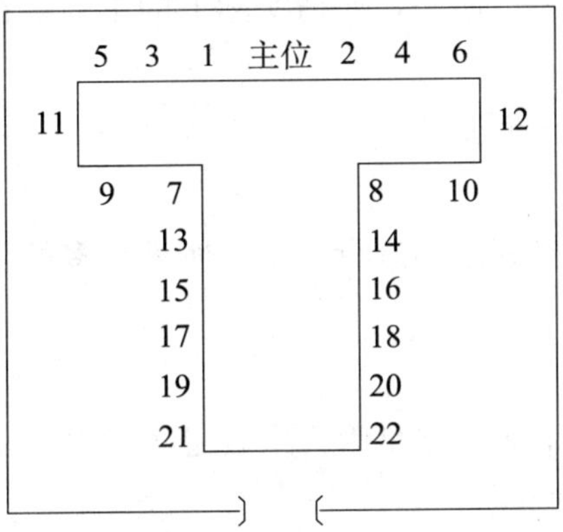

图 1－44　长桌座次的排列之五：单一主人之“T”形

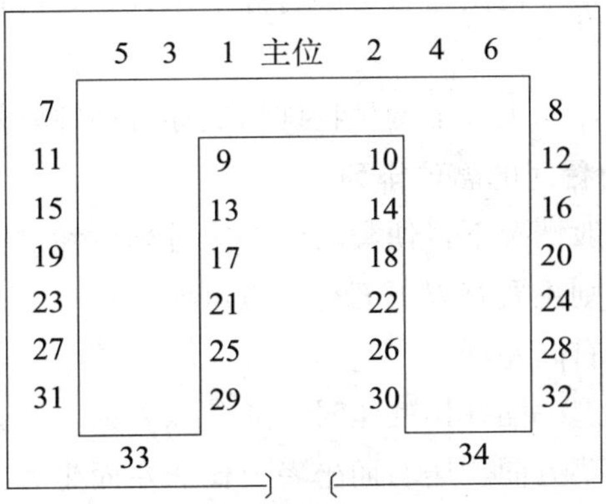

图 1－45　长桌座次的排列之六：单一主人之“∩”形

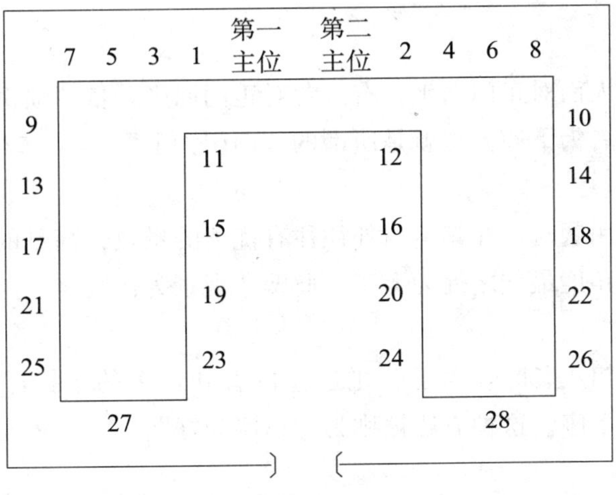

图 1－46　长桌座次的排列之七：双主人之“∩”形

再次，方桌的位次排列。方桌在国内宴会中较少使用，在西式宴会中则时有出现，它亦可分为单一主人（见图1－47）与双主人（见图1－48）两种基本情况。

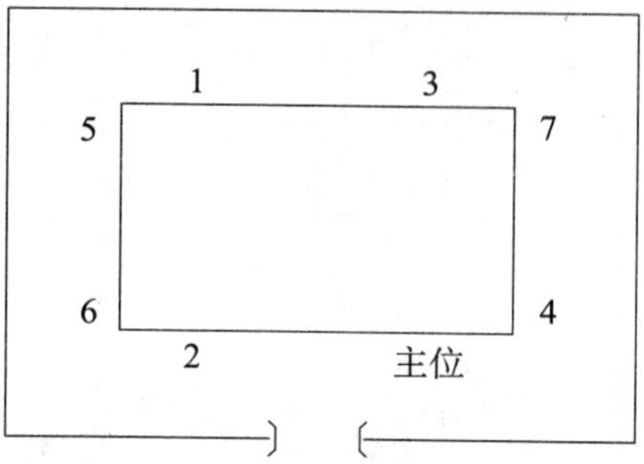

图1－47　方桌座次的排列之一：单一主人

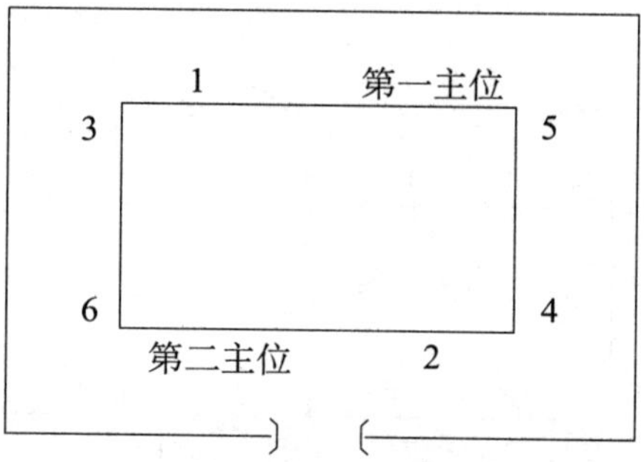

图1－48　方桌座次的排列之二：双主人

有时候，倘若主宾身份高于主人，为表示尊重，可安排其在主人位次上就座，而主人则坐在主宾的位次上。

若是本单位出席人员中有高于主人者，可请其居于主位而坐，而请实际上的主人坐在其左侧。

当然，遇上以上两种特殊情况亦可遵守常规，不作任何变动。

2. 便餐时的席位排列

在一般情况下，便餐时的桌次排列可参照宴请时桌次的排列进行。至于所见较多的位次排列，则主要有以下五种方法可循。

（1）右高左低。

当两人一同并排就座时，通常以右为上座，以左为下座。这是因为中餐上菜时多以顺时针为上菜方向，居右而坐者要比居左而坐者优先受到照顾。

（2）中座为尊。

三人一同就座用餐时，居于中座者在位次上要高于在其两侧就座之人。这种位次排列方法，叫作“中座为尊”。

（3）面门为上。

倘若用餐时，有人面对正门而坐，有人背对正门而坐，依照惯例，则应以面对正门者为上座，以背对正门者为下座。这就是所谓的“面门为上”。

（4）观景为佳。

在一些高档餐厅用餐时，在其室内外往往有优美的景致或高雅的演出，可供用餐者观赏。此时，应以观赏角度最佳之处为上座。此即“观景为佳”。

（5）临墙为好。

在某些中低档餐馆用餐时，为了防止过往侍者和食客的干扰，通常以靠墙之位为上座，以靠过道之位为下座。这种方法被称为“临墙为好”。

（五）餐具使用

中餐餐具的使用有许多讲究和门道，学习使用中餐餐具是中餐礼仪的基础。一般而言，中餐餐具分为主餐具和辅助餐具两类。

1. 主餐具

中餐的主餐具包括筷子、匙、碗、盘子，使用这些餐具各有其讲究。

（1）筷子的使用。

筷子必须成双成对地使用，不可以只用单根。

使用筷子取菜、用餐时，不要把筷子含在嘴里，不要舔筷子上的食物。

暂时不用筷子时，要把筷子放在筷子座上，不要将其横跨于碗、盘上。

任何时候都不要把筷子插在食物上，亦不要“叉”取食物。

席间与人谈话时，应放下筷子；不要用筷子指点他人，或敲击碗、盘；更不可以用筷子当牙签剔牙、当搔痒工具或梳头的梳子，不要用筷子夹取食物以外的东西。

（2）匙的使用。

匙，或叫勺子，主要用来盛取流质食物，如汤、羹。它也可以作为筷子的辅助餐具。

使用勺子取食时，不要过满；必要时，要在原地“停留”一下，再将食物慢慢移向自己食用。

食用勺子中的食物时，不要将整个勺子塞放在口中，或反复吸吮；当食物很烫时，尽量不要吹，更不要将勺子中的食物再倒回去。

暂时不用勺子时，要把勺子放在自己的盘子、碗里，不要将它放在餐桌上，更不要将它“直立”在食物上。

（3）碗的使用。

在中餐中，碗是用来盛取主食和汤的。

使用碗时，不宜端起碗进食，双手端碗尤为不雅；食用碗内食物，要用筷子、匙辅助，不可吸食。

碗内剩余食物不可直接倒入口中，更不可用舌头舔食。

暂时不用的碗，不要用来盛放其他东西，绝对不可把它倒扣在桌子上。

（4）盘子的使用。

现在的公共就餐场所，食碟的使用很广泛，应该注意它的使用规范。

使用食碟进餐时，一次取放的菜肴不要过多；不要将多种菜肴混放在一起；不要将残渣、骨、刺等与食碟里未吃的菜肴交错，搞得“杯盘狼藉”。

2. 辅助餐具

中餐的辅助餐具，包括水杯、湿毛巾、水盂、牙签等。

（1）水杯的使用。

水杯只能用来盛清水、汽水和果汁等软饮料，不要盛酒。

（2）湿毛巾的使用。

湿毛巾只能用来擦手，不要用来擦脸、擦汗。

（3）水盂的使用。

使用水盂时，不要将整个手掌置于其中，而宜轮流轻轻将手指尖沾湿，再浸入水中，然后用纸巾将其擦拭干净。

（4）牙签的使用。

使用牙签时，要用手掩住口。剔出东西后，要用餐巾纸包住，不要以其示人、乱甩。不要用剔过牙的牙签扎取食物；不要长时间叼咬牙签。

（六）用餐举止

在用餐时，每位用餐者均应使自己的临场表现合乎礼仪。用中餐时，一要做好餐前准备；二要力求风度优雅。

1. 餐前的举止

与他人外出就餐，特别是参加宴请，应适当进行个人修饰，体现整洁、优雅和个性。男士要美发、剃须；女士可化淡妆，着个性化服装，并佩戴个性化饰品。

应邀赴宴，要准时到达，早到、迟到都很失礼。届时，宜在主人、主宾就座之后再就座，或与大家一道就座。

参加宴请，主要目的是问候主人、联络老朋友、结识新友人。在宴会上，务必要参与交际活动，不要故作“矜持”、沉默寡言。

对于宴会中宾主的祝词，务必洗耳恭听、专心致志；届时，不要与人交谈、打闹，不要吃东西、玩手机、刷微信，绝对不要离开座位。

2. 用餐的举止

就餐过程中，所有的举动都不要违反主方的习俗。

吃相一定要文雅，使用餐具、喝汤不要出声。

不要主动为他人夹菜。取食要稳、准、快，不要挑来拣去。不要抢菜，而要依次适量取菜。

在用餐期间，不要玩弄餐具；不要吸烟；不要清嗓子、吐痰、擤鼻涕；不要照镜子、补妆、宽衣等。

暂时离座，要与周围的人说声“对不起”，不要起身就走。

二、西餐

随着中西方文化交流的深入，西餐已经逐渐进入了中国人的生活。

笼统地说，凡是用刀、叉取食的就餐形式就被称为“西餐”。根据礼仪规范，要吃好西餐，并不失风度，就必须对西餐的菜序、西餐的座次、西餐的餐具、西餐的品尝、西餐的要求五个方面有一定的了解。

（一）西餐的菜序

品尝西餐，首要的是弄清楚西餐的菜序。了解西餐的菜序，至少有两大好处：第一，用餐时能够量力而行，吃好、吃饱。第二，点菜时，能够进行经济而适当的组合与搭配。

1. 西餐正餐

一顿完整的西餐正餐，通常要花费一两个小时的时间。在正式涉外社交场合，常常遇到吃正餐，其菜序很烦琐，讲究颇多。尽管如此，还是有规律可循。西餐正餐一般有：开胃菜/开胃酒—汤—鱼/肉—蔬菜沙拉/奶酪—甜食/水果—热饮。

（1）开胃菜/开胃酒。

享用它们的目的，在于刺激食欲。开胃菜有多种，一般是蔬菜、水果、肉，甚至是面点，这些食物量少。开胃酒讲究佐以开胃菜，有时没有。开胃酒通常比较温和，饮用时可以加水、苏打水或冰。

（2）汤。

它是正式吃西餐的开始。西餐中的汤，一般分为浓汤和清汤。

（3）鱼/肉。

它们是主菜中最重要的热菜，代表着用餐的档次和水平；有时，还会上一道冷菜，如鱼冻、海味菜作为冷食主菜。

（4）蔬菜沙拉/奶酪。

它们是主菜之后、甜品之前的“间歇菜”，供客人酌情品尝。

（5）甜食/水果。

它常常包括蛋糕、馅饼、冰激凌、干果和水果，可以根据情况酌情品尝。

（6）热饮。

它是西餐中最后一个环节。红茶、黑咖啡都是最正规的热饮，只能二选一，它的作用是帮助消化。热饮可以在餐桌上用，也可以在客厅或休息室用。

2. 西餐便餐

在一般情况下，出于节约金钱和时间方面的考虑，人们并不总是要去吃西餐全餐。假如不是为了尝鲜、犒劳自己，而只是为了完成吃饭任务的话，点上几个有特色、有代表性的西餐餐点，也就足够了。西餐便餐一般包括：开胃菜—汤—一道热菜—一种甜品—咖啡。

（二）西餐的座次

在西餐用餐过程中，座次问题需要重视，对其基本原则要心中有数。

1. 座次排列的规则

多数情况下，在西餐座次排列中最重要的是具体位次排列问题，桌次排列只有在极其正式的宴会上才涉及。位次排列的规则包括以下几项：

（1）女士优先。

在西餐用餐过程中，女士按惯例受到尊重。

（2）恭敬主宾。

在西餐用餐过程中，主宾极受尊重，是主人关注的中心。在安排位次时，男女主宾分别紧靠着女主人和男主人就座。

（3）以右为尊。

在安排位次时，男主宾坐在女主人右边，女主宾坐在男主人右边。

（4）距离定位。

在西餐桌上，一般以距离主位的远近来确定位次尊卑。距离主位近的位子高于距离主位远的位子。

(5) 面门为上。

面对餐厅正门的位子，通常为尊贵客人的位子。

(6) 交叉排列。

在正式西餐宴会上，位次排列应遵守男女交叉相坐、生人和熟人交叉相坐的原则。西餐宴会通常更像是一种社交活动，广交朋友是其根本目的。

2. 座次排列的方式

在西餐用餐时，人们所用的餐桌有圆桌、方桌和长桌。有时，还会以之拼成其他各种形状。不过，最常见、最正规的餐桌当属长桌。下面，就来介绍西餐餐桌上座次排列的具体方法。

(1) 长桌。

以长桌排位，一般有以下两种主要方法。

第一，男、女主人在长桌中央对面而坐。届时，餐桌两端既可以坐人（见图 1-49），也可以不坐人（见图 1-50）。

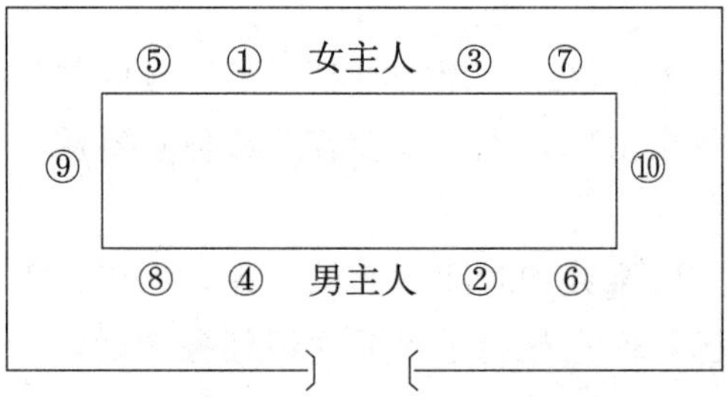

图 1-49　男、女主人在长桌中央对面而坐（餐桌两端坐人）

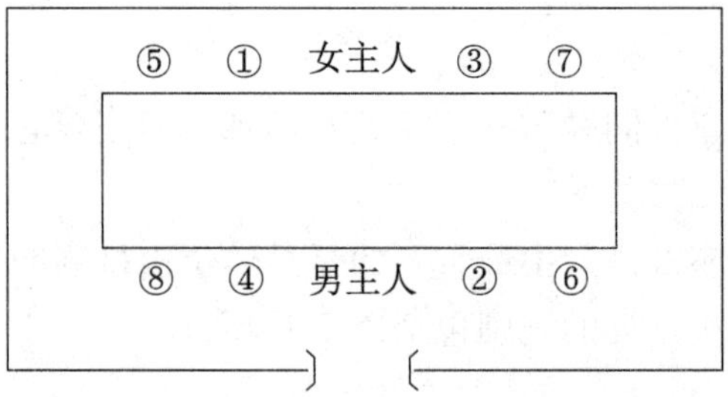

图 1-50　男、女主人在长桌中央对面而坐（餐桌两端不坐人）

第二，男、女主人分别就座于长桌两端（见图 1-51）。

某些时候，如用餐者人数较多之时，还可以参照以上办法，以长桌拼成其他形状，以便安排大家一道用餐（见图 1-52）。

(2) 圆桌。

在西餐用餐排列座次时，采用圆桌的情况并不常见，在正式的西餐宴会上则尤其罕见。若使用圆桌，其具体的排列方法，基本上属于前述各项规则的综合运用（见图 1-53）。

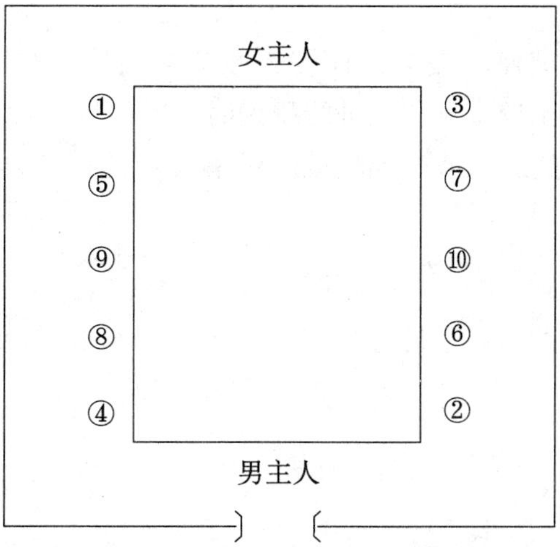

图 1-51　男、女主人分别就座于长桌两端时的座次安排

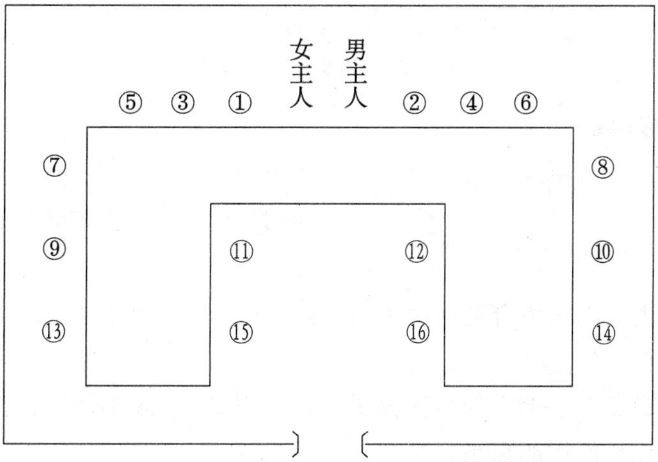

图 1-52　用餐者人数较多之时长桌的座次排列

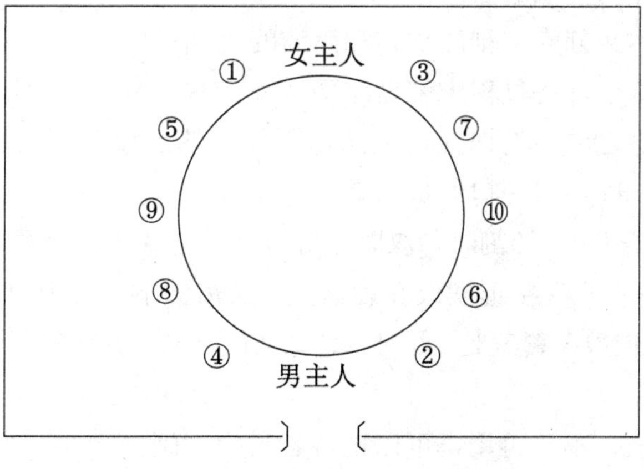

图 1-53　圆桌的座次排列

(3) 方桌。

以方桌排列座次时，就座于餐桌四面的人数应当相等。在一般情况下，一桌共坐八人，每侧各坐两人的情况比较多见。在进行排列时，应使男、女主人与男、女主宾对面而坐，所有人均各自与自己的恋人或配偶坐成斜对角（见图1-54）。

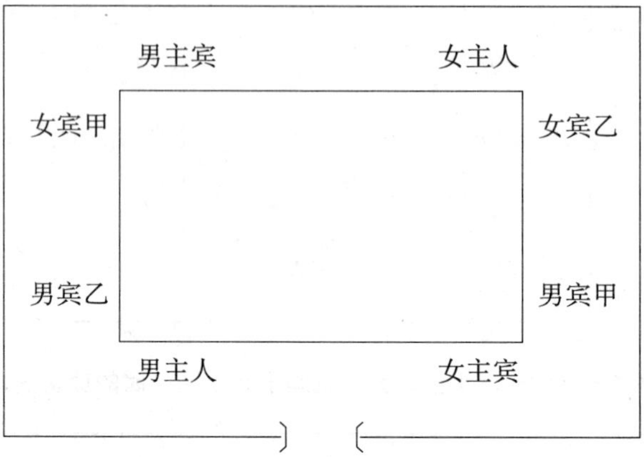

图1-54　方桌的座次排列

(三) 西餐的餐具

1. 刀叉

使用刀叉，是西餐的重要标志之一。学习西餐礼仪，最重要的是要掌握刀叉的使用技巧。

西餐刀叉各有用途，具体有黄油用餐刀、沙拉用刀叉、吃肉用刀叉、吃鱼用刀叉、吃甜点用刀叉等。

黄油餐刀放在餐盘左手上方的黄油盘子上，刀刃朝向内；吃甜点用刀叉，会随甜点盘一起提供，现在往往只使用甜点叉。

其他刀叉的摆放顺序是，餐叉都摆在餐盘的左边，餐刀摆放在餐盘的右边。用餐时，刀叉的使用顺序是由外向里依次使用。

刀叉的使用，具体又分为文雅的欧式和简洁的美式。

其一，欧式。在整个进餐过程中都是左手持叉，右手持刀，边切边食用。

其二，美式。在吃之前，先把食物全部切割完，然后放下餐刀，再用右手持叉进食。切割食物时要令其小一些，以一口的量为宜。

使用刀叉不要弄出声响；切割时，双肘尽量向下靠近身体；用餐叉将食物送入口中；暂时不用刀叉时，刀叉呈“八”字形摆放在餐盘上，叉齿向下、刀刃向右，叉在刀的左边；若吃完，刀与叉可并排纵向放在餐盘上。此时，餐叉叉齿可向上并放在餐刀的左边，餐刀刀刃不能向右放置。

一旦刀叉掉落地上，不要再用，可以请侍者另换一副。

2. 餐匙

在西餐中，餐匙有两种：汤匙和甜品匙。

汤匙较大，一般放在餐盘的最右边，与餐刀并列。甜品匙，则常常与吃甜品的刀叉一起横放在甜品盘上。

请注意：餐匙各有所用，不要混用；保持餐匙的清洁；不要将餐匙整个放入口中。

3. 餐巾

在正式的西餐宴会中，落座后的第一件事就是将餐巾拿起铺放在膝上。餐巾可直接铺在膝上。具体方法是：将正方形餐巾对折成三角形，三角朝外；将长方形餐巾对折，折口朝外。

餐巾在用餐期间一直不用是不对的，但是它只能用来擦嘴，不能擦脸、擦汗。就餐时，若临时离开，把餐巾放在椅面上，表示用餐没结束；若将餐巾放在餐桌上，则表示用餐完毕。

（四）西餐的品尝

西餐各类食物的吃法各不相同，现分别扼要地介绍如下。

1. 色拉

吃色拉时，仅使用餐叉便可。

2. 海鲜

吃大虾时，可用手剥壳，然后送入口中；不用刀叉。

吃牡蛎时，可用专门的餐叉。

吃蜗牛时，若带壳，可用专用的夹子把肉夹出来食用；若无壳，则可用餐叉直接食用。

3. 面包

未烤过的面包，有切片和不切片两种，最好一小块一小块地撕着吃，并涂上适量的黄油、果酱或蜂蜜。

烤面包，则可慢慢咬着吃，可以配黄油、果酱、柠檬汁。

4. 汤

喝汤时，可用右手持汤匙，由近而远向外侧舀汤，送入口中。喝汤时，不要出声；不要趴到汤盘上吸食；不要吹汤或用汤匙搅动汤降温。

5. 鱼

吃鱼时，为了去鱼腥味，可以在鱼上挤点柠檬汁。先用刀叉把鱼刺、鱼骨剔剥出去，切成小块后再食用。

6. 鸡

吃鸡肉时，若有骨头，可以先用刀叉把骨头剔出，再切成小块食用。不用手抓食。

7. 红肉

猪排、牛排、羊排等红肉，是西餐主菜的主角。在切食的过程中，最好由左至右切割。

8. 三明治

吃大块三明治时，可双手捧着吃；吃小块三明治时，则宜右手捏着吃。

9. 意大利面

吃意大利面时，可右手持叉，左手握汤勺帮助把面条缠绕在叉上，然后食用，不能吸食。

（五）西餐的要求

有人说“吃西餐，通常只是吃风度和气氛”，此言不假。吃西餐时，一定要注意下述四点基本礼仪规则。

1. 举止高雅

席间务必记住：进食噤声；防止怪异声响；慎用餐具；坐姿端正；吃相干净。

2. 衣着考究

吃西餐时，根据规模、档次的不同，用餐时的衣着也不尽相同。一般而言，主要有礼服、正装、便装三种。

隆重宴会上，通常讲究穿礼服。届时中国人可以穿本民族服装，诸如中山装、旗袍，以代替西式礼服。

普通宴会上，宜穿深色套装、套裙等正装。

一般性聚餐，则以便装为宜，例如，浅色西装、时装等。

3. 尊重妇女

在西餐礼仪中，特别突出之处是尊重女性，其主要表现在：

（1）礼待女主人。

用西餐时，很少看到女主人忙里忙外，甚至难以入席的情况。

（2）照顾女宾。

吃西餐时，不论是否相识，男士都会主动地对女士多加照顾。如用餐前，帮助女士存外套、寻找座位；用餐时，帮助女士取菜、拿调味品，陪同女士聊天等。

4. 积极交际

根据西餐礼仪，宴会的主要功能是促进人们的社交活动。

它一方面要求“宾主交流”，其具体体现为：客人与主人联络感情。另一方面则要求“来宾交流”，其具体体现为：宾客之间问候、结识、交谈或者叙旧，以广结朋友。

三、酒

人类饮酒有四五千年的历史。“酒”是美好的象征、喜庆的标志、友谊的媒介。交朋结友，常常是“酒逢知己千杯少”。在现代生活中，特别是人际交往过程中，酒是不可缺少的人际关系润滑剂。亲朋好友相聚，持杯把盏，小酌几杯，有酒助兴，社交活动往往会更上一个高潮。在世界各地，酒在社交场合，尤其是宴请、聚餐时一直发挥着重要作用。长期以来，各地、各民族对于酒的选择、酒的饮用、酒的待客方式等都有其具体做法，并逐渐形成一套规范、完备的礼仪。

（一）酒的种类

目前，国内常见的酒有白酒、啤酒、葡萄酒、香槟酒、白兰地酒、威士忌酒、鸡尾酒等。在这些酒水当中，只有白酒是中国所特有的，其余都是从西方传入中国的“舶来品”。

1. 白酒

白酒，通常无色、透明，含有高浓度酒精，属于烈性酒，俗称烧酒、白干。它是用高粱、玉米、甘薯等粮食或某些果品，经发酵、蒸馏制成的酒类。由于制作工艺的不同，白酒有多种香型。中国的著名白酒，有茅台、五粮液、剑南春等。白酒不可与其他酒混合饮用，以防醉酒。

2. 啤酒

啤酒，又称麦酒，通常有大量的泡沫，味道微苦，酒精含量较低。它是一种以大麦和啤酒花为主要原料发酵制成的酒类。它通常被视为饮料，不在正式宴会上出现。

世界各地都出产啤酒，主要有德国、捷克、丹麦三大产地。由于制作工艺的不同，啤酒分为生啤和熟啤，黄啤、黑啤和红啤。知名的啤酒，有德国的贝克啤酒、荷兰的喜力啤酒、丹麦的嘉士伯啤酒、美国的百威啤酒、日本的朝日啤酒，以及中国的青岛啤酒、燕京啤酒、哈尔滨啤酒等。

3. 葡萄酒

葡萄酒，有白、红两种颜色，味道醇美，酒精含量不高。它是以葡萄为主要原料发酵制成的酒类，是西餐中的佐餐酒。世界著名的葡萄酒产地在法国、意大利和西班牙。目前在国内名气甚大的拉菲、拉图、木桐、玛歌、奥比昂等“五大名庄红葡萄酒”，均产自法国波尔多地区。它在宴会上最为常见。

4. 香槟酒

香槟酒，口感清凉、酸涩，有水果香味，酒精含量在 10 度左右。它是一种以特种工艺制成、富含二氧化碳、起泡沫的白葡萄酒。它可作开胃酒饮用。香槟酒以法国香槟地区所产最著名，其代表者有巴黎之花、香槟王、酩悦、凯歌、白雪等。在签字仪式上，它最为多见。

5. 白兰地酒

白兰地酒，色泽金黄，香甜醇美，酒精含量约为 40 度，属于烈性酒。它是用葡萄发酵之后蒸馏制成的酒类，也叫蒸馏葡萄酒，是西餐中最好的餐后酒。世界著名的白兰地酒的品牌，有马爹利、轩尼诗、人头马、拿破仑等。

6. 威士忌酒

威士忌酒，口味浓烈、刺激，酒精含量约为 40 度，属于烈性酒。它是一种用谷物发酵酿造而成的蒸馏酒。最著名的威士忌酒产自英国苏格兰地区。知名威士忌酒品牌，有尊尼获加、芝华士、百龄坛、威雀、添宝等。

7. 鸡尾酒

鸡尾酒，口味浓淡不一，酒精含量不等，颜色艳丽似雄鸡之尾。它是由不同的酒、果汁、汽水、蛋清、糖浆等，按比例勾兑而成的混合型酒，常用作餐前酒。知名的鸡尾酒，有马提尼、曼哈顿、红粉佳人、血腥玛丽、亚历山大、螺丝起子、天地之吻等。在酒吧里，它往往不可或缺。

（二）饮酒的举止

善于饮酒的人，不仅能饮，而且会饮。要真正做到善于饮酒、合乎礼仪，一般需要特别注意酒菜的搭配、敬酒与干杯、文明饮酒三大问题。

1. 酒菜的搭配

在中餐中，白酒和红葡萄酒都是正式的酒。在餐桌上，用餐者的正前方排列着大小不同的三个酒杯，自左而右，它们依次是白酒杯、红酒杯、水杯。具体说，中餐中酒与菜肴搭配没有特别的讲究，喝酒时吃菜可“各取所爱”。

在西餐中，酒是宴会的主角。喝的酒不同，酒杯也不同。餐前有开胃酒，配开胃菜；吃主菜时，讲究“白肉配白酒，红肉配红酒”；餐后则有餐后酒，以助消化。白兰地酒就是最有名的餐后酒之一。

2. 敬酒与干杯

在中餐中，除了侍者外，男主人常常为客人斟酒。届时要做到对客人一视同仁，或者以长者为先，或者按顺时针方向依次为客人斟满酒杯。斟酒后，可由主人或其他饮酒的客人提议干杯。届时，须起立，右手举杯干杯，并说些祝福的话。干杯时，要量力而行，可以喝干酒杯中的酒，也可以随意喝掉部分酒。

在西餐中，只有香槟酒可以用来干杯。干杯时，可以喝干酒杯中的香槟酒，也可以随意喝掉一部分。在西餐中，劝酒、碰杯或越过他人交叉干杯均不允许。

3. 文明饮酒

因生活习惯和健康原因，不是人人都胜酒力。因此，做一名文明的饮酒者十分必要。自己饮酒要限量，不酗酒，同时也不要对别人强行劝酒。总之，“祝酒、敬酒不劝酒”，是文明饮酒的基本要求。

（三）参加酒会

酒会，是便餐的一种，在国内近些年比较流行。酒、冷菜和小点心，通常是酒会上款待宾客的常见餐饮食品。在正规的酒会上，鸡尾酒是主角。因此，酒会又被称为“鸡尾酒会”或“冷餐会”。

参加酒会，要注意下面几个方面的规则：

（1）不必准时，通常允许晚到一点。

（2）不限衣着，可以穿便装。

（3）不排座次，可以随意走动与人交谈。

（4）自由交际，可自主选择交际对象。

（5）知晓餐序，它的餐序一般为开胃菜/酒—汤—热菜—点心—甜品—水果。酒可以在餐前或餐后喝。

（6）排队取食，不要加塞、哄抢。

（7）多次少取，不要一次取食过多。

（8）勿施于人。不要擅自替他人取酒水和点心、菜肴。

（9）禁止外带。酒会上的饮食品种很多，但它们仅供酒会内食用，不可带出酒会。

（10）送还餐具。用餐完毕，应主动将用过的餐具送至指定地点。

四、茶

茶，是世界三大饮品——茶、可可、咖啡之首，是老少皆宜、雅俗共赏的饮料。喝茶，是人们日常生活的一种乐趣。在中国，人们的饮茶历史源远流长，形成了独特的饮茶文化，并对世界其他国家有着深远影响。从这个角度说，中国的茶文化是一门艺术，中国是世界饮食文化的积极贡献者。

喝茶，无论是在宴请的正式场合，还是在普通日常生活、工作中，都是不可缺少的待客环节。如何选茶叶、怎样泡茶、茶具的使用、品茶的艺术等，都展示了一个人生活的品位和教养。

（一）茶的分类

饮茶，先要对茶叶的具体种类有所了解。不同国家、不同地区、不同民族，对不同种类的茶叶，往往各有其不同的偏好。

茶叶分类的方法甚多。目前，我国最通用的，是依据加工、制作方法的不同对茶叶进行分类。根据此项标准，可将其分为绿茶、白茶、黄茶、青茶、红茶、黑茶等六类。在我国，绿茶、青茶、红茶最为流行；在西方国家，红茶更受欢迎。

1. 中国茶

平时，中国人更喜欢饮中国茶。以下是六类常见的中国茶：

（1）绿茶。

绿茶，即不发酵茶。我国所产的绿茶著名品种有：产于浙江杭州的龙井茶、产于江苏太湖洞庭山的碧螺春、产于安徽黄山的黄山毛峰等。

（2）白茶。

白茶，即微发酵茶。我国所产的白茶著名品种有：产于福建福鼎的白毫银针、产于福建建阳的白牡丹、产于福建浦城的贡眉。

（3）黄茶。

黄茶，即轻发酵茶。我国所产的黄茶著名品种有：产于湖南洞庭湖君山岛的君山银针、产于四川雅安蒙顶山的蒙顶黄芽、产于安徽霍山的霍山黄芽。

（4）青茶。

青茶，俗称乌龙茶，即半发酵茶。我国所产的青茶著名品种有：产于福建安溪的铁观音、产于福建武夷山的武夷岩茶、产于广东潮州凤凰山的凤凰单枞等。

(5) 红茶。

红茶，即全发酵茶。我国所产的红茶著名品种有：产于安徽祁门的祁门红茶、产于广东英德的英红、产于云南西双版纳的滇红等。

(6) 黑茶。

黑茶，即后发酵茶。我国所产的黑茶著名品种有：产于云南广大地区的普洱茶、产于广西梧州的六堡茶、产于湖南益阳的安化茶等。

除此之外，花茶与砖茶在国内许多地区亦较为流行。花茶，指以各种香花所熏制的绿茶，在北京、成都、福州比较多见。砖茶，又称紧压茶，指将茶叶压紧制成砖状，多与奶、糖一起煮饮，在我国的广大牧区最受欢迎。

2. 西方茶

西方人所喝的茶大都装在小纸袋中，即袋茶。西方人常常诧异：中国人怎么把带有叶子的水喝下去，叶子还留在杯中。西方人喝茶时配小点心，加糖、牛奶；餐后饮用红茶较多。

西方人经常饮用的茶的种类如下：

(1) 薄荷茶。

它有薄荷香味，是清喉的茶。

(2) 甘菊茶。

它没有咖啡因，是令人放松的茶。

(3) 印度红茶。

它是可以加牛奶、糖的茶。

(4) 英国早茶。

对英国人而言，实际上任何时间都可以喝早茶，喝的时候宜加牛奶和糖。

此外，西方人也常喝中国的乌龙茶、茉莉花茶。

(二) 选用茶具

在中国喝茶，茶叶不同，茶具也要有所不同。在饮茶时，茶具的选择也很讲究，其外观一定要干净、美观。

一般而言，茶具有三类：储茶用具、泡茶用具、饮茶用具。

1. 储茶用具

它用于日常储存茶叶，基本要求是：防潮、避光、隔热、无味。常用的储茶器皿有：铝制茶叶罐、竹制茶叶罐、陶瓷茶叶罐、锡箔袋等，它们是储存高档茶叶的理想器具；玻璃罐、塑料罐不提倡使用，纸袋不宜长时间保存茶叶。

2. 泡茶用具

正规饮茶时，泡茶和饮茶的工具是分开的。茶壶的选择也十分讲究，好的茶壶是紫砂壶、陶瓷壶。其实，真正讲究的泡茶，对水的要求也很严格，不同水质、水温冲泡出来的茶叶，其口感差别很大。

不要用手直接取茶，请使用匙、镊子。一般而论，主人不要当着客人的面取茶冲泡，尤其是不要直接以手取茶冲泡。

3. 饮茶用具

大多数情况下用茶杯、茶碗直接饮用冲泡好的茶水。使用茶壶时，最好选用与之配套的茶杯、茶碗。

茶杯，通常有玻璃、紫砂、陶瓷三种质地。玻璃杯，是用来观赏茶叶形状、茶汤色泽的首选。紫砂、陶瓷茶杯，有助于保持茶汤的纯正味道。目前，比较常见的是不带杯耳的茶杯，其传统、古朴、典雅，适于双手捧杯闻香、敬茶；带杯耳的茶杯，不易烫手，适于拇指、食指持杯。

茶碗，诸如鼎鼎大名的福建建盏，一般在古色古香的茶馆内使用。

（三）优雅品茶

中国人喝茶时讲究品茶，这被视为一门艺术。因此，不要用残旧的茶壶冲茶待客，不要用壶内剩余茶叶待客。中国人品茶时主要讲究以下几点：

（1）优雅持杯。品茶之时，应右手持杯耳，或者右手握茶杯中部。

（2）细心品尝。每饮一口茶汤后，应该让茶在口中稍作停留，再慢慢地咽下去。

（3）不食茶叶。饮茶时，不能连茶汤带茶叶一起喝下，若有茶叶入口，则不要吐出，可以细嚼咽下。

（4）先宾后主。上茶时应避免从正前方上茶，要从客人左侧上茶，并轻声告知“请您用茶”。

（5）不烫不满。斟热茶时，不要过满，以免烫伤客人，俗话说“茶满欺人”“七茶八酒”。

（6）不多不少。斟茶时，次数不宜过多。传统上，中国讲究待客“三杯茶”：一杯为“敬客茶”，二杯为“续水茶”，三杯为“送客茶”。

（7）礼让他人。敬茶、受茶均应谦恭、敬人。届时，应“请”“谢”不离口，并面带微笑。

（8）辅助交际。在与交往对象的交谈过程中，不要饮茶；谈话间歇时，则可稍喝一口茶润喉。

本章小结

本章介绍的是商务人员所应掌握的往来礼仪。它具体涉及会面、介绍、销售、名片、礼品、会议和餐饮等方面，是商务人员在日常工作中所必须掌握的最重要的商务交往规范。

关键概念

问候　握手　拜会　自我介绍　销售　影响客户　介绍他人　交换名片　选择礼品　座次排列　中餐　西餐

复习题

1. 问候的常见方式有哪些？
2. 称呼的禁忌有哪些？
3. 与人握手的次序是什么？
4. 为他人介绍时，怎样确定其先后顺序？
5. 怎样争取客户？
6. 名片有哪些基本功能？
7. 会议出席者有何注意事项？
8. 礼品选择的基本标准是什么？

讨论及思考题

1. 称呼不当会造成哪些不愉快？请举例说明。
2. 怎样看待与人约会时必须“准时”的要求？
3. 如何在营销产品、技术与服务的同时营销自己所在企业的形象？
4. 赠送礼物需要包装吗？为什么？请举例说明。
5. 送礼时，为什么有必要对其具体进行说明？
6. 怎样令商务会议务实、从简而高效？
7. 参加酒会需要注意什么问题？为什么？
8. 为什么说“品茶”是一门艺术？

第二章 商务人员的公共礼仪

本章要点提示

- 交通——行路、行车、乘船、乘机
- 住宿——个人住宿、来宾住宿
- 观光——参观、游园、展览
- 购物——国内购物、国外购物
- 运动——健身、游泳、滑雪、网球、保龄球、高尔夫球

公共礼仪，通常是指人们在公共场合中所应遵循的行为规范。它是商务礼仪的重要组成部分之一，也是人们在商务交往中所应具备的基本素养。公共礼仪的基本内容，就是人们在街头、车站、码头、机场、宾馆、商场、旅游景点、运动场馆等公共场合与他人共处时和睦相处、礼让包容的有关规范化做法。

学习、运用公共礼仪，应当遵循两项基本原则：其一，遵守公德。公共礼仪从属于社会公德，并以更为具体的形式和要求对其进行贯彻落实。《中华人民共和国宪法》明文规定："国家倡导社会主义核心价值观，提倡爱祖国、爱人民、爱劳动、爱科学、爱社会主义的公德。"遵守公德，就是要求人们在公共场合活动时，具有维护社会公德的意识，能够自觉地、自愿地遵守社会公德。其二，勿碍他人。其基本含义是：在公共场合中，每个人都应当有意识地检点、约束自己的个人行为，并应尽一切可能，自觉防止自己的行为影响、打扰、妨碍其他人。

本章将介绍的公共礼仪，具体涉及交通、住宿、观光、购物、运动等方面。

第一节　交　通

在日常繁忙的商务交往中，个人出行已成为商务人员所要面对的一项重要活动。交通的内涵较为广泛，本节将主要从行路、行车、乘船、乘机四个方面对其礼仪规范进行重点介绍。

一、行路

行路，又叫步行，它指的是人们举步行走。根据公共礼仪，行路者必须自尊自爱，以礼待人。行路不但有普遍通行的礼仪守则，而且在不同的行路条件下还有其各自不同的具体要求。

（一）基本要求

行路之际，不论是一人独行还是多人同行，不论是奔走于闹市街头还是行走于偏僻之地，都应当遵守一些基本的礼仪规范。

1. 始终自律

行路，对一般人而言，多数情况下都是一种个人在室外进行的活动，并无熟人在场。在这种缺少他人监督的时候，讲究礼仪的人行事依然需要处处谨慎。

遵守行路礼仪，主要应做到始终自律，严格约束个人行为。具体而言，特别要做好以下几点：

（1）不吃零食。

在行路时大吃大喝，不仅吃相不雅、不卫生、不利于身体健康，更重要的是还会有碍于人，甚至可能会给其他过往的行人造成不便。

（2）不吸烟。

吸烟有害健康。在行路时吸烟，不仅会污染空气，甚至还有可能烧坏别人的衣物，令人望而生畏。

（3）不乱扔废物。

在行路之时，如果要处理个人的废弃物品，应将其分类投入垃圾箱，不要“天女散花”、随手乱丢，破坏公共场合的环境卫生。

（4）不随地吐痰。

行路时，如需要清嗓子、吐痰，应于旁边无人时，将痰吐在纸巾里包好，然后投入垃圾箱。不要将其“自行消化”，更不能随地乱吐。将痰直接吐入垃圾箱，也不大卫生。

（5）不过分亲密。

恋人或夫妻同行时，不应勾肩搭背、搂搂抱抱、边走边吻，表现得过分亲密。将这类个人隐私行为当众“表演”，极不自重，而且也会令旁边的人感觉不舒服、不自在。

（6）不尾随围观。

遇到他人发生冲突时，应予以劝阻，切莫围观、起哄、煽风点火。对于不相识的异性，不应显得浅薄轻浮，频频回首顾盼；更不应尾随其后。

（7）不毁坏公物。

对于公共场所的各种设施、物品，要自觉爱护。不要攀折树木、采摘花卉、蹬踏雕塑，不要在墙壁上信手涂鸦、划痕，不要做践踏绿地、草坪这一类毁坏公物的事情。爱护公物，应当成为每个人主动而自觉的行动。

（8）不窥视私宅。

对于同自己毫不相干的私人居所，不要贸然前去打扰，更不能趴在其门口、窗口、墙头偷偷观望，免得干涉他人的活动自由。

（9）不违反交通法规。

行路时，务必要遵守交通法规。过马路要走人行横道、天桥或地下通道，必要时要看红绿灯或听从交警指挥。不要乱闯红灯、翻越隔离栏，或是在马路上随意穿行。

2. 相互体谅

在行路时，对于任何人，即使是一位素昧平生的人，都要相互关心、相互帮助、相互照顾、相互体谅，并且友好相待。

（1）热情问候。

路遇熟人，通常应当问候对方，至少要以适当的方式向其打个招呼，不应当视若不见。对于其他不相识者，如正面发生接触时，也有必要先向对方问好，然后再论其他。

（2）答复问路。

当有人向自己问路时，应尽力提供帮助，有可能时还可以为之带路。不要不耐烦，或不予理睬。当向他人问路时，则事先要采用尊称，事后勿忘道谢。

（3）帮助弱者。

遇到老弱病残者，或是孕妇、孩子有困难时，应主动上前加以关心、帮助，不应视若不见，甚至对其讥讽或呵斥。

（4）扶正斗邪。

遇到打架、斗殴、偷窃、抢劫或其他破坏公物、公共秩序的行为，应挺身而出、见义勇为，与坏人坏事大胆斗争，不要事不关己，高高挂起。

（5）彼此谦让。

当通过狭窄路段时，应请他人先行，不要争先恐后。在拥挤的地方不小心碰到别人，应立即说“对不起”，如果是别人碰到自己，则应对别人的道歉答以“没关系”。不要若无其事，或是借题发挥，寻衅滋事。

（二）具体情况

人们在行路时，往往会置身于不同的场所，面临着许多不同的具体情况。例如，独自漫步、道路上行走、上下楼梯、进出电梯、出入房间、通过走廊，或拥挤之处、排队等。在这些情况下，既要遵守上述的基本要求，又要具体情况具体对待。

1. 漫步

漫步，又叫散步。它是指以随意行走为表现形式的一种休息方法。它一般不受时间、地点、速度等方面的具体限制。

漫步通常可分为以下两种情况：其一，个人漫步。在个人漫步时，无须顾忌太多，只要注意安全，不“误入歧途”即可。其二，多人漫步。多人一起漫步，尤其是与客人、尊长、异性一起在较为正式的场合漫步时，重要的是要注意在位置的具体排列上符合礼仪规范。多人并排行走时，一般以右为尊，以内侧为尊；以左为卑，以外侧为卑。若并行者多于三人时，则以居中者为尊。多人单行行走时，大多以前为尊，以后为卑。

2. 道路上行走

在道路上行走，尤其在街头巷尾行走，其讲究通常要比漫步时多得多。

(1) 在道路上行走时，要自觉地走人行道，并应自觉让出盲道。无人行道时，则应尽量靠路边行走。

(2) 行走在道路上时，按惯例应自觉走在右侧一方，而不可为图方便，逆行于左侧一方。如大家都图方便而逆行，则交通必将大乱。偶遇无双向道路之时，仍应行走于右方。

(3) 多人行走在道路上时，宜单行行进，而不宜并排行走，更不允许多人携手并肩而行，否则将人为地制造路障。

(4) 在道路上行走时应保持一定的速度，行动不能过于迟缓，以免阻碍身后的人。尽量不要在道路上停留、休息，或是与他人进行长谈。

3. 上下楼梯

上下楼梯时，通常需要注意以下六点：

(1) 应单行行走，不宜多人并排行走。

(2) 不论是上楼还是下楼，都应身靠右侧，即应当右上右下。将自己左侧留出来，是为了方便有紧急事务者能快速通行。

(3) 若为人带路，应走在前面，而不应位居被引导者之后。

(4) 不能进行交谈，或站在楼梯上或楼梯转角处进行深谈，以免妨碍他人的通行。

(5) 与尊者、异性一起下楼梯时，若楼梯过陡，应主动行走在前面，以防身后之人或有闪失。

(6) 既要注意脚下的楼梯，又要注意与身前、身后之人保持一定距离，以防碰撞。

除此之外，还应注意上下楼梯时的姿势、速度。不管多么紧急，都不应在上下楼梯时快速奔跑、推挤他人，或是坐在楼梯扶手上快速下滑。

4. 进出电梯

进出电梯时，需要注意以下两大问题：

(1) 安全。

当电梯关门时，不要扒门，或是强行挤入。当电梯超载时，不要心存侥幸，非进去不可。当电梯在升降过程中因故障暂停时，应耐心等待救援，不要冒险攀缘而出。

（2）顺序。

与不相识者同乘电梯，进入时要讲先来后到、先出后入，出来时则应由外而里、依次而出，不可争先恐后。与熟人同乘电梯，尤其是与尊长、女士、客人同乘电梯时，则应视电梯类别而定：进入有人管理的电梯，应主动后进后出；进入无人管理的电梯，则应当先进后出，先进入是为了控制电梯，后出来同样也是为了控制电梯。

5. 出入房间

一个人出入房间，如无他人在场，自然不宜过分拘束。若有他人在场，尤其是在正式场合时，则应在下述几点上多加注意：

（1）开关房门。

出入房间，都应以手轻推、轻拉、轻关房门，决不可以用身体的其他部位代劳。例如，不应以肘推门、以脚踢门、以臀拱门、以膝顶门，也不能听任房门自由开关。

（2）面向。

进门时，如已有人在房间内，应始终面向对方，尤其是切勿转身关门，背向对方。出门时，若房间内依旧有人，则在关门时，应尽量面向房内之人，不要以背示之。

（3）顺序。

在一般情况下，应请尊长、女士、来宾先进入房间，先走出房间，必要时应主动为之代劳，替对方开门或关门。若出入房间时恰逢他人也要出入房间且与自己方向相反，则应对其礼让。一般的讲究是房内之人先出，房外之人后入。若对方为尊长、女士、来宾，亦可不遵此例而礼让对方先出入房间。

6. 通过走廊

走廊分为室内走廊与露天走廊，二者所讲究的行路礼仪基本相近。

（1）应当单行行进。

在走廊里应单行行进，至多允许两人并排行走在一起。若多人一起并行，对大多数相对而言不宽敞的走廊来说显然不适宜，因为那样有可能阻挡别人。

（2）应当主动右行。

在走廊里，应主动右行。这样即使有人从对面走来，也会两不相扰。但若是在仅容一人通过的走廊时遇到了此种情况，则应面向墙壁，侧身相让，请对方先通过。若对方先这样做了，则勿忘向其道谢。

（3）应当缓步而行。

通过走廊时，宜步伐和缓，并悄然无声，因为走廊多与房间连接，若快步奔走，大声喧哗，制造噪声，难免会干扰别人。

（4）应当循序而行。

在走廊里行进，亦应循序而行。不要为了图省事、走捷径或找刺激，而去跨越室外走廊的栏杆，或是行走于其上。

7. 通过拥挤之处

在商厦、机场、车站、码头等较为拥挤的场所行走时，应对以下几点予以关注：

（1）不要逗留过久。

在这类场所，将事情处理完之后，即应马上离开。切勿没事找事干，留在这里聊天、休息、玩手机、看热闹，从而加剧拥挤状况。

（2）不要阻挡他人。

如没有万分必要，尽量不要在这类场所与人拉手、挽臂、勾肩、搂抱而行。携带东西时，最好抱在身前，或以一只手提拎。

（3）不要手舞足蹈。

由于这类场所人太多，因此最好不要做出毫无任何必要的动作，诸如猛然挥手、踢腿蹬脚等，以免制造事端。

（4）不要高声谈笑。

在这类场所与人交谈，要尽量降低音量，能让对方听清楚即可，切勿大喊大叫、大吵大笑。这种令人瞠目的表现，不仅会制造噪声，而且还有存心吸引他人注意之嫌。

8. 排队

在公共场合排队时，应当遵守的礼仪规范有以下三点：

（1）要养成排队的习惯。

需要排队的时候，就要保持耐心，自觉地排队等候。不要起哄、拥挤、不排队或破坏排队。排队自觉与否虽是小节，但却能反映一个人的素质高低。

（2）要遵守排队的顺序。

排队的基本顺序是：先来后到，依次而行。排队时，一定要遵守并维护这一秩序，不仅要自己做到不插队，而且还要做到不让自己的认识的人插队。

（3）要保持适当间隔。

在排队时，均应缓步而行，人与人之间最好保持 0.5 米～1 米的间隔，不能一个人紧挨着另一个人，也不宜彼此前胸贴着后背，否则会让他人很不舒服，甚至会影响他人。

二、行车

在匆忙的现代生活中，人们为了出行方便、快捷，经常选择驾驶或乘坐各种机动车辆。下面，将主要介绍有关驾驶汽车及乘坐轿车、公共汽车、火车等机动车辆的礼仪规范。

（一）驾驶汽车

随着社会生活现代化步伐的加快，汽车在人们的日常生活中变得越来越重要，也越来越普及。每一名驾驶者在驾驶汽车时，都必须牢记出行有礼、礼让三分，时时刻刻不允许忘乎所以、目中无人。在技术合格、服从管理、安全驾驶、礼让他人四个具体方面，都应努力表现得好上加好。

1. 技术合格

驾车上路应提前进行系统的知识学习、技术培训与正规考试，并获得驾驶资格。技术不合格者，绝对不准许驾驶汽车外出。

具体而言，每一名汽车驾驶者均应一丝不苟地做到以下各点：

（1）掌握驾驶技术。

掌握熟练的驾驶技术，是每一名汽车驾驶者畅行无阻的前提条件。驾驶者只有在驾驶车辆的过程中找到“人车一体”的感觉，并能逐渐对车辆的速度、位置，车辆所在的空间及其周边的各种动态、静态物体的间距了然于心，才算是自己车辆的真正的主人。

（2）精心维护车辆。

每一名有责任心的汽车驾驶者，都应爱车如己，精心地对自己驾驶的车辆进行定期或不定期的保养、检查与维护。经验证明：每一辆车自身状况的好坏、涉及行车安全的相关部件是否齐全、无故障，往往是发生交通事故与否的关键因素。

（3）取得正式资格。

根据《中华人民共和国道路交通安全法》的规定，驾驶机动车，应当依法取得机动车驾驶证。申请机动车驾驶证时，申请者在身体条件、技术掌握、交规学习、手续合法等方面，必须符合规定。此外，我国还规定，公安机关交通管理部门依照法律、行政法规的规定，定期对机动车驾驶证实施审验。

2. 服从管理

驾驶汽车外出时，如欲高兴而出、满意而归，就必须认真遵守相关规定，虚心接受管理。

（1）遵守规定。

我国的每一名机动车驾驶者都必须自觉地遵守以下规定：

其一，机动车上道路行驶，应当悬挂机动车号牌，放置检验合格标志、保险标志，并随车携带机动车行驶证。

其二，驾驶车辆时，必须携带机动车驾驶证。

其三，不准转借、涂改或伪造机动车驾驶证。

其四，不准将车辆交给没有机动车驾驶证的人驾驶。

其五，不准驾驶与机动车驾驶证准驾车型不相符合的车辆。

其六，未按规定审验或审验不合格的，不准继续驾驶车辆。

其七，饮酒后不准驾驶车辆。

其八，不准驾驶安全设备不全或机件失灵的车辆。

其九，不准驾驶不符合装载规定的车辆。

其十，在患有妨碍安全行车的疾病或过度疲劳时，不准驾驶车辆。

其十一，车门、车厢没有关好，或未系安全带时，不准行车。

其十二，不准穿拖鞋驾驶车辆。

其十三，不准在驾驶车辆时吸烟、进食、闲谈、接打电话、收发微信或有其他妨碍安全行车的行为。

（2）接受管理。

每一名驾驶者在驾驶车辆时，为了自己与他人的安全，为了交通的畅行无阻，都应以小我服从大我，自觉地接受管理。

其一，严格地遵守交通法规。在任何时候、任何情况下，每一名汽车驾驶者均应严格地遵守交通法规，这是保证驾驶者与他人生命安全的第一准则。

其二，自觉地服从交警管理。对于交警的指挥、检查、处罚与管理，必须无条件地予以服从。

其三，及时地了解临时状况。要及时地掌握交通管理部门就有关重大活动场所、路线所发布的道路交通管理通告，以便确定、调整自己的行车时间与路线。

其四，认真地进行车辆检验。依照国家的有关法规与标准，公安机关交通管理部门负责对机动车进行初次登记检验、核（补）发牌证、变更、转籍、过户、报废、停驶、定期检验。对驾驶机动车的交通违规、违法行为，有关部门要进行教育、处罚。此外，每一辆机动车还须定期交纳车船税（新能源车免征此税）、机动车交通事故责任强制保险费。

3. 安全行驶

驾驶者在驾驶汽车外出时，不论是为了自己还是为了他人，都必须始终牢记安全第一。

（1）树立安全意识。

每一名机动车驾驶者都应树立安全意识，力求有备无患。具体而言，树立安全意识，就是要做到“查一查”“想一想”“严一严”“看一看”“停一停”“让一让”。

其一，“查一查”。开车出门前，一定要耐心细致地对所要驾驶的汽车进行例行检查。

其二，“想一想”。为了自己、家人及其他人的安全与幸福，在驾驶车辆时，始终都要想着安全第一。

其三，“严一严”。在驾驶期间，律己务必从严。务必切记：没有休息好不要开车，吃了某些有嗜睡作用的药品不要开车，喝了酒不要开车，情绪欠佳不要开车，使用手机时不要开车。

其四，“看一看”。通过陌生路段时，一定要先看清楚路况再行驶。

其五，“停一停”。遇到红灯、拥堵、交通管制时，当停则停。

其六，“让一让”。万一遇到其他车辆或车辆驾驶者不遵守交通法规时，不必与之争强好胜，当让则让，“退一步海阔天空”。

（2）采取安全措施。

要真正做到安全驾驶车辆，还应当采取一些必要的安全措施。

其一，掌握道路特点。通过平坦道路时，不可麻痹大意。通过高速公路时，应保持合理的车速。通过坡路、窄路、胡同、隧道、坑洼、沟槽、泥泞或涉水路段时，需要依据不同的具体情况低速、减速、限速行驶。

其二，关注异常天气。当遭遇大风、大雾、降雨、下雪、结冰等异常天气时，应尽量减少驾车外出。万一有此必要时，要及时了解交通管制情况，并要谨慎行驶。

其三，重视夜间行车。夜间行车时，要注意个人休息、人身安全、夜灯使用等问题。尤其要注意集中精力、保持警惕，因为夜间能见度差、视野变窄、光亮有限，往往易于出现问题。

其四，善处危险情况。在驾驶汽车出行时，万一遇到危险情况，不论是自己的车辆出了问题，还是前方道路或车辆发生了问题，均应沉着冷静、机智勇敢、善于面对。

4. 礼让他人

行车之礼，让人第一。在任何情况下，汽车的驾驶者均应以自己的实际行动对其他人、其他车辆礼让三分。

（1）礼让其他机动车。

当驾驶机动车行驶时，驾驶者应当具有平等意识。大车不宜欺负小车，新车不宜欺负旧车，高档车不宜欺负低档车。同样的道理，老司机不可欺负新司机，大车司机不可欺负小车司机，本地司机不可欺负外地司机。

在驾驶机动车行驶期间，每一名汽车驾驶者都要遵守交通法规。不要强行超车，不要占其他车辆的车道。如果有人那么做了，不妨主动避让，让出车道，令其先行。

一旦自己的车辆与其他车辆发生事故，不要与对方争吵、打架，更不要制造交通堵塞，应与对方协商处理，或听从交通民警的处理意见。

（2）礼让非机动车与行人。

对"实力"不如自己的非机动车与行人，机动车驾驶者更要礼让。切勿在行驶时"唯我独尊""仗势欺人"，更不可以"车匪"或"路霸"自居。

其一，礼让非机动车。对自行车、三轮车等非机动车，最好避免与其并行，而应与其错开行驶。

其二，礼让行人。对行人，尤其是老人、孕妇、孩子、残障人士，一定要予以照顾。该避让就要避让，该减速就要减速，该停车就要停车。遇雨雪天气时，要防止自己车辆通过时所溅起的污泥浊水弄脏行人。

（二）乘坐轿车

乘坐轿车，通常是讲究快节奏、高速度的商务人士在出行时的首要选择。乘车之时虽然短暂，但仍有保持风度、以礼待人的必要。乘坐轿车时，应当牢记的礼仪问题主要涉及座次、举止、上下车顺序三个方面。

1. 座次有别

在正式的场合，与其他人一同乘坐轿车时，特别是在迎来送往时，难免会涉及轿车的座次问题。一般不同数量座位的轿车，在排座时具体做法不同。而在同一种轿车上，驾车者的实际身份通常也会对排座有明显的影响。目前，我国（港澳地区除外）常见的具体情况有：

（1）双排四座轿车。

当主人驾驶此种轿车时，其排座自高而低依次应为：副驾驶座、后排右座、后排左座。当专职司机驾驶此种轿车时，其排座自高而低依次应为：后排右座、后排左座、副驾驶座（见图 2－1）。

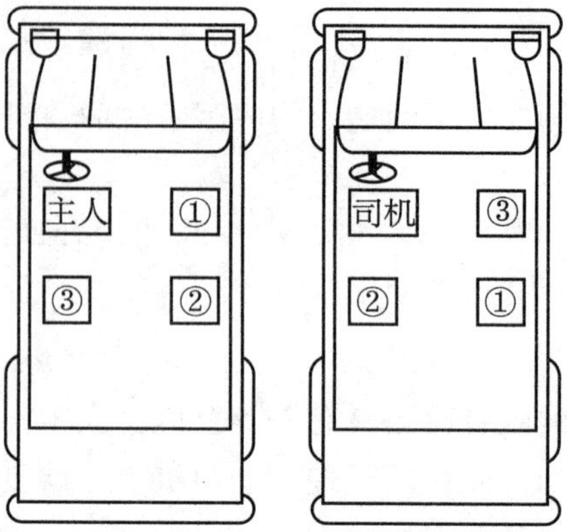

图 2-1　双排四座轿车的座次排列

（2）双排五座轿车。

当主人驾驶此种轿车时，其排座自高而低依次应为：副驾驶座、后排右座、后排左座、后排中座。当专职司机驾驶此种轿车时，其排座自高而低依次应为：后排右座、后排左座、后座中座、副驾驶座（见图 2-2）。

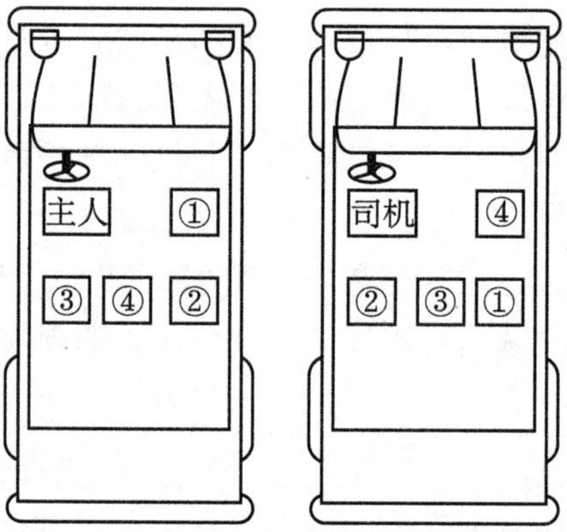

图 2-2　双排五座轿车的座次排列

（3）双排六座轿车。

当主人驾驶此种轿车时，其排座自高而低依次应为：前排右座、前排中座、后排右座、后排左座、后排中座。当专职司机驾驶此种轿车时，其排座自高而低依次应为：后排右座、后排左座、后排中座、前排右座、前排中座（见图 2-3）。

（4）三排七座轿车。

当主人驾驶此种轿车时，其排座自高而低依次应为：副驾驶座、后排右座、后排左座、后排中座、中排右座、中排左座。当专职司机驾驶此种轿车时，其排座自高而低依次应为：后排右座、后排左座、后排中座、中排右座、中排左座、副驾驶座（见图 2-4）。

（5）三排九座轿车。

当主人驾驶此种轿车时，其排座自高而低依次应为：前排右座、前排中座、中排右座、中排中座、中排左座、后排右座、后排中座、后排左座。当专职司机驾驶此种轿车

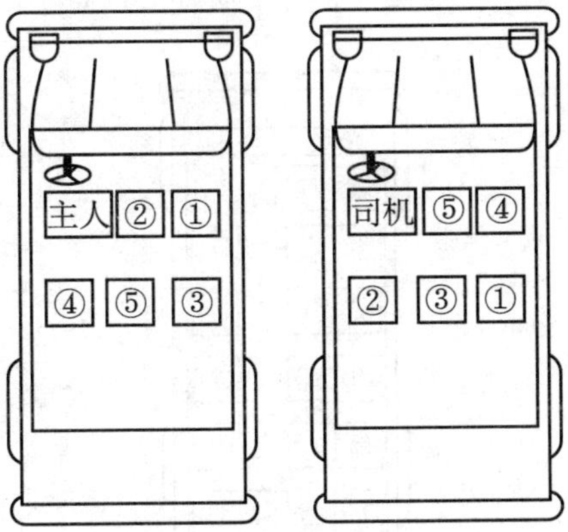

图 2-3　双排六座轿车的座次排列

图 2-4　三排七座轿车的座次排列

时，其排座自高而低依次应为：中排右座、中排中座、中排左座、后排右座、后排中座、后排左座、前排右座、前排中座（见图 2-5）。

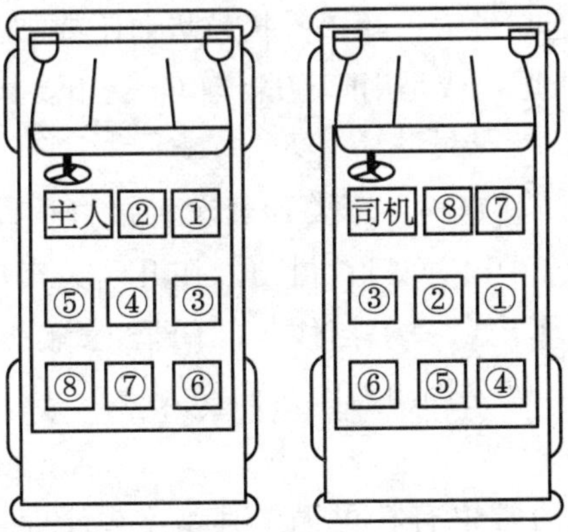

图 2-5　三排九座轿车的座次排列

（6）多排座轿车。

多排座轿车，此处是指四排以及四排以上座位的轿车。不论由何人驾车，多排座轿车的排座皆须由前而后、自右而左，依照距离前门的远近排列（见图2-6）。

图2-6　多排座轿车的座次排列

2. 举止中规

与他人一同乘坐轿车时，应将轿车视为一处公共场所。在这个移动的公共场所里，同样有必要对个人的行为举止多加约束。具体来说，应当注意以下几方面的问题：

（1）忌争抢座位。

上下轿车时，一定要井然有序，相互礼让。不要推推搡搡、拉拉扯扯，尤其是不要争抢座位，更不要为自己的同行之人抢占座位。

（2）忌动作不雅。

在轿车上应检点自身举止，切勿与异性演出“爱情故事”，或是东倒西歪。穿短裙的女士上下车最好采用背入式或正出式，即上车时双腿并拢，背对车门坐下后，再收入双腿；下车时则应正面面对车门，双脚着地后，再移身车外。这样做的好处是不会“走光”。若上下来时跨上跨下、爬上爬下，姿态极不雅观。

（3）忌不讲卫生。

不要在车上吸烟，或是连吃带喝，随手乱扔垃圾。不要往车外丢东西、吐痰或擤鼻涕。不要在车上脱鞋、脱袜、换衣服，或是用脚蹬踩座位，更不要将手或腿、脚伸出车窗。

（4）忌不顾安全。

不要与驾车者长谈，以防其走神。不要让驾车者接打移动电话或看书刊。协助尊长、女士、来宾上车时，可为之开门、关门、封顶。在开、关车门时，不要弄出声响或夹伤人。在封顶时，应一手拉开车门，一手挡住车门门框上端，以防止其碰人。当自己上下车、开关门时，要先看后行，切勿因疏忽大意而伤人。

3. 上下车顺序

上下轿车的先后顺序，通常也有礼可循。其基本要求是：倘若条件允许，必须请尊长、女士、来宾先上车，后下车。具体而言，又可将其分为以下多种情况：

（1）主人亲自驾车。

由主人驾驶轿车时，如有可能，主人应后上车、先下车，以便照顾客人上下车。

（2）分坐于前后排。

乘坐由专职司机驾驶的轿车时，坐于前排者大都应后上车、先下车，以便照顾坐于后排者。

（3）同坐于后一排。

乘坐由专职司机驾驶的轿车，并与其他人同坐于后一排时，应请尊长、女士、来宾从右侧车门先上车，自己再从车后绕到左侧车门上车。下车时，则应自己先从左侧车门下车，再从车后绕到右侧车门来帮助对方。若车停于闹市，左侧车门不宜开启，则于右门上车时，应当里座先上，外座后上；下车时，则应外座先下，里座后下。总之，以方便易行为宜。

（4）折叠座位的轿车。

为了上下车方便，坐在折叠座位上的人，应当最后上车、最先下车。这是目前所广为沿用的做法。

（5）乘坐三排九座轿车。

乘坐三排九座轿车，一般应是低位者先上车、后下车，高位者则后上车、先下车。

（6）乘坐多排座轿车。

乘坐多排座轿车，通常应以距离车门的远近为序。上车时，距车门最远者先上，其他人随后由远到近依次而上。下车时，距车门最近者先下，其他人随后由近到远依次而下。

（三）乘坐公共汽车

公共汽车，又叫巴士。乘坐公共汽车时，应注意下述四个方面的具体问题。

1. 上下车辆

乘坐公共汽车的人平日比较多，因此务必要注意维护上下车的秩序，以求大家方便。只有大家方便，才能真正使个人方便。上下公共汽车时，必须重视以下几点：

（1）上车依次排队。

若等候公共汽车的人较多，则一定要自觉地以先来后到为顺序，排队候车、排队上车。除规定允许被照顾的老、幼、病、残、孕之外，其他人概莫能外。

排队候车时，应站在站台上。不要拥入街道之上，妨碍交通。同时还要注意，队列不要排得过度拥挤。

公共汽车进站后，待车子停稳了，方能按照排队的顺序依次上车。不要蜂拥而上、挤作一团。

上车时，要礼让他人。对行动不便的老人、孕妇、病人、残障人士以及妇女和儿童，要加以帮助，不要口有微词。若人已满上不去了，应再等下一辆，不要扒门或硬挤。

（2）提前准备下车。

在拥挤的公共汽车上，下车一定要提前准备。在自己目的地的前一站，就要向车门靠近。不要等车到站之后，才不慌不忙地向外挤，让大家为等自己一个人浪费时间。当然，也不应该一上车就等在车门处，唯恐坐过站，从而使车门处过于拥挤。

准备下车时，如需他人让路，应有礼貌地先打一声招呼，如说“借光”“劳驾”“请您让一下”等，不要默不作声地猛挤、猛冲，更不应发脾气或出言不逊。

（3）物品放置到位。

上公共汽车后，应将随身所带的物品放到适当的位置，而不要用它占座位、挡路，或有碍他人安全。

随身携带的物品，还应不使之有碍于人，或有碍环境。不要带有碍安全的物品上公共汽车。携带重、硬、尖之物或易碎品上车时，需要提醒他人留意。雨雪天上车后，应将雨伞、雨衣放入塑料袋中，或提前抖掉雨伞、雨衣上的雨水、雪花，不要让其弄湿其他人。对已湿的物品，亦应妥善处理。

2. 购买车票

乘坐公共汽车，一定要遵守以下有关车票购买的规定事项：

（1）使用月票。

使用月票者，上车后与下车前要主动出示。不要自以为心中有数而不理睬售票员。若售票员查票，应主动合作，不要不耐烦或出言不逊。不要使用过期月票或假月票，也不要借用他人月票。

（2）用智能卡。

在一些公共汽车上，并无专人售票，而由乘客使用事先所购买的储值智能卡刷卡上车。使用智能卡车票时，要主动刷卡，不可蒙混过关。使用打孔车票，可参照智能卡的使用规则。在许多城市，亦可直接刷二维码上、下车。

（3）购买车票。

需购买车票时，应积极主动。不准逃票，不能使用假票、废票，不能有意坐“过站车”。与尊长、女士一同乘车时，应主动为之购票。带小孩乘车时，亦应按有关规定购票。

（4）无人售票。

在无人售票的公共汽车上，应自动投币，不要不交车费或少交车费。乘坐不找零的公共汽车时，还应事先备好零钞，不得以没有零钱为由拒绝投币。

3. 座位选择

乘坐公共汽车时，座位的选择有其特殊性，以下几点需要注意：

（1）对号入座。

路途较长的公共汽车，一般均按座售票，并对号入座。乘坐此种车时，不要乱坐其他人的座位，并尽量不要找人换座位。

（2）自由择座。

绝大多数的公共汽车不对号入座，通常讲究就座时先来后到，自由择座。乘坐这种车时，切勿与人争抢座位，也不要为同行的人占座，更不要为此而对他人恶语相加，甚至大打出手。

（3）主动让座。

与尊长、女士、来宾一同乘坐公共汽车时，应请其优先入座，或请其就座于较好的位置，例如靠前、靠窗、面向前方的位置。遇到老人、儿童、病人、残障人士、孕妇上车，应主动让出自己的座位，切勿对其视若无睹。当他人为自己让座时，应立即道谢。

（4）留出特殊座位。

在公共汽车的前门或中门附近，通常都有专门为老、弱、病、残、孕预留的座位。这些座位即使空着，也不应去坐，更不能以假冒身份去占用此种座位。

（5）不宜随处乱坐。

在公共汽车上，除座位外，不宜随处乱坐。例如，窗沿、地板、扶手、发动机处，均不宜就座。挤坐他人座位，亦为不当之举。

4. 乘车表现

乘坐公共汽车时，应一如既往地严于律己，约束个人的表现。

（1）不勾肩搭背。

与恋人、配偶乘车时，不应表现得过于亲热，让其他人受到视觉污染，让自己被人瞧不起。

（2）不碰撞他人。

若有可能，应与其他人的身体保持一定的距离。万一因为车辆摇晃或自己不小心碰撞、踩踏了他人，应立即道歉。若他人因此向自己道歉，则应大度地表示“没关系”，不要小题大做、借题发挥。任何时候，都不要用手去推、摸他人。

（3）不设置路障。

乘坐公共汽车，亦应坐有坐相、站有站相。不要把腿伸到过道上，人为地设置路障。有人通过身前时，应主动相让。

（4）不有碍安全。

在公共汽车上切勿吸烟，不要随手往地上或窗外乱扔废弃物。不要将头探出窗外，不要在过道上乱晃。站立时，不要忘了去扶扶手，但不要手扶门缝、窗缝。上下车时，不要起哄、硬挤、猛挤、推人、拉人。

乘坐地铁的礼仪规范，与乘坐公共汽车的礼仪规范大致相仿，故在此不再赘述。

（四）乘坐火车

在国内，目前人们进行长途旅行时，火车往往是第一位的考虑。在此情况下，任何人都有必要学习有关乘坐火车的礼仪。乘坐火车的礼仪，主要由上车、寻位、休息、用餐、交际、下车等几个方面的具体规范所组成。

1. 上车

上火车，通常由下述三个环节所构成。对其中每一个环节，都不应有所忽略。

（1）持票上车。

乘坐火车时应预先购票，并持票上车。万一来不及买票，应上车时预先声明，并尽快补票。不能逃票或使用假票、废票。持月票、磁卡或身份证上火车时，要按规定出示、验票或检票，或刷身份证。

（2）排队上车。

坐火车时，因为人多，停车时间短，故应提前到火车站，在候车室等候检票。检票时，要排队。进入站台后，待火车停稳，方可在指定车厢排队上车。不要拥挤，不要拒绝排队。

(3) 携物定量。

火车对乘客所携物品的内容、数量均有所规定。不应携带违禁物品或过量物品上车。必要时，应办理托运手续。当工作人员检查行李时，应主动予以配合。

2. 寻位

上火车后，即应立即寻找座位。寻找座位时，必须注意以下几个方面：

(1) 乘坐指定车次。

乘坐火车，一定要乘坐车票上所指定的车次。不要不分东西、上错车，以致“南辕北辙”。明智的做法是：上车前应询问一下乘务员，此列车是否确属自己所要乘坐的。

(2) 乘坐指定座位。

车票因价格不同而使座位有所差别，如商务座与普通座、卧铺与座席、硬座与软座，价格相差甚大。不要为图舒适，而去卧铺、软座车厢占据本来不属于自己的座位。

(3) 中途上车找座。

中途上车找座时，应先以礼貌用语向他人询问，不要硬挤、硬抢、硬坐。身边有空位时，应主动请无位者就座，不要占着不让、对他人的询问不理睬，或说假话骗走对方。

(4) 主动让出座位。

若发现周围有老人、儿童、病人、孕妇、残障人士无座时，应尽量腾出地方邀请其就座，或干脆让出自己的座位以照顾对方。

(5) 座位亦有尊卑。

火车上座位的尊卑，可由以下几点决定：其一，靠窗为上，靠边为下；其二，靠右为尊，靠左为卑；其三，面向前方为佳，背对前方为次。有人同行时，应为其让出上座；若座位不够，则应请其先坐下。与不相识者一同对号就座时，则不必如此讲究。

3. 休息

坐火车的人大都行程较远，因此在火车上的绝大多数时间都是在休息。在火车上休息，应当切记下列几条具体的礼仪规范：

(1) 着装文明。

在车上休息，一般不应宽衣解带。若非在卧铺车上就寝，脱鞋、脱袜均不合适。不论天气多么炎热，都不要打赤膊，下装亦不应过于短小。不要当众更换衣服，或当众“袒露胸怀”、撩衣撩裙。

(2) 姿势优雅。

在座席车上休息时，不要东倒西歪，卧倒于座席上、座席下、茶几上、行李架上或过道上。不要靠在他人身上，或把脚放在对面的座席之上。在卧铺车上休息，通常应当头朝通道，脚朝窗户。不要与恋人、配偶共用一张铺位，不要采用不雅的姿势。不要注视他人的睡相和睡前的准备。

（3）照看孩子。

带孩子的人，一定要看管好孩子，不要让其随地大小便、哭闹、到处乱跑，以免影响他人休息。不要让孩子乱动他人物品，或纠缠于人。

4. 用餐

在火车上用餐，必须注意以下几点具体事项：

（1）餐车用餐。

若去时餐车里人数较多，应耐心排队等候。在用餐时，应节省时间，不要推杯换盏、猜拳行令。用餐完毕，即应离开，不要赖着不走，借以休息、谈天。

（2）车厢用餐。

若不去餐车，则可在车厢内享用自己所带的食物，或购买服务员送来的盒饭。在一般情况下，不应索要他人的东西吃。当他人请自己品尝时，则应当婉言谢绝。尽量不要在车厢内吃气味刺鼻的食物。吃剩的东西不要扔在过道上，或扔出窗外。在公用的茶几上，不要过多地堆放自己的食物。

（3）主动禁烟。

目前，火车上通常都实行禁烟。如有此规定，一定要认真遵守，不要若无其事照样抽烟。即使未明令禁烟，也最好不要吸烟。实在忍不住时，可去指定吸烟处“解决问题”。不要因自己吸烟而污染车厢里的空气，进而引起其他乘客的反感。

5. 交际

在火车上，不与他人进行任何交往是不可能的，而且也不礼貌。与他人交际，以下三个方面应予注意：

（1）主动问候。

上车之后，即应主动向邻座之人打招呼、问好。若有必要，还可对自己进行简单介绍。若对方反应一般，向其点点头、微笑一下，也是可行的。不要一厢情愿，说得过多。

（2）交谈适度。

与邻近的乘客交谈，要注意话题的分寸。不要瞎吹乱侃、大发牢骚，不要传播小道消息与政治谣言。当他人没有兴致或准备休息时，应适可而止。有人跟自己交谈时，不要置之不理。与异性交谈，则不应过多涉及个人情况。

（3）相互关照。

在火车上，大家尽管萍水相逢，也算有缘千里来相会，彼此要相互关心、相互照顾。别人拿不动行李时，应援之以手。有人晕车或病了，应多加体谅。他人帮助了自己，则要多加感谢。

6. 下车

下火车时，以下三个具体的细节不应忽视：

（1）提前准备。

在到达目的地前半个小时，即应开始准备下车。不要“临阵磨枪”、手忙脚乱；更不能坐过了站，或是下车时少带了行李。

（2）与人道别。

在下车前，应与邻座道别。遇上乘务员，也要主动说一声“再见”。在一般情况下，与邻座道别时，没有必要主动要求与之交换地址或电话号码。

（3）排队下车。

下车时，若人较多，应自觉排队等候。不要往前硬挤、抢行，或通过车窗下车。下车时为争一时之早晚而惹来麻烦，是得小失大的。

三、乘船

在日常工作与生活中，当人们在江河湖海上进行旅行时，大都优先选乘客轮，即乘坐专门用以载客的机动船只。与乘坐火车、飞机或公共汽车相比，乘船不仅舒适、安全，而且有更大的自由活动的空间，有风景如画的湖光山色可以尽情地观赏，因此乘船一直被许多人看作是一件富有诗情画意的事情。

在客轮上，要想使自己的乘船旅行一帆风顺，使自己与其他乘客和睦相处，就必须遵守有关的乘船礼仪。

（一）乘船安全

乘船旅行一定要具有安全意识，遵守安全规则，采取安全措施，确保旅途平安。在通常情况下，在乘船时必须顾及的安全问题具体涉及下述几点。

1. 准备行李

为了确保客轮安全，一般规定：乘船时不得随身携带易燃品、易爆品、易腐蚀物品、枪支弹药、腐烂性物品、家畜动物以及其他一切违禁品。为了自己和他人的健康，一定要遵守此类明文规定，不要擅自偷带此类违禁物品上船，以致危及行船安全。有时，登船之前必须接受对人体和行李的安全检查。对此要积极配合，不要加以非议或拒绝。

此外，所带行李的重量必须符合有关规定，切勿超过规定的标准。

2. 上船下船

上下客轮的时候，一定要注意安全问题。不要为了争时间、抢速度，而有碍自己或他人的安全。上船，一定要按先后次序排队，有可能的话应早到一些，以便在时间上留有余地。与长者、女士、孩子或贵宾一起上船时，应请其走在前面，或者以手相扶。不要加塞、乱挤，从而使人群拥挤不堪，进而产生可能危害安全的各种问题。下船，应提前做好准备，与其他乘客相互礼让，依次而下。与长辈、女士、孩子或贵宾一起下船时，可以手相扶，或是请其走在自己身后，这样万一对方有个闪失，能够及时提供帮助。

3. 晕船生病

没有船上生活经历的人，尤其是身体虚弱的人，在乘船之前一定要预备好一些治疗、应急的药品，以备急用。同时，还应在船上尽可能地多休息，养精蓄锐。一旦晕船，应立即服药，并卧床休息。如果呕吐不止，身体虚弱，则应立即请船上的医生进行治疗。

在船上突然患病、犯病，应及时进行求治。若是自己周围的人晕船、犯病，要给予对方力所能及的帮助。不要对其不闻不顾，勿忘“同舟共济”之古训。

4. 舱外活动

在轮船上进行室外活动时，处处仍须以安全为重，切勿存有侥幸心理，自找麻烦。不要去不宜前去的地方，例如轮机舱、救生艇以及桅杆之上。一些没有扶手的甲板，也最好敬而远之，切勿逞英雄。不要在甲板上奔跑追逐，不要随意触摸船上的各种开关和设施，不要擅自闯入标有“旅客止步”的地方。

在风浪大作或者夜深人静之时，尽量不要一个人在甲板上徘徊，免得自己失足落水而难以被他人发现并获救。船在航行时，白天不要在船舷上舞动花衣服或手帕，晚上不要拿着手电筒乱照，以免被其他船只误认为是旗语或信号。务必谨记：未经允许，不论自己水性多么好，都不要擅自下水游泳。

5. 紧急事件

乘船旅行途中，如果发生了难以预料的天灾人祸，例如火灾、沉船、撞船、劫船、触礁、台风等，应当处变不惊，与其他人一道进行自救，共度危难。如果需要离船，应当听从船员的指挥，并乘坐对方安排的交通工具。不要惊慌失措，急不择路，或是夺路而逃，或是跳水逃走。遇到这类紧急事件，不仅要奋起自救，更要积极救助别人，使大家皆保平安。

（二）旅途休息

一般来说，上船之后的主要时间是用作休息的。在旅途休息的整个过程之中，有下述几个重要的礼仪问题不应当被忽略。

1. 寻位

一般情况下，乘船应对号入座。国内客轮的舱位，大体上分为头等舱、一等舱、二等舱、三等舱、四等舱等几种。它们大都提前售票，票价各异，对号入座，并一人一座，或一人一铺。因此，买到有座号、铺号船票的乘客，要对号入座。不要争抢、占据不属于自己的座席，也不要随便同不相识者调换座位或铺位。

若自己所买的是不对号的散席船票，则上船之后需要听从船员的指示、安排，前往指定之处休息。不要任意挪动，或自己选择地方。

2. 自娱

在自己所属的船舱之内，可自行安排自己的一切活动。在可能的情况下，可进行一些具有自娱性质的活动，以便使自己的船上生活过得更加充实有趣。通常，欣赏两岸景色，观看电视、电影，收听广播，欣赏音乐，阅读书刊、报纸，下棋、打扑克等，都是可自行选择的自娱活动。与同行的亲友一起聊天、上网、散步、做游戏，也是可取的。

进行自娱活动时，注意不要妨碍他人、破坏他人的休息，或因此给他人带来不便，否则应立刻停止。不要只图自己高兴，而令他人反感。需要他人参与自己的自娱活动时，一定要两相情愿，不要勉强。对要求参与自己的自娱活动的人或旁观者，应表示欢迎。如有必要，在进行自娱活动之前，尚需征得周围之人的同意，免得影响到对方。

3. 健身

乘船时产生疲乏或不适后，可进行一些健身运动。从某种意义上讲，此种健身其实也是一种特殊形式的休息。

在船舱内从事健身活动时，需要考虑时间、空间是否允许。不要只管自己尽兴、舒服，而不考虑其他乘客的感觉。去健身房活动，或是去泳池游泳时，要爱护公物、讲究公德、遵守秩序、尊重异性。在甲板上晒日光浴时，着装应保持在绝大多数人所能接受的程度之内。届时，不要过分地裸露身体，更不许一丝不挂、将客轮当作“天体浴场”。

4. 卫生

在乘船的自始至终，都应自觉地维护环境卫生，保持环境整洁。切勿不讲卫生，损害环境。

与他人同住一个客舱时，一定不要吸烟。如果因晕船而发生呕吐，千万不要直接吐在地上，而应去洗手间进行处理，或是吐在呕吐袋内。万一不小心吐到地上，应立即将其打扫干净。对吃剩的食物、废弃的物品、果皮纸屑等，不可随手乱丢，更不应将其扔在甲板上或是水中。客舱的空间较为狭小，因此要注意及时地漱口、洗澡，以消除体味、汗臭。汗脚的人应有自知之明，尽量不要脱鞋、脱袜，以防脚臭熏人。

5. 睡眠

在客舱内需要更衣时，应去洗手间内进行，不要当众更衣。睡觉前后穿衣服、脱衣服时，也要回避他人的注意。当他人更衣时，应起身暂避，或目视他方，不要紧盯着对方。在铺位上睡觉时，一定要注意睡姿、睡相，不要衣衫不整，睡相惨不忍睹。与其他人的铺位相对、相邻或相接时，不要让身体闯入对方的范围，最好不要面对着对方。此外，除家人之外，不要注视、打量酣然入睡的人，对异性尤其不宜如此。

（三）与人交际

通常，轮船行驶的时间较长，在乘船的过程中，主动或被动地与其他人进行交际的机会很多。与人进行交际时，下述几方面的礼仪规范应当遵循。

1. 与船员的交际

乘船旅行，少不了要与船员打交道。船员对乘客而言，既是服务者，也是交际对象。对船员应该热情友好，平等相处。

在一般情况下，不要前去打扰船长。倘若在用餐时接到船长的邀请，与他同桌用餐，应高兴地接受邀请，并准点到达。此种情况，着装应尽量庄重、保守，不可穿短裤、背心、泳装、睡衣、拖鞋前往。

与客舱服务员交际，要主动向对方打招呼。如对方先打了招呼，要立即回应。对方帮助了自己或为自己服务时，要予以感谢。有什么困难和要求，应尽量以友善的方式向客舱服务员提出来。但不要让对方感到为难，不要提过高要求，更不要抢白、挖苦、抱怨对方，或是在背后对其品头论足。

与其他普通船员相遇时，不论是否与其以前见过面，都要微笑地跟对方打招呼。在船上，若有船员想与自己交谈，不应予以拒绝。在一般情况下，不宜只身一人前往船员工作地点打扰，或是前往其住宿之处探访。在船上用餐吃鱼时，切勿将其翻身，也不要讲“沉”与“翻”字，此均为船员所深忌。

2. 与其他乘客的交际

进入自己所在的客舱后，应向先到的人打一个招呼，必要之时，还可对个人情况进行简单的介绍。如果对方有兴趣，则可以在大家各自安顿停当后，与之随意进行交谈。如果对方是不爱说话之人，就不宜进行打扰，不要没话找话。

由于船上的气氛比较宽松、愉快，在这种气氛里，可以同遇到的任何人结交朋友，可以同他们一道去甲板上散步、看风景、吹海风、跳舞、唱歌，甚至一起用餐。但要切记给对方留下一定的个人活动的时间，不要只顾自己高兴，而与对方形影不离，使对方心生不快。

在船上与其他乘客聊天时，要多选择轻松愉快的、符合时尚的话题。对海难、劫船、台风、杀人等耸人听闻的话题，非议船上服务或其他乘客的话题，以及传播小道消息、政治谣言的话题，既不要主动涉及，也不要随声附和。

对异性，可以大大方方地进行适度交往，可以表示热情，但不可热度过高，不要如影随形、长时间地相伴于左右。面对对方的友情、热情，则不必受宠若惊、自作多情。

在船上的任何地方，例如甲板、餐厅、酒吧、影院、歌厅、舞厅、泳池、健身房、阅览室等处，遇到其他乘客，都要与之和睦共处、相互礼让。

没有得到邀请，一般不应前去其他乘客所住的客舱。在夜晚、凌晨、午休时，尤其不要那么做。对刚刚结识的乘客，也不必邀请对方前来自己所住的客舱。

下船之前，应与周围的其他乘客互道再见。有些时候，在经过长途旅行的客轮到达目的地之前，船长会为全体乘客举办告别晚会。在这种晚会上，可与他人相互作别。

此外，不要忘了就船上提供的各种服务向全体船员表示感谢，并互道平安。

四、乘机

目前，飞机已成为人们生活中经常使用的交通工具之一，人们经常乘坐飞机出差、旅行。乘坐飞机，需要遵守有关的乘机礼仪。一般来说，乘飞机时要注意的礼仪主要涉及下述三个方面。

（一）登机前的准备

为乘坐飞机而提前进行的准备工作，主要包括下述几个方面。

1. 提前到达

考虑到目前各地的交通问题，为了能顺利乘机，应提前到达机场。一般来说，国内航班要求提前一个小时到达，而国际航班则需要提前一个半小时到达，以便留出较宽裕的时间来进行托运行李、安全检查，检查机票、身份证和其他旅行证件。

2. 打点行李

因飞机载重有限，故对乘客所携带的行李都有明文规定。一般而言，每件手提行李不得超过五千克，其他能托运的行李要随机托运，这样可使自己行动方便，省时、省力、省心。在国际航班上，不同航空公司对每件行李的重量也有不同的严格限制，超重部分按一定的标准收费。交付托运的行李应尽可能地减少件数、化小为大，这样既可以节省时间，又可避免遗失。为了避免在安检时出现不必要的麻烦，应将带有金属的物品装在托运行李中。大多数大型飞机上，还可以携带装衣服的挂袋，如西装挂袋，如有需要，乘客可请空乘人员将挂袋挂在专门的柜子中。此外，国家法律法规规定的禁运物品、限制运输物品、危险物品，以及有异味或容易污损飞机的其他物品，均不准托运或随身携带。

3. 办理登机手续

办理登机手续，具体包括换取登机牌、托运行李、接受安全检查等几项。

（1）换取登机牌。

每位乘坐飞机的旅客在登上飞机之前，一般要在机场内的指定之处换取登机牌，然后凭登机牌登机。换取登机牌的时候，必须向工作人员出示机票、身份证或其他有效证件等。换取登机牌后，应妥善保存，若其丢失，将难以登机。现在很多航空公司都提供了网上值机服务，乘客可以在网上办理值机手续，提前预订座位并将登机牌打印出来。在有的机场，亦可凭本人身份证件直接登机，无须使用登机牌。

（2）托运行李。

在换取登机牌的同时，可办理托运行李的手续。此处不再重复有关事项。需要强调的是，托运行李的票据一定要保存好，否则提取行李时就会有麻烦。

（3）安全检查。

为了保证国家财产和人民生命的安全，在每位乘客登上飞机之前，均须接受例行的安全检查。乘客应先将有效证件（如身份证、军官证、警官证、护照等）、机票、登机牌交安检人员查验，放行后通过安检门时需将手机、充电宝、电脑、钥匙等金属物品放入指定位置，手提行李放入传送带。乘客通过安检门后，应将有效证件、机票等收好以免遗失，然后进入候机室等待。

（二）乘机时的表现

乘坐飞机期间，一定要注意约束个人行为，在严格要求自己、尊重乘务人员、善待其他乘客等诸方面应合乎礼仪规范。

1. 严格要求自己

乘机之时，应做到严于律己、宽以待人，并主要表现在以下几个方面：

（1）不侵占他人位置。

上飞机后，即应在属于本人的座位上就座，不要去高档座舱或空闲的座位抢占不属于自己的位子。坐好之后，腿、脚不要伸到通道上或是他人的座位上。不要将自己的行李放在别处的行李架上或是他人的座位下面。

（2）不可贪占小便宜。

不要贪图小便宜，顺手牵羊，偷拿不属于自己的公用物品。例如，进餐所用的非一次性餐具、阅读用的书刊、洗手间里的卫生纸、座位下面的救生衣、座位上方的氧气面罩等，均不可取走。

（3）不可乱动乱摸。

对飞机上的一切禁用之物、禁动之处，都不可出于好奇而乱摸、乱动，否则有可能危及飞机上全体乘客的生命安全。这一点尤为重要。

（4）不使用违禁物品。

在飞机上切勿吸烟。此外，飞机上还禁用移动电话、调频收音机、电子游戏机等有可能干扰飞机无线电信号的物品，因为这些将可能危害自己和他人的生命安全。

（5）不破坏环境卫生。

在飞机上不能乱扔、乱吐东西。万一因晕机而呕吐，应使用专用的呕吐袋。不要当众更换衣服，不要脱去鞋袜。

2. 尊重乘务人员

登上飞机之后，应对乘务人员平等相待。要尊重、支持、配合对方的工作，不要故意给对方出难题。

（1）向空乘人员致意。

上下飞机时，均有空中乘务人员站立在机舱门口迎送乘客。他们会向每一位通过舱门的乘客热情地问候。此时，作为乘客应有礼貌地点头致意或问好。当空乘人员送来饮料、食物、报刊，或是引导方向、帮助搬放行李时，要主动向对方致谢。当飞机安全着陆后，应鼓掌以示对全体乘务人员的感谢之意。

（2）服从空乘人员管理。

乘机时，对空乘人员正确的管理要无条件地服从。例如，飞机升空或降落前，乘务人员都要巡视、检查每位乘客的安全带是否扣好、座位是否调直、身前的小桌板是否收起、窗口的遮光板是否打开，这时务必要服从其指挥。

（3）体谅空乘人员的难处。

万一遇上飞机晚点、停飞、返航或改降其他机场，应从大局着眼，不要因为细枝末节而向乘务人员大发脾气，甚至借口阻挡飞机起飞、降落，或是飞机降落后拒绝下飞机。乘务人员的工作十分辛苦，要尽量少给他们增加麻烦。

3. 善待其他乘客

在飞机上，亦应与其他乘客和睦相处，友好相待。

（1）主动遵守秩序。

在上下飞机，以及使用卫生间时，若人数较多，应自觉排队等候。不要不守秩序，不讲先来后到。下飞机之后领取托运行李时，也要注意这一点。使用公用物品时，要尽量快一些，以方便后来者。

（2）切勿妨碍他人。

在飞机飞行期间，尤其是在飞机夜间飞行，或身边有人休息时，切勿喋喋不休、高谈阔论、大声谈笑，以免影响其他乘客的休息。在自己座位上休息时，不要晃动不止，也不要把椅背调得太靠后，以免后排的人活动不便。

(3) 不要令人不适。

与周围之人交谈片刻是允许的，但不要谈论有关劫机、撞机、坠机一类的不幸事件，从而增加其他人的心理压力，制造恐慌。同时，不要在飞机上反复打量、窥视其他乘客，尤其对异性、名人更不应当那样做。此种失礼的做法，往往会无意之中令对方感到不适。

(三) 抵达后的事项

抵达目的地后，乘客应带好随身携带的物品，按次序下飞机，不应抢先出门。下飞机后，可在指定地点提取自己所交付托运的行李。乘坐国际航班下飞机后，要办理入境手续，通过海关前可凭行李卡领取托运行李。许多国际机场有行李搬运员可协助乘客，在接受帮助后乘客可适当付给一定的费用。

下飞机后，如不能立即找到自己所托运的行李，可通过机场行李管理人员查询，并填写申报单交航空公司。若行李确实丢失，航空公司会照章赔偿。

第二节 住 宿

在日常工作与生活中，出门在外，包括出差、出国时，住宿经常成为商务人员所关注的重点之一。有关住宿方面的礼仪，主要包括下述两个方面的基本内容。

一、个人住宿

一般来说，个人住宿时的礼仪，实际上就是对客人在宾馆之内的具体要求和行为规范。此外，还包括借宿他人家中时所应当遵守的基本礼仪。

(一) 客房休息

个人在客房内休息时，虽然拥有极大的个人自由，无须在意外人的反应，但依然不能随心所欲、忘乎所以。

1. 人际关系

个人在客房中仍须面临种种特殊的人际关系。它主要包括个人有可能与之相处或接触的宾馆服务员、同屋室友、来访客人、周边房客等。在处理与这些人的人际关系时，应勿忘敬人为先、克己自律。

(1) 对待服务人员。

对待宾馆的服务人员，应注意平等相待，尊重其人格。

出入宾馆大门，当门童为自己开启大门，或向自己问好时，要表示感谢，或予以回应。保安人员因职责所在，往往会对每位进出宾馆的人士倍加关注，遇上对方打量或者盘问自己时，应予以合作，而不要拒绝或怒目而视、口有微词。

在总服务台登记客房或咨询问题时，应出示完备的证件，并表现得友好而有耐心，不要趾高气扬、咄咄逼人。若要求住某间客房或换房，应以协商的方式与对方沟通。

搭乘有人服务的电梯时，应口齿清晰地报出自己欲去的楼层，并随后道谢，而不要自己去操作，无视对方的存在。

当行李员到自己房间送行李或取行李时，应对其表示谢意，不要对对方不屑一顾、爱答不理，或提出过高要求。

当客房服务员提供卫生清洁等客房服务时，应表示欢迎，并且道谢。在走廊里遇到了客房服务员，尤其是对方先向自己打招呼时，应向对方问好。打总机人工接转电话时，应使用礼貌用语，并要记住向接线员问好或者道谢。

(2) 对待同屋室友。

当与他人同住一间客房时，不仅要遵守有关规定，而且还要注意相互适应、相互理解。

其一，与配偶一起住宿时，要相互关心、相互爱护，不要打打闹闹、无事生非。

其二，带小孩一起住宿时，要对其严加管束。不要听任其自由行动，以免损坏宾馆设施或造成自伤。不要在客房内打孩子，或任其大哭大叫。

其三，与长辈一起住宿，对对方要多加照顾，应请长辈优先使用客房设备或用具。在作息时间上，应以长辈的个人习惯为准。

其四，与同事一起住宿，应互谅互让、尊重对方。有事要彼此商量，作息时间应大体保持一致。

此外，万一因特殊原因而与不相识者或不大熟悉的人同住一室，要主动与对方打招呼、相互关心，不可视若路人。但也不必倾心相交、乱侃胡吹。特别要注意，不要因自己的原因而妨碍对方休息。

(3) 对待来访客人。

一般来说，不提倡在客房内会晤来访的客人；不过偶尔在客房内见一见来访的客人，也是允许的。但以下几个戒条万万不可忽略：

其一，在客房内接待的客人数目不宜过多，否则，音量太大，会影响他人休息。接待客人的时间不宜过久，最好不要长于半小时，否则大家都会很疲劳。如有必要，接待异性客人时，不要关闭房门，以防产生误会。

其二，不要让来访的客人在客房内留宿，或使用客房内的各项设备。

其三，不要邀请刚刚结识的人或来历不清、态度暧昧的人到自己房间玩，尤其是夜间切勿这么做，免得因此而造成不必要的麻烦或损失。

(4) 对待周边房客。

进出自己客房之际，遇见相邻的房客，应彼此主动打招呼。周边房客万一因故求助于自己，如有条件，应尽力相助。一般没有必要请刚认识的周边房客来自己的客房里做客，自己也不宜前去打扰。有必要前去时，需要先按门铃，一定要得到允许再入内。晚上 10 点之后、早上 8 点之前，一般不应前去打扰。午休时间，也不要登门拜访对方。在拜访对方时，若已先有他人在座，应改时再去，不要主动介入，免得有碍主人的交际。经过他人客房时，不要乱加窥视。

2. 享受服务

若要充分享受宾馆为客人所提供的常规服务，则必须对其有一定程度的了解。千万不要自以为是、不懂装懂、硬充内行，以免贻笑大方。在一般情况下，享受宾馆为客人所提供的常规性服务时，需要注意如下几点：

(1) 遵守规章。

每家宾馆都制定有自己的规章、制度，并大都备有客人须知、业务介绍等各种资料。入住宾馆以后，一定要对此详细阅读，了解这些规章、制度，并认真、自觉地加以遵守。不论遇到任何疑问、难题，客人都可以向客房服务员、房务中心、总服务台咨询或求助，对方将会鼎力相助，尽一切可能为客人排忧解难。

(2) 爱护设备。

对宾馆所提供的各种设备，都要倍加爱护，不要有意损坏。若无意之中损坏了，要主动声明，并进行赔偿。对宾馆免费提供给客人使用的物品，要尽力节约使用，不要在离开宾馆时偷带不准带走的物品。

(3) 注意安全。

在每间客房房门背后，通常都张贴着宾馆内部构造示意图，一定要抽出时间对此有所了解，并熟记应急通道的具体位置，以备发生紧急情况时逃生之用。万一在住宿期间遭遇突发事件，一定要服从宾馆工作人员的安排，不要东躲西藏、乱冲乱撞、自行其是。

(4) 财物存放。

在一般情况下，不应将贵重物品、现金、有价证券存放于客房内。在必要的情况下，可在入住之后，将自己的贵重物品交予宾馆方面代为存放。如发现个人物品丢失或被盗，应尽快通知宾馆保卫部或公安部门，请对方协助查找。

(5) 避免打扰。

进入客房后，一般均应立即关闭房门。休息时，还须拴上保险栓或保险链。若希望安安静静地休息，不想被宾馆工作人员所打扰，可在门外把手上悬挂专用的“请勿打扰”告示牌，或者开启“请勿打扰”指示灯。离开房间时，则应取下此告示牌或关闭此指示灯。必要时，还须在门外把手上悬挂“请打扫房间”的告示牌，或开启“请打扫房间”指示灯，以便客房服务员进行工作。

(6) 衣物洗涤。

住宿宾馆之后，如需洗涤衣物，最好交付洗衣房代劳。具体做法是将衣物装入专用的洗衣袋放在客房内，或交给客房服务员。若需要快洗，不仅需要事先说明，而且还要多付费用。通常不允许在客房内洗衣服。即便自己洗了几件衣服，也只允许晾在浴室里，不许挂在窗外、屋内、走廊上，或挂在阳台上。

(7) 预约预订。

需要预订出租车或者购买机票、船票、车票、演出票时，可请总服务台代为办理。

3. 保持卫生

入住客房之后，应自觉保持卫生。此举不仅对自己有益，而且也是对客房服务员辛勤工作的一种尊重。保持客房卫生，主要应该注意以下几方面：

（1）放好个人物品。

客房，好比客人临时的家一样，个人物品一定要分类摆放、定点摆放。大件物品最好放壁橱里，小件物品则最好放在抽屉内。尽量不要将小件物品，如钱包、钢笔、手表、手机、记事簿等，乱扔在桌子上，或放在枕头下面、毛毯之中。否则，它可能会被客房服务员当做无用物品而扔掉。

（2）维持房间整洁。

休息之后，应将被子、毛毯叠好，并摆放整齐。脱衣休息时，衣服、鞋袜亦应分别放好，不要信手乱抛、乱丢。在客房内吃水果、糖果、点心之后，最好将其装入果盘，或倒入垃圾桶内，不能将果皮纸屑乱扔一地。

（3）重视浴室卫生。

在浴室内洗脸、洗澡时，要采取必要的措施，如使用防水帘、减少水量等，以防止地上的水流成河。洗脸、洗澡之后，要将水放掉，不要留待客房服务员前来处理。大小便之后，一定要立即放水冲洗干净。

（4）防止空气污染。

在客房内，尤其是在使用空调的客房内，最好不要吸烟。即使吸烟，也要避免乱弹烟灰、乱扔烟头，搞得地上肮脏无比，甚至烧毁地毯。不要在客户内吃气味难闻的食物、水果，不要存放腐败的食物、水果。衣服要勤换，身体要勤洗。不要让衣味、体味浓重混杂，令人窒息难忍。

（5）禁止开火做饭。

除了公寓式宾馆，其他宾馆一般都不允许客人在客房内做饭，主要是因其有碍环境卫生，而且在使用电磁炉、电热杯等工具做饭时，还有可能会使电路超过正常负荷，从而可能造成火灾、短路。需要用餐的话，可以请餐厅派人前来送餐，也可以自己前往餐厅用餐。

（二）内部活动

在现代化宾馆之内，有许多娱乐、餐饮、购物、通信、办公设施。因此，住宿于宾馆的客人或非住宿者都可到此会友、娱乐、休闲。不论是谁，在宾馆内部活动时，都应在下述几个方面遵守相关的礼仪规范。

1. 着装

在宾馆内部活动时，住宿者与非住宿者的着装既要与周围的环境相协调，又要文明得体、不失身份，但对两者的具体要求稍有不同。

（1）住宿者。

住宿者在客房内活动时，着装可相对自由一些，即使穿睡衣，也被允许。但住宿者不应身着睡衣、内衣、拖鞋之类的室内装出现在宾馆的公用、共享空间之内，更不能光着膀子出行。

(2) 非住宿者。

对非住宿者，在着装方面总的要求是：着装文明，力戒衣冠不整。具体而言，宾馆不欢迎衣衫不整者、不修边幅者入内。穿背心、短裤、拖鞋的男士，穿泳装、三点式、睡衣的女士，均会被禁止入内。

2. 活动

在宾馆之内活动，既要不超出规定的活动范围，又要注意使自己的行为举止不妨碍别人。

(1) 禁区。

一般人在宾馆内部活动的范围，主要是宾馆所划定的公用、共享空间，例如大堂、花园，以及餐饮、娱乐、购物、通信场所等。非公用、共享的内部空间以及危险之处，例如，公司企业的办公室、其他客人的客房、宾馆服务人员的休息室、配电室、楼顶等处，均为一般客人的活动禁区。

(2) 行进。

在宾馆内部行进时，应显得落落大方、不慌不忙。若无特殊原因，不要在宾馆内狂奔乱跑、四处乱窜。行进的时候，尽量不要有意无意弄出声响，穿硬底鞋的人，穿钉有金属鞋跟、鞋掌的人，对此更应切记。

(3) 交谈。

在宾馆之内的走廊、电梯、楼梯等处，除打招呼之外，不适合逗留过久，不宜在此与人交谈或接打手机。在大堂、咖啡屋、酒吧与其他人交谈时，应注意降低音量。不要大吵大闹、大声谈笑，影响其他人。一边与熟人交谈，一边窥视陌生人，也很不合适。

3. 用餐

在宾馆之内，通常都设有餐厅、咖啡屋、酒吧等。在宾馆内用餐时，应注意以下几点：

(1) 耐心等候。

对于那些热门的餐厅，要想前去用餐的话，最好提前打电话预订。如果临时决定前去的话，遇到人多需要等待，则要遵守先来后到的顺序，耐心地排队等候，不要以任何理由去搞特殊化。进入有空座的餐厅，应在引位员指定之处就座。有特殊要求的话，可向其提出，但不应与其他人争座、抢座。

(2) 尊重侍者。

在点菜、用餐时，对侍者的态度应平等、和蔼，讲话要文明得体，不要有意显得高人一等。若对菜肴、酒水有要求、有意见，可向侍者提出，但不宜要求过高。当自己的要求难以得到满足时，要保持克制，不要怒发冲冠，更不要辱骂侍者。

(3) 严禁酗酒。

在餐厅、酒吧内饮酒，应注意控制酒量，不要毫无节制地酗酒，更不能在那里大发酒疯。也不要在饮酒时与人猜拳行令、大声喧哗、有意招摇，更不能借此机会聚众赌博。

4. 娱乐、健身

在宾馆内的歌厅、舞厅、泳池、桑拿浴等娱乐、健身场所中进行活动时，亦须遵守相关礼仪。

（1）打扮。

总的说来，在宾馆内娱乐、健身时的打扮，只要行动方便、便于娱乐或健身、吻合环境，即为得体。但也应注意，娱乐、健身场合的着装只适用于娱乐、健身，切勿穿着它去其他地方招摇过市。此外，娱乐、健身时的打扮不要过于怪异，例如，女士不要化浓妆，不宜穿黑皮短裙、黑色网眼丝袜；男士不要打扮得不男不女，或者像“朋克”及“暴走族”一样。那些行头，往往会让人觉得着装者身份可疑。

（2）合作。

在使用娱乐、健身设施时，不要一人独霸。若他人打算加入共用时，应表示欢迎。若打算与他人共用时，应首先礼貌地征得对方的同意。需要与其他人合作时，要彬彬有礼地发出邀请，不要勉强对方。若他人邀请自己合作时，有可能的话，最好不要拒绝。如果想拒绝，要先讲“对不起”，并说明理由，让对方有台阶可下。

（3）异性。

在娱乐、健身场所，对异性必须尊重，不可调戏、逗弄、侮辱。男士对女士要有绅士风度，要多加优待与关照，但是，对初次相识者要保持适当的距离。女士对男士也要保持适当的距离，不可利用男士对自己的照顾而发嗲撒娇、耍贫耍赖，不要花初次相识者的钱或向其索要财物。

5. 办公

有些公司、企业将办公地点设在宾馆内，前往这些办公地点洽谈公务时，应遵守必要的礼仪规范。

（1）预约。

前去洽谈公务，一般应提前进行电话预约，以便对方有时间接待，并为此早做准备。不要不约而至，成为打扰对方工作的不速之客。

（2）守时。

拜会的时间一经约定，就必须严格遵守。通常，应正点抵达，或稍晚两三分钟到达。不要迟到太久或提前到达，更不能私自取消约定，而又不通知对方。

（3）通报。

到达约定地点后，应采用适当的方法，例如，打电话、按门铃、请秘书转达或递名片等，向被拜访者通报自己的到来，令其有所准备。不要不打任何招呼，推门就进。

（4）自觉。

此类办公地点一般不大，因此不宜久留，一般性的拜访不应超过半个小时。不要在其室内乱逛。若无必要，最好不要上门打扰。

（三）借宿他人家中

一般来说，前往外地或外国进行参观、访问、工作或学习的中国人大都会住宿在宾馆、饭店之内，但也有人可能在亲朋好友家里住宿。接下来，简要地介绍在他人家里住宿时所应当遵守的基本礼仪。

1. 两相情愿

住宿在他人的家里，通常只有在私人出访时才会出现。因公出访时，通常不允许这么做。如果在外国人家里住宿，住宿者与房东之间，往往不是私交就是租赁关系。在这两种情况下，最重要的是双方要完全情愿，并且最好有约在先。由于外国人强调个人隐私，忌讳他人妨碍自己的私生活，因而不大喜欢让外人在自己家里留宿。如若外国朋友没有主动提议，则最好不要自己首先提出来，更不可赖着不走。当然，即使对方盛情相邀，自己不愿意的话，也不必勉强。

2. 支付费用

对一般人来说，不论是在什么状况下在他人家里住宿，均应自觉地为此而支付一定数额的费用。与房东之间若是存在租赁关系，需要履约付费更是自不待言的。即使与房东是关系密切的私交，亦应支付一定的费用。如果住宿时间较长的话，则对于这一点更加应当注意。哪怕是房东不要自己付房租，平日自己所用的电视费、电话费、上网费、水电费等，还是应当自掏腰包。

3. 好自为之

在他人家里住宿，不论时间是长是短，不论本人与房东是熟人还是以前素昧平生，均应注意自己的表现，处处好自为之，不要由于自己的不自觉而制造矛盾，惹是生非，更不要因为自己的行为不慎而招致非议。在这个方面，最重要的是应注意以下三点：

（1）遵守约定。

对于住客与房东之间的约定，不论是书面的还是口头的，关于交付房租的日期、住客生活习惯上的具体要求等，都要严格遵守。

（2）尊重房东。

除了要对房东以礼相待之外，还要注意不要有碍其私生活。不要擅自闯入其室内，或是乱拿、乱动、乱用其私人物品。

（3）爱惜物品。

房屋在出租时，往往会连同家具一起出租。借住在他人家中时，不论交付房租与否，均应对属于房东的物品自觉地加以爱护。

二、来宾住宿

在商务交往中，安排来宾的住宿主要有以下两种方法：其一，由来宾自行解决住宿问题；其二，由接待方以主人的身份为来宾安排住宿。至于具体采用哪一种方法，通常应由双方事先议定。

在为宾客安排住宿的具体过程中，一般应当注意下述三个方面的问题。

（一）了解宾客的生活习惯

由于不同的国家、地区有不同的风俗，每一个人也有自己独特的生活习惯，因此，在为宾客安排住宿时，一定要事先认真了解对方的生活习惯。如果在生活习惯方面考虑不周，或是难以满足宾客基于个人生活习惯所提出的正常要求，往往会使对方对接待方的工作表示不满。

在商务交往中安排外宾住宿时，更应重视这个问题。例如，来自西方国家的外宾，大都不习惯与成年的同性共居于一室。一般来说，外宾对于个人卫生十分重视，对于他们而言，随时可以洗热水澡的浴室、单独使用的干净清洁的卫生间，都是自己的临时居所应具备的基本条件。

（二）慎重选择住宿地点

必须慎重选择住宿的地点，如果条件允许的话，通常应当将宾客安排在条件优越、设施完备的宾馆、饭店里住宿。在一般情况下，因公正式接待的外国来宾，应安排在涉外酒店住宿，而不应安排在普通的旅馆、招待所里住宿。除了需要照顾宾客的个人生活习惯、尊重其特有的风俗、满足其特殊的要求之外，尚有如下几点应当注意：

其一，为宾客安排住宿所需的经费预算状况。

其二，拟住宿地点的实际接待能力。

其三，拟住宿地点的口碑与服务质量。

其四，拟住宿地点的周边环境。

其五，拟住宿地点的交通条件。

其六，拟住宿地点距接待方及有关工作地点的距离的远近。

（三）热情满足宾客的生活需要

中国传统的待客礼仪最讲究“宾至如归”，其含义是：应当尽量让宾客在抵达之后能感觉到像回到了自己的家中一样。因此，在为宾客安排住宿时，在可能的情况下，要对对方的各种生活需要尽可能地予以满足。体贴入微、善解人意理当在接待人员的身上得以发扬光大。

除了要经常了解宾客的生活需求，并及时帮助其解决之外，还可以主动向其介绍本地的特点，尤其可以向对方推荐有关饮食、娱乐、观光、购物方面的特色项目。但应当注意的是，对宾客的关心、照顾，应以不妨碍对方私生活为准，并应以不限制对方个人自由为限。

第三节 观 光

在商务交往中，经常会遇到各种参观与游览。在这里，参观指的是因工作需要，有计划、有准备地对特定项目进行的实地观察；游览则指为了休闲而去旅游景点，或美术馆、博物馆、展览馆等处的活动。有时，它们可以合称为观光。不论在哪里观光，商务人员都应该遵守相应的礼仪规范。

一、参观

在商务交往中，参观，尤其是在公务活动中所进行的正式参观，可以使商务人员开阔眼界、增长知识、获取有助于自己开展工作的第一手材料，同时还可以增进对参观项目的了解，促进与参观单位的相互关系的进一步发展。

一般来说，参观首先应当被视为工作的一种需要，因此在参观的时候，要遵守一定的礼仪。

（一）选择项目

在选择参观项目的时候，拟参观的具体项目应该在一定的程度上与自己的业务范围相关。通过对此项目的参观，将有助于目前和今后的工作。这是选择参观项目的总体要求。具体来讲，在进行实际操作时还应当注意下述几个方面。

1. 有针对性

在选择参观项目时，要有针对性。客观上讲，同自己的业务相关、有助于工作开展的可供参观项目很多，实际上没有能力，也没有必要全都安排对其进行参观。因此，在选择参观项目的时候，一定要有针对性，即一定要选择对自己最重要、最有实际价值的项目。

2. 量力而行

在安排参观的具体项目时，要同时兼顾参观的费用、时间、路途以及近期的工作等各种因素。一定要充分考虑到各种实际困难，并从实际可能出发，坚持量力而行，不宜勉为其难。

3. 兼顾意愿

在选择参观项目的时候，要适当地照顾个人意愿。一般而言，在选择参观项目时应尽可能地尊重参观者或者其中绝大多数人的意愿，要照顾参观者的特点和兴趣，适合其专业与特长。这样才能充分调动起参观者的积极性，使之全身心地投入参观。

4. 客随主便

参观的具体项目，可以由参观者提出来，也可以由东道主提议。如果由参观者自行提议，应由东道主认可，才能最后确定参观的具体项目，不要强人所难。在一般情况下，参观项目应由宾主双方共同商定。

（二）准备参观

想要使参观达到既定的目标，就必须在参观前做好充分的准备工作，必要时还需要制订专门的参观计划。一般来说，参观计划包括：参观项目、参观人数、参观时间、负责人，以及工作人员、交通工具、饮食住宿、安全保卫、费用预算。以上有关参观计划的重点内容在报请上级批准后，应向全体参观人员进行传达，让大家做到心中有数。

依照参观礼仪的惯例，在外出参观之前，要重点做好下述准备工作。

1. 了解背景

为了使参观者对参观项目有进一步的认识，并在进行参观时有的放矢，抓住重点、难点，应当在参观前向参观者介绍一下参观项目的背景，使大家对参观项目能有大致的了解，避免在参观时信口开河，提出不必要、不适当甚至令人见笑的问题。

在国内进行参观之前，参观者需要了解的背景材料主要有：参观项目的历史、现状、发展前途，参观项目的主要特色、优点与不足，参观项目在本地区、本行业以及国内外的地位与反响等。在国外进行参观时，除对参观项目的背景要有所了解之外，还应进行相关的涉外培训，并组织参观者学习参观项目所在国的政治、经济、文化、礼仪以及中国与该国的关系等方面的常识。

2. 有所分工

为使参观得以顺利进行，达到目的，尽可能少地出现疏漏，最好的办法是在参观之前对全体参观者进行必要的分工，把领队、带路、接洽、应酬、翻译以及交通、膳食、安全、记录、录音、拍照等各个方面的具体工作都落实到个人，使每件事情都有专人负责。如果参观项目的具体头绪较多，还可以对参观人员的具体工作再细分。这样一来，在进行参观时，大家都能各司其职，并可以目标明确地分头深入考察，在参观之后再进行汇总，掌握的情况便会更为全面，收获也将更大。

3. 交际应酬

参观者在参观时，不可避免地要和出面接待的东道主之间交际应酬。因此，参观者，尤其是参观团体的负责人，提前要为此做好必要的准备，以免失礼于人。

要安排专人，提前准备好在必不可少的礼仪性场合，如东道主迎接参观者时，上前与对方进行应酬、寒暄；向对方主动问好，并向对方作自我介绍后，应将参观团的主要成员介绍给对方，使对方对参观团及其成员有一个大致的了解，从而保证参观活动顺利、有序地进行。此外，要为东道主预订具有象征意义、纪念意义的礼品，以酬谢对方的盛情款待。

4. 相关规定

在参观时，有必要对每个参观者个人需做的准备作出明确的规定，这主要分为以下两个方面：

（1）装束。

参观者的穿着打扮，通常会影响东道主对自己的总体印象。一般来说，参观者的装束既要注意时令与行动方便，也要兼顾具体的参观项目。例如，在参观公司、工厂时，应着正装。只有在参观风景名胜时，才适合穿便装。

（2）用具。

在参观时，还应事先准备必要的辅助工具，例如，便于携带的记录工具和摄录工具。不要因准备不充分而多次麻烦东道主。

（三）服从安排

在参观时，要客随主便，服从东道主有关参观的具体安排，决不能明知故犯。具体来说，东道主方面的有关安排规定主要会涉及下述几方面。

1. 时间规定

每一个具体参观项目都有规定的参观时间，超过规定的时间，通常不会予以接待。

2. 内容规定

参观的具体内容往往与参观者的身份有直接的关系。不同关系、不同单位、不同层次的参观者，往往会享受到不同的“待遇”。

3. 人员规定

有些参观项目，东道主会按照自己特定的标准，对参观者的身份及具体人数作出一定的限制性规定。

4. 物品规定

因为参观项目的不同，或是出于安全、卫生等方面的考虑，有些参观场所是限制参观者携带某些物品自由出入的，例如，食品、饮料、易燃品、易爆品等。有的参观项目对录音、拍照、摄像及其用具，也有明文的禁止或限制规定。

5. 路线规定

参观一般都会划定一定的行进路线，在参观时只能按此行进。绝对不要闯“禁区”，以免给东道主带来麻烦。

6. 言行规定

东道主有时也会对参观者的言行有所规定，如能否当场提问、触摸或试用现场的陈列品，能否接触东道主方面的其他非接待人员以及参观者的活动区域等。

7. 服饰规定

不同的参观项目会对参观者的服饰有不同要求，或是为了表示庄严肃穆，或是为了环境保护，或是为了方便工作。参观者应按规定着装，或在现场按要求换装。

8. 传播规定

某些涉及专利、秘密的参观项目，不接受新闻界的采访，一般也要求参观者保密，不公开扩散，不可向非相关人士进行传达。

此外，对于附加的参观规定应当具体问题具体分析。有意见时，要注意有礼、有节，不可过于生硬，避免发生不愉快的事情。

（四）认真参观

外出参观访问，由于是工作所需，因此，要专心致志、全力以赴，尤其是要集中精力、服从集体。

1. 精力集中

参观时一定要聚精会神，把自己的全部注意力集中在参观项目上，尤其要将注意力集中在自己所应注意的重点上，不应舍本逐末、主次不分、不务正业。

参观的时候，要看好、听好、问好、记好。以下几点尤须重视：

其一，要对参观项目进行全面仔细的观察，不仅要对其全貌有一定的初步印象，而且还要对其重点进行认真仔细的考察。不能“走马观花”，更不能中途退出。

其二，在参观时，要专心聆听东道主所作的各种介绍，并应牢记必须掌握的数据、资料。

其三，在遵守规定的同时，可以在参观途中有准备、有目的、合乎礼貌地向东道主方面的有关人员提出疑问，但也不应提出让对方尴尬、难堪、不易作答的问题。

其四，在规定允许的前提下，参观者应当尽自己的一切可能，以笔记、绘画、录音、拍照、摄像等各种形式为自己的参观做好“记录”。主要是记下东道主方面的介绍、说明，陈列的模型、实物，对现场的总体印象等。

2. 服从集体

在参加集体性的参观活动时，必须注意要个人服从集体。在整个参观过程中都要服从指挥，不应随意自行其是。

参观的时候，要保证完成分配给自己的具体任务，并力争将其做得又快又好。不能乘机处理个人的私事，不能中途擅自离队。外出要请假，归队要准时，尽量不要在集体参观时个人独自行动。未经安排，不宜自行与东道主方面的任何人员私下进行接触，也不准许随意代表自己所在的单位向东道主提出要求，或是对参观项目擅自进行评价。

二、游园

游园礼仪，是对前往公园以及其他风景区进行观光、游览、娱乐和休息的人们的总体要求和基本行为规范。具体而言，游园礼仪主要分为下述几个方面。

（一）着装休闲

游园，通常属于一种休闲活动。在游园时，经常会见到一些男士身着西服套装、系领带、穿皮鞋，女士则穿时装或西服套裙、蹬高跟鞋。此种穿着既与游园的轻松气氛和环境格格不入，又容易损坏衣物，还令自己行动不便。因此，在游园时，人们所要考虑的主要是气候条件以及个人的轻松与方便，尽量轻装上阵，这样能在游园时行动便利，玩得开心舒畅。

总的来说，只要不妨碍别人、不有损身体健康、不有悖于社会公德，而又为自己所欣赏，并且适合于休息和游览，那么在着装方面完全可以不必像在工作时那样束缚自己。因此，在游园时，可以穿牛仔服、运动服、休闲服，也可以穿背心、短裤，戴上棒球帽和太阳镜等，休闲的着装可以使自己行动自如，想怎么玩就怎么玩，不会使行动受阻，也不会拖累别人。游园时穿的鞋子，既要时尚、漂亮，更应合脚、轻软、防扎、防硌、防水、防滑，而皮鞋，尤其是高跟鞋是不适合游园活动的。在游园时，完全可以不化妆、不佩戴饰物。假如有必要进行一些修饰，也应化淡妆，并少使用饰物。在欣赏优美的景色时，“天然去雕饰”才是最有品位的。

（二）以礼待人

人们参加游园，虽然大都是自得其乐，但也应牢记，游园之所在乃是公共场合，在游园时难免与其他游人发生各种形式的接触，在这种情况下，一定要以礼待人。

1. 与人同游

在游园时，如果与他人同行的话，不论自己是作陪而来还是应邀而来，每一位有教养的人都应该自觉地把一同前来游园的人置于首位。具体要求如下：

(1) 在游园期间，要主动考虑、照顾同行者的体力与兴趣，及时地为之安排休息，并为之选择适宜的景点与活动项目。即使对方让自己选择或一切由自己做主，也需要事事以对方为重。

(2) 与同伴一起游园时，要始终保持良好的情绪，不要乱发脾气。不要在大家高兴之时，做出败坏他人雅兴的事情。不要对同伴的计划过于挑剔，更不宜对此埋怨不已。遇到难处时，应当"有难同当"。如无特殊原因，切勿在游园时中途离队，尤其是不要不告而别，免得让其他同伴担心。

(3) 与恋人或家人一起游园时，要注意公共道德。恋人或夫妻之间切不要表现得过分亲昵。对于自己的孩子，应严加管束，不可对其过分娇纵，从而影响他人。

(4) 如大家约定在游园时分散活动，则集合的时间一到，即应自觉地准时到达指定之处，不能让其他人久等。

2. 一人独游

在游园时，如果是独自一人的话，也应对他人以礼相待，不要因为无人监督而放纵自己。具体要求如下：

(1) 在游园期间，应服从工作人员的管理，不应跟人家对着干，或存心制造纠纷。如要问路，最好去找工作人员。标准的问法是："请问去某某处怎么走?"若对方回答了，应当道谢；若对方不清楚，也应说一声"没关系"。当别人向自己问路时，则理应尽力提供帮助。

(2) 应与其他游人和平相处，友好相待。他人向自己微笑、打招呼时，应立即回应对方，不可有来而无往。不应尾随其他游人，或是悄悄地旁听其他人的介绍与交谈，更不应寻衅闹事。参加娱乐活动时，如有必要，应当排队，切勿不讲先来后到地加塞或乱挤。寻找休息之处时，应尽量与其他游人保持一定的距离，免得彼此不便。万不得已需要在他人附近就座时，不妨先微笑并打招呼，征求对方许可后再就座。不应一人霸占多个座位，更不要与他人争抢座位。不要在坐椅上睡觉或躺着休息。

(3) 在游园时，一般都是准许拍照、摄像的。在拍照或摄像时，不要与他人发生纠纷。在好位置、好角度拍照或摄像时，要按照先来后到的次序进行。有的文物、建筑不准拍照、摄像，或不许使用闪光灯，不要违反相关规定。请求他人帮助之后，应向其道谢。不要随意拍摄不相识者，必要时，首先要取得对方许可。

(三) 爱护环境

在游园时爱护环境，应当成为人们的一种自觉自愿的行动，应该从我做起，从一点一滴的小事做起。不能毁损大家共同的休闲空间。具体要求如下：

(1) 在游园期间，最好不要吸烟，因为吸烟会污染景点内的清新空气。若规定不准吸烟，则必须严守这一规定。不要随地吐痰。随地吐痰是一种坏习惯，也是不文明的表现。

（2）在游园时吃了零食，或者集体进行了野炊、野餐，则应在进食完毕后自觉地将废弃之物收拾在一起，然后投入垃圾箱内，并应对原地的环境卫生进行清理和打扫。不要乱扔果皮、纸屑、烟蒂、塑料袋、包装盒、易拉罐、饮料瓶，尤其是不要将其抛入山林、沟壑、湖泊、水池、下水道、动物饲养室。不要走一路扔一路。

（3）不准随地大小便。与儿童一起游园时，也应教育儿童进卫生间大小便，决不能任其到处随意“方便”。

（4）尽量不要带自己心爱的宠物游园，尤其不要带喜欢随地“排泄”的宠物，以免其污染景点环境。

（5）在游园时不要大声喧哗、嬉笑打闹。在景点、园林中进行联欢、唱歌、跳舞、健身、做游戏时，要自觉降低音量，减少产生噪声污染。

（四）爱护公物

爱护公物，是社会公德的基本要求之一。因此，在游园时应对景点中的所有公物倍加爱惜。大到公共设施、文物古迹，小到花草树木，都应严格遵守相关规定，不准乱摸、乱碰，不能随意进行践踏或毁坏。具体要求如下：

（1）不准在上述任何地方乱写、乱画、乱刻。决不应在自己所到之处留下“到此一游”等字样。

（2）景点中的花草树木是供人们观赏的，因此不论自己多么喜爱，也不允许私心大发，采折花草树木。不仅自己不能这么做，也应当管教好自己的孩子不要这么做。对于那些漂亮的草坪，在允许游人进入的草坪内活动时，不要有任何会毁坏草坪的举动；若草坪四周设有围栏或悬挂着“请勿入内”的标牌，则无论是否有人监督，均不得入内。

（3）不应抓捕、恐吓景点或园林中放养的鸟兽。对于在饲养室内生活的珍禽异兽，不准喂食、投打或惊吓。在国外的广场、街心花园、动植物园和公园里观光时，尤其应注意此点。

（4）不应在景点中私自挖土、取石、移植草木、寻觅奇花异石、发掘古藤树根、捕猎飞鸟游鱼等。

此外，有些景点为了保护建筑、维护景观，会要求游人参观前更换外套、鞋子，或购买特制的眼镜、帽子、鞋套，对此，游人应按规定行事。

（五）安全第一

游园时，必须要牢固树立起“安全第一”的思想，尽一切可能防止发生乐极生悲的事故。当集体游园或陪同其他人一起游园时，注意安全更是必须牢记在心，并时刻提高警惕。具体需要注意的事项如下：

（1）游园时，应当切记千万不要只身独闯危险地段或禁区。在登山时，要量力而行，若非专业的攀岩运动员，绝没有必要去攀爬悬崖峭壁，尤其是不要一人进入人迹罕至之处，免得“一失足成千古恨”。在拍照、摄像或观看动物时，也要足下留神，防止发生意外。

(2) 在湖滨、河畔游览或登船游览时，不要肆意地追逐打闹，以防翻船、落水。如果岸边已有禁止游泳的告示，则切勿下水。公园里的湖泊、河流安全系数不高，所以最好不要去那里玩水。

(3) 游园时，应注意饮食卫生，防止食物中毒。最好不要“就地取材”，不要食用属性不明的菌类、野菜和鱼虾，特别是应当避免生食各种食物。用餐结束后应将自己的废弃之物投入垃圾箱，若附近没有的话，则应将其包在一起带走，不许将其就地“火化”。

(4) 在规定防火的区域之内游园时，必须严格禁火，并且不准吸烟，不准带入易燃之物。吸烟者、野餐者、野炊者特别应当注意，在进食完毕、即将离去之际，一定要检查一下有无明火或尚未熄灭的灰烬，不要留下任何火患。

(5) 与陌生人相处时不可以一点都不设防。在一般情况下，不应在陌生人的引导下前往生疏之地，不要轻易享用对方主动提供的任何食物或饮料，以防误中他人恶意的圈套。

三、展览

展览，一般指的是在某一固定的场所，例如，展览馆、博物馆、美术馆等，围绕着某一既定主题所举行的，时间上有所限制的展览会。通过参加展览，人们不仅可以扩展自己的知识面，而且还可以提高个人的素养。

展览礼仪，指的就是人们在举办展览、观看展览时所必须遵守的礼仪规范。它的基本内容，主要由开展礼仪与观展礼仪所构成。因此，对于这两个方面的基础性礼仪规范均须认真加以遵守。

(一) 开展礼仪

开展礼仪，又称揭幕礼仪。它所特指的是，在一次正式的展览宣布开始之际，循例应当恪守的礼节。

在展览的开展礼仪之中，核心的内容通常是开展仪式。所谓开展仪式，即展览正式开展之际，为了使之隆重而热烈，依照惯例，主办单位所郑重履行的具体程序。在通常情况下，开展仪式分为展前准备与现场工作两个主要方面。

1. 展前准备

展览的主办单位在展前准备阶段所要进行的主要工作，大体有以下几个方面：

(1) 布置会场。主办者应提前布置会场，如悬挂横幅、彩带，布置展位与摆放展品，放置扩音、录音、摄像设备，准备其他备用物品等。

(2) 邀请嘉宾。在展览开展之前，应向社会贤达、名流，以及展览之主要参展者的亲朋好友发出正式的书面邀请。

(3) 联络媒体。诚邀国内外和当地有影响的媒体派员参加开展仪式，以扩大展览的社会影响。

(4) 认真分工。对开展仪式的主持人、讲解员、安保人员、礼仪小姐等，一定要精心选拔，细致分工，并对其进行适当的包装。

(5) 准备材料。为加深参加者的印象，在展前还应准备一些有关展览介绍的图册、文字资料。必要时，还可以准备一些用以现场发放的纪念品。

2. 现场工作

进入现场开展阶段，一般的工作程序主要包括以下几个方面：

(1) 主持人宣布展览开始，全体来宾一起热烈鼓掌，以示祝贺。

(2) 主持人介绍前来参加开展仪式的主要嘉宾，并代表主办单位和有关各方对全体到场人士致谢。

(3) 嘉宾代表致辞，预祝展览取得圆满成功。

(4) 主办单位向来宾介绍展览的主要情况。

(5) 主办单位的负责人与主要来宾为展览剪彩。

(6) 主办单位的负责人陪同来宾一起步入展厅，观赏展览。

以上所述的，是工作人员准备开展时应注意的方面。

当有机会以受邀请者的身份参加开展仪式时，则需要注意以下三个方面：

(1) 提前到场。切勿让主办者久等，以免影响仪式的顺利进行。

(2) 着装得体。为了表示对主办者的尊敬，一定要穿正式的深色套装或套裙。

(3) 聚精会神。在开展仪式上，不应随便走动，接听手机，或任意找人攀谈。

(二) 观展礼仪

观展礼仪，即指在观看展览之时所须遵循的礼仪规范。一般来说，观展礼仪主要涉及下述三个方面。

1. 了解背景

参观展览可以使自己得以充实提高，因此，不应对其漫不经心。要想通过观展而有所思、有所得，就必须有备而来，事先对展览的背景有一定程度的了解。有条件者，可以提前找来与展览相关的资料进行学习，对展览大体上有所了解。这样，在观展时就会明白应当如何观展，不至于雾里看花，不知所云，或是指鹿为马。

上文提到，一般的展览会提供相关的文字资料、图册以供宾客取阅。因此，在观展时应花一定的时间认真阅读这些资料，这样既可以明白主办者举办展览的意图，又能够深化自己对于展览的印象。如果展览安排了讲解人员，应该认真聆听讲解，这样能更加全面地了解展览的内容。

2. 尊重展览

在观展时，应对展览中的人与物表示尊重。

(1) 尊重创作者。

参加书展、画展等展览时，应表现出对创作者的尊重。不要在观展时指名道姓地非议创作者，或以自己的一知半解对创作者的艺术探索说三道四。

(2) 尊重展览品。

观展时，对于创作者的尊重，还表现在对其作品的尊重，这主要表现为对其所进行的认真观赏与自觉维护两个方面。在观赏作品或参展物品时，要保持耐心，细致入微，认真体味，而不应一带而过、走马观花，更不应对作品胡言乱语，妄加非议。在观展时，还应自觉维护作品。在观展时不能吸烟，不能用手触摸作品，更不能直接在上面拓印，以免毁损作品。

(3) 尊重服务者。

在观展时应尊重现场的每一名服务者，即主办单位的工作人员。这不仅表现在服从他们为维护展览的秩序而进行的各项管理，同时，在观展时遇到疑问、困难向工作人员请教或求助时，应有礼貌，以诚相待，切勿成心给对方添乱。

3. 好自为之

在观展时，每个人都应该好自为之、自尊自爱，对于个人的行为表现，应当加以适当的约束，一定要注意以下几个方面：

(1) 观展时宜着正装。切勿穿背心、短裤、拖鞋等休闲服饰，更不应穿钉有金属鞋钉、鞋掌的鞋子，以免观展时走路发出响声，影响展览环境。假如展厅门口设有衣帽间，或要求观众存包的话，一定要遵守规定。假如无此要求，在进入展厅后，也应脱下外套搭在臂弯里，并摘下帽子、手套或墨镜。如遇雨雪天气，还必须将雨衣、雨伞等装入塑料袋或专用的塑料套中，并提前抖掉身上的雨水和落雪，以防雨水、雪水随地流淌。

(2) 在观展时应以礼待人。若是遇到创作者或其他嘉宾时，可以大方地向其打招呼，或是点头微笑。想请对方签名或合影的话，须事先征得其同意。不应对对方品头论足、指指点点，更不应尾随其后或围观。当观赏著名作品或文物时，应排队依次而行，不要乱挤乱撞，也不能只顾让自己大饱眼福，而长时间地待在原地不动，影响他人的观赏。与他人一同参观展览时，要大体走在一起，以便大家相互照应，有所交流，但也不要扎堆而行，妨碍其他观众的观赏或行进。

(3) 展厅门口一般会有相关的图册或文字资料，如需要，应排队领取。不要加塞、哄抢或反复领取。领取之后，应认真阅读，并妥善存放，切不可乱撕、乱扔。

(4) 在展厅里，对全体观众的基本要求之一是要保持肃静。因此，在观展时，除了可以偶尔向讲解员求教或与同行之人附耳交流心得之外，切忌高声喧哗，尤其不要在人多之处自问自答，或是口若悬河般去充当陌生人的“义务讲解员”。观展时，应将随身携带的手机关闭或调成静音状态。

(5) 对带来观展的小孩子一定要严加看管，不要让其四处乱跑、大喊大叫，以免影响他人观展，甚至有可能会损坏展览物品。某些高端、专业化的展览，对观展者的年龄作出了限制，可能会禁止幼童观展。

(6) 为了确保展厅的卫生，不允许在展厅内大吃大喝。万一饥渴难忍，应到展厅外解决问题。

(7) 有些创作者为了维护自身权益，大都禁止观众对自己的作品进行拍照或摄像，有些文物的展出也有此项规定。对于这些要求，应严格加以遵守。

第四节　购　物

在日常生活中，人们通常免不了外出购物。购买商品，有时是工作与生活的需要，有时是为了留作纪念，有时则是为了馈赠亲友等。

一、国内购物

在购物时，应遵循相应的礼仪规范。缺少经验者在购物时则更应了解其通行的做法，这样才能“买得称心，用得放心”。

（一）了解商店情况

从广义上讲，所有的商品售卖之处均可称为商店。各商店分门别类，对一些具有特色的名牌精品店、特色品商店、折扣品商店、仓储俱乐部、大型购物街、免税品商店等，应有一定的了解，这样在购物时才能轻车熟路。

1. 名牌精品店

名牌精品店，指的是那些专营名牌高档商品的商店。在国外，它有时也被称为奢侈品商店。例如，大名鼎鼎的登喜路、香奈儿、范思哲、万宝龙、路易威登等，就是其代表。一般来说，名牌精品店的共同特性主要表现在其购物环境豪华幽雅、商品精美昂贵、服务质量上乘、所处位置优越。

2. 特色品商店

特色品商店，即指专门经营某一品种或是某一类型商品的商店。例如，专门销售唱片的商店、专门销售运动服饰的商店、专门销售化妆品的商店。特色品商店的特点，主要包括以下三方面：其一，经销品种集中专一，顾客在品牌、规格、价位上有较大的选择余地。其二，经销品种统一进货，其质量有保证。其三，销售人员经验丰富，通常可以向顾客提供较为内行的建议。

3. 折扣品商店

折扣品商店，又称折扣店，指专门经营打折商品的商店。目前，折扣店越来越受到中低收入者的欢迎。在这类商店中，所销售的商品之所以打折，并非因为商品质量方面有问题，而是由于其或者过时，或者断码，或者积压，所以折扣店并非一般意义上的旧货店。在广大顾客看来，折扣店的独特价值，一是其商品的价格低廉，往往只有精品店、专卖店所销售同类商品价格的一半，甚至是其10%左右；二是其商品质量一般有保证。

4. 仓储俱乐部

仓储俱乐部，指的是一种较大型的折扣商品超市。它通常具有以下五大特征：其一，大量统一进货。其二，商品通常批量销售。其三，内部环境宽大简洁。其四，地理位置相对偏僻。其五，顾客实行会员制，并要求定期付费，非会员顾客不予接待。仓储俱乐部的主要优点有：一是所销售商品的价格十分低廉，顾客能获得较大实惠；二是销售商品种类繁多，顾客有较大的选择余地。

5. 大型购物街

大型购物街，在此指的是将许多不同类型的商店集中组合在一处，如同一条购物长街。它既有精品店又有折扣店、超级市场，既有咖啡馆又有电影院、儿童乐园，能为顾客提供全方位、多层次的服务。大型购物街的优点有：其一，各类商店众多，顾客可以各取所需。其二，服务设施完善，顾客可以购物与娱乐两不误。其三，购物环境较好，便于顾客消费、休闲。

6. 免税品商店

免税品商店，是以免税商品为销售对象。事实上，它主要是免付烟酒的关税，其他商品则免付国内税。与其他商店相比，免税店所销售的烟酒在价格上可便宜一半左右，而其他商品则便宜10%～20%。目前，世界各国大都设有免税品商店。它们一般设在国际机场或港口，一些大宾馆、国际会议中心或境外顾客较多的零售中心通常也设有免税品商店。它们主要为来自境外的顾客服务。

免税店的具体经营方式有两种：一是商品递送系统，即由顾客凭机票、护照购物，其所购商品由商店直接送到顾客所乘的航班。二是传统商店系统，即由顾客购买后直接将商品带走，然后在指定之处办理退税手续。

免税店的主要优点有：其一，商品价格较为低廉。其二，商品质量上乘。其三，服务较为周到。

7. 按目录购物

按目录购物，是当前流行的一种购物新时尚。其具体做法是，由商家将所销售商品制成目录，并将其对外发布，然后由顾客依照目录，以一定的方式向商家订购商品，再由商家派人将商品送至顾客手中。根据商家发布所售商品目录方式的不同，或是顾客订购商品方式的不同，按目录购物目前存在着不同的类型，例如，电视购物、电话购物、网上购物等。

按目录购物的优点主要有：其一，方便顾客。其二，可送货上门。其三，能节约时间。不过顾客必须选择口碑良好、有信誉保证的商家，才能真正获得实惠并维护自己的合法权益。

8. 廉价品市场

廉价品市场，又叫跳蚤市场或马路市场，指在某一道路旁边所自发形成的露天市场。在这种市场上，销售者主要销售的是旧货。在很多地方，廉价品市场颇受社会各阶层人士的欢迎。它的优点主要有：其一，所售商品价格便宜。其二，买卖双方可以讨价还价，甚至可以以货易货。其三，如果耐心挑选，随时可以发现令人满意的商品。其四，可将家中废旧之物摆上货架。

（二）掌握购物技巧

购物是愉快的休闲活动，如果掌握了购物技巧，就能作出更加理智的选择。一般而言，在购物时，需要注意下述几方面。

1. 货比三家

富有经验的顾客都很清楚，任何地方的商品价格都不会一成不变。由于各种原因，即使在同一街道上的商店也往往相差悬殊。因此，在购物之前，应对购物环境有所了解，坚持货比三家。在通常情况下，以下几类地区的商品售价偏高：其一，旅游景点。其二，机场、港口。其三，星级宾馆。其四，繁华路段。其五，高档商店。其六，国外旅客相对集中的区域。除非必要，一般不要在这些地区购物，因为在这些地方的同类商品比其他地方的往往会贵许多。

需要强调的是，在很多地区，除超级市场与百货公司外，顾客在购物时可以讨价还价，切忌自行放弃此项“权利”。

2. 遵循规则

在购物时，必须遵循如下几项基本购物规则：

（1）不应歧视销售人员。虽然顾客是“上帝”，但也不能歧视、侮辱、刁难销售人员。

（2）不要乱摸乱动商品。对贵重商品、易破或易碎商品，尽量不要乱动乱摸，防止毁损、惹祸上身。

（3）不要乱拆商品包装。对包装完好的商品，切勿随意擅自开启。

（4）不要随便试用商品。未经许可，不要贸然试用待售商品。

（5）不要购买非法之物。购物时，必须遵守相关法律，不要到非法之处购物，不购买非法之物。

3. 维护权益

在购物时，必须善于维护自身的合法权益，应在以下几方面加以注意：

（1）价格是否诚实无欺。在购物时，要看清楚标价，妥善保存收费单据，以备必要时进行核查。对虚假标价、模糊标价、虚假折价、模糊赠售等常见的价格欺诈方式，不要委曲求全。

（2）质量是否有所保证。对于购物时所附的产品说明书、质量保证书，都应认真阅读，并仔细保留下来。

（3）商家是否言而有信。对于商家口头或书面进行的各项承诺，要认真听取，并保存证据。

（4）当需要维护个人相关权益的时候，可以与商家协商解决，在必要时也可诉至法院、寻求仲裁或向有关方面进行投诉。但其方式手段必须文明、合法，切勿草率行事。

二、国外购物

在国外购物时，除了要遵循上述礼仪规范外，还需要对下述几方面多加注意。

（一）使用本币

世界上绝大多数国家出于维护国家尊严的考虑，都规定在本国国境之内只准使用本国法定货币，除个别特别的免税店之外，外国货币一律不准流通。因此，在国外购物时，必须注意：其一，在一般情况下，不要使用非本币购物。其二，在购物之前，通常应当将自己随身携带的外币合法兑换成该国本币。其三，必须充分考虑到国际汇率的变化及货币在兑换过程中的损失，尽量进行定量兑换，并尽量减少货币兑换的次数。

（二）少用现钞

在国外购物时，不仅应当使用外币，而且一般都不使用现钞。除了随身携带少许外币现钞，准备向服务人员给付小费或购买报刊、水果等小件商品外，出国人员应在出国前准备好外币信用卡或外币支票簿，这样不仅使用安全、支付方便，而且广受欢迎。

（三）关注税额

在国外购物时，将面对各种相关税收，在准备购买商品时，切勿忽略。一般而言，应多加注意下述三个方面。

1. 购物附加税

不少国家在购物时，顾客在标价之外，还应交纳附加税。世界各地的税率存在差别，但大体上是商品售价的5％～15％。因此，在国外购物前，必须确认商品标价是否已经包括了附加税。

2. 办理免税手续

国外少数商店可为出示外国护照的顾客办理购物的免税手续。所购的这类商品，在出境时最好随身携带，以便出关时与免税单一并交验。

3. 办理退税手续

在某些国家里，外国旅客一旦携带自己所购的该国商品离开该国国境，即可凭购物单据要求退税。

第五节　运　动

现代人对于工作与休息之间的辩证关系已有了越来越多的感悟。不论在社交应酬中还是在工作之余，商务人员都经常参加各种形式的运动。人们已经充分地认识到：运动不仅是一种休闲活动，同时还可以用来进行社交应酬，从而促进自己的人际关系。

运动，一般是指体育活动。与其他人参加运动所不同的是，商务人员参加运动多半出自社交的目的。该类运动不但档次较高，而且对具体场地也多有要求。有鉴于此，在参加这类运动时，均要求参加者认真遵守相关礼仪。

下面，就对商务人员参加较多的健身、游泳、滑雪、网球、保龄球、高尔夫球等运动项目的礼仪规范略加介绍。

一、健身

在日常生活中，许多商务人员都喜欢在自己方便的时候前往健身房进行健身活动。到健身房健身时，主要应当遵守下列六项礼仪规则。

（一）有所约定

绝大多数正规的健身房，都设在高档的宾馆、俱乐部之内。前往这类健身房健身，可以购买会员卡、年卡、月卡，也可以临时购票。为了确保自己有规律地定期健身，一定要提前约定，以便使自己的健身时间有所保证。

（二）讲究衣着

在健身房里健身，通常都要求身着专门的健身服。穿着健身服不仅有利于健身运动，而且与周围的环境相协调。前往健身房健身时，切忌乱穿其他类型的服装，更不允许随便赤膊上阵。需要注意的是，商务人员若是在健身房以外的其他场所身着专门的健身服，往往也会令人啼笑皆非。

（三）目标明确

在健身时，每一位健身者均应有一定的既定目标：要么是瘦身，要么是塑形，要么是美体，要么是放松。为了实现既定的目标，往往要制定专门的方案，并且一定要在健身时循序渐进。要是目标不明确或者不按照预定的计划进行，面对五花八门的健身项目或健身器械，胡练一通，不但起不了任何作用，而且还有可能伤害自己的身体。

（四）服从管理

一般的健身房，不仅场地开阔、器材繁多，而且健身者众多。因此，一般都实行严格的管理：进门时，健身者要出示凭证；活动时，要注意限时；运动前后，要更换服装；占用场地时，要预先约定；使用器械时，要讲究先来后到；集体锻炼时，要听从口令，并统一行动。对于上述合乎情理的要求，健身者必须认真遵守，对有关方面的管理者亦应认真服从。

（五）自练为主

进行健身活动时，一般讲究自得其乐。因此，在具体锻炼时，应当以自练为主。若非集体活动或参加集体项目，通常不必在健身时与他人保持一致。按照常规，在健身房不宜洽谈有关公务或生意上的事情。在健身时，不要随意围观、评价别人，同时也不要任意打断别人的健身活动，或者向别人讨教健身之道。

（六）尊重教练

一些高档健身房，往往会为初学者安排某一项目或全方位锻炼的教练。对健身者而言，必须要尊重自己的教练。一是要虚心请教，不要不懂装懂。二是要保持耐心，不要指望一蹴而就。三是听从点拨，认真服从教练的合理化要求。不允许对教练爱答不理、吹毛求疵、呼来喝去，更不允许训斥、责骂、侮辱对方。

二、游泳

在各项运动中，游泳可以说是最普及、最受欢迎的项目之一，许多人往往乐此不疲。

下列六项礼仪规则，通常是每一名游泳者皆应自觉遵守的。

（一）安全第一

不论是在室内还是在室外游泳，都要选择正规的游泳池或浴场。凡不熟悉具体情况的河流、湖泊、海域，尤其是明文禁止下水的地方，切勿擅自下水游泳。在游泳池或浴场游泳时，亦应量力而行，选择自己所适应的深度与长度。没有他人在场相助时，切勿冒险。

（二）讲究卫生

在公用的游泳池或浴场游泳时，务必要注意个人卫生与环境卫生。患有皮肤病、红眼病以及其他传染病时，不应外出游泳。在游泳时，不应在水中洗浴，不应向水中吐痰，更不能在水中大小便。在泳池边洗手、洗脚亦不妥当。在水畔休息或者在更衣室、淋浴房活动时，不应乱扔废弃物，不应大吃大喝，或者吸烟、酗酒。

（三）衣着得体

进入公用的游泳池或浴场之前，应换着较为正规的泳装。按规定，最好还要戴上游泳帽。不穿正规的泳装或者裸体游泳，通常都是不被接受的。应当强调的是，泳装一定要大小合身、松紧合适，面料与色彩符合要求。若是泳装过于肥大、宽松，其面料单薄、色彩为白色或者其他浅色，那么一下水就可能令自己的身体袒露、曝光。

（四）活动适度

游泳既然是一种运动，就应当注意活动适度。在游泳时，不要距离陌生人过近，不要随意追逐、赶超别人。在水中万一不小心碰撞了别人，一定要立刻向对方道歉。在水边休息时，不要围观、盯视别人。在游泳池或浴场之外，不要身穿三角裤或“三点式”招摇过市。

（五）礼让他人

在游泳时，要始终坚持以礼待人。使用更衣室、淋浴房时，应自觉地排队，依次而行。下水之后，尽量不要进入他人活动的水域。当他人进入自己正在活动的水域时，通常应以点头或微笑向对方表示欢迎。在水畔小憩时，切莫为己占据过多的位置或过大的地盘。凡公用的设施或区域，都应欢迎别人与自己一同使用。

（六）尊重异性

在游泳时，一定要有意识地尊重异性。对于陌生的异性，更是要表现得尊重有加。入水之后，与异性务必要保持一定的距离。对于任何异性尤其是陌生的异性，不要主动上前攀谈，不要尾随其后。未经要求，切勿对异性施以援手。万一异性要求自己提供正当的帮助，可尽力相助。得到异性的帮助之后，应主动向对方道谢。

三、滑雪

与游泳一样，滑雪是目前在国内最时尚、最受人们欢迎的运动项目之一。许多年轻人对它更是情有独钟。一般而言，参加滑雪运动均须前往正规的滑雪场。在滑雪场滑雪时，下述四项礼仪规则必须遵守。

（一）着装正规

滑雪运动的参加者必须注意：在滑雪时所穿的服装要符合有关规定。它既要外观醒目、紧身合体、适合运动，又要保暖、防风、防水，不要为了展示自己的个性而执意选择不适宜滑雪的服装。

滑雪时，应戴上滑雪帽、护目镜，并要选择易于辨识的、颜色鲜艳的服装，白色、浅色服装最好别穿。

（二）器械专用

在正规的滑雪场滑雪时，通常都应使用专用的滑橇、滑雪杖与滑雪鞋。使用自制或替代之物，往往不安全，也是不允许的。必要时，应向滑雪场租用此类器械。

滑雪初学者如果不会使用滑雪器械，最好先求助于专业教练或其他人士，不要不懂装懂。在滑雪时使用专用器械，也要审慎从事，切勿伤己伤人。

（三）礼待他人

在公共滑雪场上滑雪，难免会与他人有所接触。滑雪者不论对同行者、工作人员，还是其他滑雪者，都应以礼待之。

在滑雪时，如果与亲朋好友同往，务必要相互照应。对初学者，尤应重点予以关照。不要对同伴不闻不问，更不允许将其孤身一人扔在滑道上。

对滑雪场的工作人员，滑雪者一方面要服从其管理，另一方面则要对其服务表示感谢。

滑雪时，应与其他滑雪者友善相处。使用滑道与运送车时，应当排队。滑雪时，要与其他滑雪者保持一定的距离。万一碰撞了其他人，一定要道歉。遇到求助者或需要帮助之人，则应立即援助。

（四）重视安全

在各类运动项目里，滑雪是一种危险性较高的项目。作为非专业人士，在滑雪时尤须时刻重视安全。

滑雪者尽量不要前往不正规的滑雪场，尤其不要在荒山野岭中滑雪。当自己对滑雪技术几乎一窍不通时，那样做无疑冒着极大风险。

在通常情况下，不论自己实际水准如何，都尽量不要一人独自滑雪。万一出现问题时无人相助，将十分危险。

滑雪时，一定要选择适宜于自己的滑道，不要在关闭的滑道或禁止滑雪之处滑雪。

滑雪时，前面的滑雪者自然拥有优先权，不要刻意催促、追逐对方。打算超越对方时，应以“走右边”或“走左边”来提前进行通报。

四、网球

与保龄球、高尔夫球一道并称为“绅士运动三大球”的网球，近年来已在中国十分普及。人们发现，打网球不仅可以适度地运动健身，而且也可以借机开展适当的社交活动。

作为一项绅士运动，打网球时的礼仪规则要求甚多，以下五项都是网球运动爱好者在打网球时必须自觉遵守的。

(一) 预订场地

通常到正规的网球场打球前，都要预订场地。在预订场地时，往往需要说明打球的具体时间。如果邀请他人与自己同去打网球而又没有提前订好场地，到时再东找西寻，让“英雄没有用武之地”，是很没有面子的。按预定时间到达场地后，若前边打球的人尚未结束，应当稍等片刻，不要催促对方或者出言不逊，应该让对方打完正在进行的这一局。若自己预定的时间已用完，后边打球的人已到，则应尽快退场，不宜拖延。

(二) 着装正规

打网球时，对着装要求很高，大都要求打球者穿着专门的网球服、网球鞋。此外，有人还喜欢使用特制的护腕与发箍。一些专门的网球俱乐部，通常还会要求会员前往俱乐部打球时身着统一的俱乐部网球装。男式的网球装多为白色的 T 恤、短裤，女式的网球装则一般都是白色的连衣裙。打网球时身着正规的网球装，是一种最基本的礼仪。身着正规的网球装，不仅使打球者英姿飒爽，而且有助于打球与人身安全。在网球场上还有一些有关着装的戒律，如赤膊、赤足打网球都是不允许的。

(三) 场上谦恭

在网球场上运动时，一定要保持风度。首先，要认真遵守比赛规则，不能为一个球的得失而对比赛对手大呼小叫。其次，不要任意自取或借用他人的球拍，因为很多人只有使用自己的球拍打球才顺手。再次，如果在比赛时条件于己有利，比如风向或者阳光“照顾”自己等，那么遇上奇数的赛局就要主动与对手交换场地。最后，当比赛开始与告终时，要以微笑或握手等方式向对手致意，但是，没有必要在场上四处奔走、欢呼雀跃、脱衣乱舞，甚至跨越球网。

(四) 以礼待人

在打网球的整个过程中，都要以礼待人。由裁判裁定比赛时，不允许当众质疑裁判的判决。请教练或陪练帮助自己打球时，一定要尊重对方的劳动。如果有专门的工作人员在场上替自己捡球，不要忘记向对方道谢。打球时，如果不小心使球滚到别人的场地之内，一定要等对方打完一分时再去捡球。不论是自己要求对方帮助捡球，还是对方主动帮忙，都要当即感谢对方。别人的球滚到自己场地之内，切莫责备对方，方便的话，要尽快将球投回去。邀请别人与自己一起打网球，务必要提前几天预约，并且不要勉强对方。在网球场上，最好不要请陌生人帮助自己或与自己比赛。

(五) 观看比赛

在现场观看正规的网球比赛，是不少人的个人嗜好。网球比赛既热烈，又刺激，观赏比赛是一种很好的业余消遣方式。大凡正规的网球比赛，都要求观赛者身着正式的礼服，不允许衣着过于随便。观赛者必须提前购票，凭票入场，并在指定的座位上就座。比赛进行期间，观赛者不能乱动乱走。只有当一局结束或一场比赛告终时，观赛者方可鼓掌。若观赛者需要暂时离座，一定要等到比赛者交换场地之时。随意离座、随便鼓掌，往往会有碍比赛者的情绪，并打扰比赛的连贯性。此外，坐在看台上大吃大喝、高谈阔论，都是不允许的。通过电视或互联网观看网球比赛，亦应约束自己、勿碍他人。

五、保龄球

作为一项老少咸宜的运动项目，打保龄球已经成为人们社交、休闲的选择之一。人们普遍青睐打保龄球的主要原因，不仅在于其形式文明高雅，而且还在于打保龄球时能够自主控制消费额度。此外，它对打球者体能的要求也并不是很高。

打保龄球时，必须认真遵守以下四项礼仪规则：

（一）先来后到

任何一家保龄球馆都有固定数量的球道。准备前去打球时，尤其是当自己邀请他人一道前去打球时，最好先向球馆预订好球道，这样就可以避免在现场排队等候之苦。按规定时间到达预定的球道后，倘若前面打球的人尚未结束，千万不要打断、驱赶对方，而是应当适当地宽让对方一会儿。不过当自己后面有人等候球道时，最好适可而止，尽早相让，而不要指望对方在时间上宽让自己。在任何时候，抢占别人球道或打完球后赖着不走，都会贻笑大方。

（二）更换鞋袜

打保龄球时，必须提前更换鞋袜。打球者要事先换上一双干净整洁、无异味、无污迹、无残破的袜子。上场打球前，为了维护球道寿命，球馆按常规均会要求打球者换上专用的保龄球鞋，以其他类型的运动鞋充当代用品是不允许的。一般而言，打保龄球时除了鞋袜，在其他方面对打球者的衣着并无特殊要求，不过打球者一定要穿得整齐、端庄、利索。不论是所带的衣物还是其他随身之物，切勿过多。打球前，最好将大衣、外套、雨伞、提包、笔记本电脑等物品存入衣帽间或更衣柜。切勿在现场随处乱放私人物品，那样既容易丢失，又有可能妨碍别人。打完球后，应将租用的球鞋与球交回原处。

（三）保持安静

保龄球是一项室内运动项目，在保龄球馆里每一个人都有义务自觉地保持安静。在球馆之内，千万不要让自己随身携带的手机大声鸣叫。最好不要在别人打球时与其搭话，或者在一旁高谈阔论。需要与别人交流技艺或相互鼓励时，一定要压低讲话的音量。为他人的优异成绩欢呼鼓掌时，亦应点到为止，不要高声喧哗、乱喊乱叫，甚至吹口哨、发出嘘声。

(四) 强调技巧

打保龄球时，非常讲究具体技巧，在这方面也要遵守一些基本的礼节。在每次掷球时，应使用自己所选定的同一个球，不要错拿、错用别人所选定的球。掷球前，要拿好拿稳，以免失手伤人、伤己。在任何时候，都不应在助走道之外掷球，更不允许故意摔球或胡乱掷球。掷球时，切莫超过犯规线。当自己的右侧已有他人准备掷球或自己前面已有先上球道者，应当礼让别人。切莫在左右两侧球道上的人掷球的同时，自己也去掷球，那样大家都可能会走神。在掷球时，切勿嬉皮笑脸，乱出怪样，更不要乱蹦乱跳或全身倒地。在任何情况下，都不要侵入别人正在使用的球道。掷球之后，即应转身返回球员席，不要在球道或助走道上停留过长时间，也不要倒行。

六、高尔夫球

目前，打高尔夫球在商务交往中已被公认为是一项颇有情调、最上档次的运动。与此同时，随着社会的进步，它也日益变得普及化、平民化、年轻化，许多人都已有过在高尔夫球场上一试身手的经历。

在正规的高尔夫球俱乐部里打球时，以下五项礼仪规则被公认为人人都要遵守的：

(一) 目的明确

在商务交往中，以往曾经有一种很时髦的讲法：打高尔夫球时，是大人物敲定生意的最佳时机。实际上，这种讲法只是某些人的主观愿望而已。作为一项目前费用颇高的运动项目，人们邀请他人去打高尔夫球当然不会无的放矢。但是，打高尔夫球其实只是为人们建立较为密切的私人关系创造一种机会，不要试图立竿见影地在球场上与别人达成交易。还应强调的一点是，邀请他人与自己一道去打高尔夫球，必须以本人精通此道为前提。如果缺乏自知之明，仅仅为了附庸风雅而在高人面前班门弄斧，很有可能会弄巧成拙；反之，倘若别人不擅此道并且无此要求，最好也不要强邀对方。

(二) 装备齐全

打高尔夫球时的重要开支之一，就是购买专门使用的各项装备。打球时，对于球员的衣着并无过多的苛求。不过为了运动方便，人们都会自觉地放弃面料厚重、款式复杂、透气性差的服装。绝大多数人都爱戴帽子，爱穿棉质的 T 恤衫和长裤。为了防止损坏场地，上场打球的球员都一定要穿专用的高尔夫球鞋。打球时使用的高尔夫球、球杆、球袋、旗杆、球车等，通常都是特制的。需要使用时，可向俱乐部借用，但应认真爱护，不可损坏或带走。

(三) 保护场地

行家都清楚，要打好高尔夫球，场地的好坏至关重要。在打球时，每一名球员都有自觉维护场地的义务。在球场内驾驶球车时，只能在专用的车道上行驶，不得四处乱开，每车一般只宜坐两人，放置两个球袋。在一些区域，球车不宜乱停。不论是行进、击球还是休息时，都要爱惜场地上的草皮。在任何情况下，都要对球道、球洞倍加爱护。对于自己行进或击球时所留下的痕迹，可能的话，应在离去前补平或者填平。

（四）保障安全

如同参加其他运动一样，打高尔夫球时应以保障安全作为基本前提。在试杆或者击球前，一定要检查周边地带，地面上的石块、树枝等硬物都要捡走，不然就可能在挥杆击球时被顺势带起来伤人。与此同时，还应确信挥杆所及之处与落球之处无人活动，以防对方遭到球杆或球的击打。打高尔夫球时的最大乐趣并不在成绩如何，而在于陶冶心灵。因此，球员需要控制好个人情绪，不要因为球飞出界外或掉入沙坑、水池而抱怨场地或服务于己的球童，甚至挥手而去。

（五）遵守顺序

打高尔夫球时，在优先权方面有着一定的规定。若无特殊约定，单独一人的球员没有优先权，应让其他比赛的球员优先通过；两人一组的比赛，一般较三人一组或四人一组的比赛有优先权；打 18 洞完整的比赛者优先；凡赢得前一洞者，对下一洞有先打的权利；成绩相同时，可选择赢得某一洞者先打；如某一组在球场上不能正常行进，并落后前一组超过一个洞，通常应让后一组先打；拥有发球优先权者，可在对手或同组球员之前发球。当球员打完一洞后，应立即离去，以让位于他人。

本章小结

本章介绍的是商务活动中的公共礼仪，对交通、住宿、观光、购物、运动等各项具体的礼仪都进行了较为详细的介绍，可为商务人员在公共场所活动时提供参考。

关键概念

公共礼仪　社会公德　公共秩序　与人共处　交通规则　轿车座次

复习题

1. 乘坐轿车和火车时，有哪些礼仪规范需要遵守？
2. 乘坐飞机时怎样做才符合礼仪规范？
3. 在宾馆住宿时如何接待来访者？
4. 参观时应遵循哪些礼仪要求？
5. 在游园与观展时分别应遵守哪些礼仪规范？
6. 购物时应掌握哪些技巧？
7. 进行个人运动时如何与他人和睦相处？

讨论及思考题

1. 何谓公共礼仪？它有哪些基本原则？
2. 为什么在公共场合提倡“勿碍他人”？
3. 驾驶车辆时，为什么要讲究“社会公德”？
4. 确定轿车的具体座次时，哪一点最重要？
5. 在宾馆住宿时，为什么必须“独善其身”？
6. 在运动时有哪些公德必须遵守？

第三章 商务人员的涉外礼仪

本章要点提示

- 国家标志——国旗、国歌、国徽
- 礼宾次序——宏观要求、微观运作
- 迎来送往——知彼知己、确定“时空”、熟知程序
- 翻译陪同——翻译之规、陪同之道
- 应对媒体——了解媒体、有备而至、临场表现

在经济全球化日趋发展的今天，商务活动越来越多地呈现出其跨国性的特征。在此背景下，商务人员对涉外礼仪进行学习和了解的必要性越来越凸显出来。

所谓涉外礼仪，通常是指商务人员在参与涉外活动时所必须遵守的基本行为规范，即对参与涉外活动者所提出的最基本的要求。一般而言，它对于参与涉外活动的任何商务人员都有普遍的指导意义。

本章对诸如国家标志、礼宾次序、迎来送往、翻译陪同、应对媒体等一系列涉外礼仪的具体规范，进行了较为系统而深入的介绍。

第一节　国家标志

在涉外交往中，商务人员往往代表其所在国家。因此，国家标志备受关注。国旗、国歌和国徽，都是一国最重要、最基本的象征性标志。在涉外商务活动中，如果使用国家标志恰当，可能会对企业或部门的形象起到一种提

升作用；但是如果使用不当，则可能带来相反的效果，甚至会被追究法律责任或导致国际纠纷。

在有的国家里，还有国花、国树、国石、国鸟、国兽、国色以及国家箴言等各种国家标志。此类国家标志，有的是由该国立法所规定的，有的则是由该国民间所约定俗成的。

商务人员在其涉外交往中面对国家标志时所须注意者有三：其一，要维护本国的国家标志；其二，要了解交往对象所在国国家标志的相关情况；其三，要尊重本国与其他国家的国家标志。

以下，将对国旗、国歌、国徽等最重要的国家标志的相关礼仪规范，分别予以介绍。

一、国旗

国旗，是一个国家的标志和象征。它是由一个国家的法律所规定的，具有一定正式规格与样式的旗帜，用以在正式场合进行悬挂。目前，世界大多数国家都拥有自己正式颁布的国旗。每个公民和组织，都应当尊重和爱护国旗。

在某些商务场合，人们通过升挂国旗来表达自己的民族自尊心、自豪感以及对祖国的热爱。此类场合，多见于国际商务会晤、商务签约等仪式，以及大型国际会议、会展。

（一）国旗的惯例

出于对国旗的尊敬，各国对升挂本国国旗或外国国旗大都有一套通行的做法，并且逐渐形成了一些有关国旗使用的惯例，这就是所谓的国旗礼仪。

在商务场合悬挂本国国旗，是一种民族自尊心与自豪感的宣示，是向祖国的一种毕恭毕敬的致敬。在悬挂国旗时，基本礼仪包括下述两个方面。

1. 基本的规定

各国对本国国旗的制作、使用以及升挂，一般都有明确的规定，有的国家还以立法的形式加以确定。对于中国境内国旗的使用方法，商务人员应当了解以下几点：

（1）国旗的标准。

作为国家的标志与象征，各国国旗大都具有标准的固定式样。《中华人民共和国宪法》（以下简称《宪法》）第141条第1款规定："中华人民共和国国旗是五星红旗。"依照权威部门的解释，在五星红旗上，旗面的红色象征革命；旗上的五颗黄色五角星及其相互关系，则象征着中国共产党领导下的革命人民大团结。

根据规定，中国国旗的形状、颜色应两面相同，旗上五角星两面相对。旗面为长方形，其长与高的比例为3∶2，旗杆套为白色。根据中国人民政治协商会议第一届全体会议主席团公布的《国旗制法说明》，中国国旗的通用尺寸为以下五种：长288厘米，高192厘米；长240厘米，高160厘米；长192厘米，高128厘米；长144厘米，高96厘米；长96厘米，高64厘米。

（2）国旗的维护。

每一名参加涉外商务活动的商务人员，在其工作中都应自觉维护中国国旗的尊严。

《中华人民共和国国旗法》（以下简称《国旗法》）第 3 条规定：“中华人民共和国国旗是中华人民共和国的象征和标志。每个公民和组织，都应当尊重和爱护国旗。”国旗的维护，主要包括下面两个方面的内容：

一方面，商务人员必须明确，中国国旗及其图案至高无上。根据惯例，悬挂国旗，应以正面面向观众，不准随便将其交叉悬挂、竖挂或反挂，更不得倒挂。有必要使用国旗反面时，须按国家的有关规定办理。

在室外升挂国旗时，通常不宜令其触及地面，尤其不得将其直接弃置于地面。遇有恶劣天气时，可以不升挂国旗。夜间通常不在室外升挂国旗，倘若有此必要，则必须将其置于灯光照射之下。在任何情况下，中国国旗及其图案不得用作商标和广告，不得用于私人事宜。

另一方面，商务人员必须谨记：不得升挂破损、污损、褪色或者不合格的国旗，在公共场合，故意以焚烧、毁损、涂画、玷污、践踏等方式侮辱国旗，均属违法行为，应依法追究其刑事责任。

2. 升挂的方式

升挂国旗时有一系列规范，商务人员在操作中应认真遵守。

（1）升旗的做法。

在直立的旗杆上升挂国旗时，应当将其徐徐升起。升挂国旗时，一定要将其升至杆顶。在同一旗杆上，不得升挂两面国旗，亦不可将一面国旗与另外一面其他旗帜升挂于同一旗杆之上。

在中国境内，须同时升挂国旗与其他旗帜时，或同时升挂中国国旗与外国国旗时，一般应当首先升挂中国国旗。

（2）降旗的做法。

降下国旗时，应将其缓缓降下，不允许令国旗落地。

在中国境内，须同时降下国旗与其他旗帜，或者同时降下中国国旗与外国国旗时，一般应首先降下其他旗帜或外国国旗，后降中国国旗。

（3）下半旗惯例。

按照国际惯例，下半旗，即将国旗降下一半的做法，意在向某些人士志哀。因此，平时不得随意下半旗。在有些国家，有以在国旗上方加挂黑纱代替下半旗的志哀方式，但中国境内不允许在国旗上方悬挂任何物品。

《国旗法》规定：当中华人民共和国主席、全国人民代表大会常务委员会委员长、国务院总理、中央军事委员会主席、中国人民政治协商会议全国委员会主席、对中华人民共和国作出杰出贡献的人、为世界和平或者人类进步事业作出杰出贡献的人逝世时，应下半旗志哀。发生特别重大伤亡的不幸事件或者严重自然灾害造成重大伤亡时，可以下半旗志哀。

下半旗的正规方法是：首先将国旗升至杆顶，然后将其降至旗顶与杆顶之间的距离为旗杆全长的 1/3 处。将其降下时，亦应首先将其升至杆顶，然后再将其降下。

（二）升旗的仪式

在商务活动中，有时需要举行升旗仪式。所谓升旗仪式，一般指的是在正式场合，以一系列的规范化程序郑重其事地升挂国旗的过程。

1. 仪式的操作

负责具体升旗仪式的商务人员，对有关基本程序与主要环节必须一清二楚，并认真遵守相关的操作规范。

（1）升旗的程序。

举行正式的升旗仪式时，通常应包括下列五项基本程序：

其一，全场肃立。

其二，宣布仪式正式开始。

其三，出旗。出旗，是指国旗正式出场。出旗应由专人负责，通常包括一名旗手和双数的护旗手。出旗时，通常为旗手居中，护旗手在其身后分列两侧随行，大家齐步走向旗杆。

其四，正式升挂国旗。升旗者可以是旗手，亦可由事先正式指定的各界代表担任。

其五，奏国歌或唱国歌。升旗时，若要演奏国歌，宜与升旗同步进行。一般讲究旗升乐起，旗停乐止。若演唱国歌，则可以在升旗之后进行。

（2）降旗的要求。

作为升旗仪式最重要的后续环节之一，降旗同样须为商务人员所重视。此处的降旗，特指降下升挂的国旗。做好此环节，升旗仪式才谈得上有始有终。正式的降旗活动往往称为降旗仪式。

一般而言，降旗的具体形式不限，并非一定要组织专门仪式，但仍须由训练有素的旗手、护旗手进行操作。降旗时，所有在场者均应肃立。无论有无他人在场，降旗的具体操作者均应态度认真，对国旗毕恭毕敬。降旗完毕，旗手、护旗手应手捧国旗，列队齐步退场，然后将其交由专人保管，切不可将其乱折、乱揉、乱塞、乱放。

2. 临场的表现

参加升旗仪式时，所有商务人员均应有意识地对自己的行为加以约束。

（1）肃立致敬。

《国旗法》规定：举行升旗仪式时，在国旗升起的过程中，参加者应当面向国旗肃立致敬。因此，当国旗升降之时，任何在场者均应停止走动、交谈，停止手中的一切事情，面向国旗立正，并向其行注目礼。届时，戴帽者应脱帽，唯有身着制服者可例外。

（2）神态庄严。

参加升旗仪式时，每个人均应以严肃、庄重的表情来表达对国旗的敬意。此时此刻，绝对不应当态度漠然或者嬉皮笑脸。

（3）保持安静。

在升旗仪式上，商务人员应自觉保持绝对的安静。不许在升旗过程中交头接耳、打打闹闹，更不许接打移动电话或令其鸣叫不止。

（三）国旗的排序

商务人员在涉外商务交往中接触和使用国旗时，往往会面对具体的排序问题，在正式场合，这通常被视为最敏感、最重要的国旗礼仪问题。

在实际操作中，国旗的排序指的是中国国旗与其他旗帜或外国国旗同时升挂时具体顺序的排列。具体而言，它被分为中国国旗与其他旗帜的排序以及中国国旗与外国国旗的排序两个问题，而这两个具体问题一般分别体现在国内排序和涉外排序中。

1. 国内活动中的排序

国旗与其他旗帜排序，具体指国旗与其他组织、单位的专用旗帜或彩旗同时升挂时的顺序排列。在国内活动中，此种情形时有所见。《国旗法》第 15 条第 1 款规定："升挂国旗，应当将国旗置于显著的位置。"在一般情况下，中国国旗与其他旗帜有以下两种排序方式：

（1）前后排列。

当国旗与其他旗帜呈前后列队状态排列时，一般须使国旗排于前列。

（2）并排排列。

国旗与其他旗帜并排升挂，存在以下三种具体情况：

其一，一面国旗与另外一面其他旗帜并列。其标准做法是，以国旗自身面向为准，国旗位居右侧（见图 3－1）。

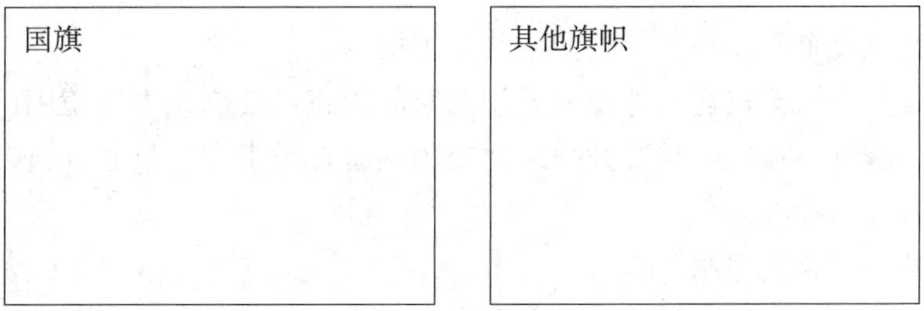

图 3－1　国旗与其他旗帜并列

其二，一面国旗与多面旗帜并列。在此种情况下，通常必须将国旗置于中央的位置。

其三，国旗与其他旗帜呈高低不同状态排列时，按惯例应将国旗置于较高的位置（见图 3－2）。

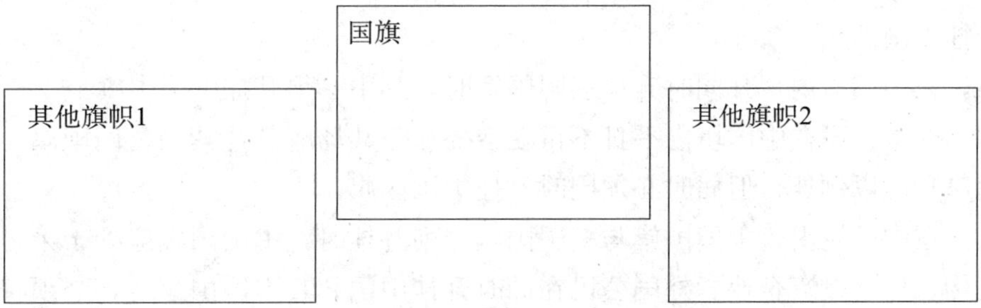

图 3－2　国旗与其他旗帜呈高低不同状态排列

注意：在任何时候，均不得升挂台湾地区的所谓“中华民国”的旗帜。

2. 涉外活动中的排序

在某些商务活动中，中国境内可能需要升挂外国国旗。因此，客观上出现了中外国旗的排序问题。处理这一问题时，商务人员一定要遵守有关的国际惯例和中国外交部的明文规定。

(1) 升挂外国国旗的规定。

一般而言，外国国旗不得任意在我国境内升挂。只有在下述情况下，外国国旗才有可能在我国境内升挂使用：

其一，外国驻中国使领馆或其他外交代表机构及其主要负责人的寓邸与乘用的交通工具。

其二，外国的国家元首、政府首脑、副首脑、议长、副议长、外交部部长、国防部部长、总司令或总参谋长、率领政府代表团的正部长、国家元首或政府首脑派遣的特使以其公职身份来华访问期间所举行的重要活动。

其三，国际条约和重要协定的签字仪式。

其四，国际会议、国际性的文化节和体育活动、国际性展览会和博览会等的举行场所。

其五，民间团体所举行的双边和多边交往中的重大庆祝活动。

其六，外国政府经济援助项目的签字仪式，大型三资企业的重要仪式、重大庆祝活动。

其七，外商投资企业，外国其他的常驻中国机构。

此外，只有与中国正式建立外交关系的国家的国旗，方能在中国境内的室外或公共场所按规定升挂。若有特殊原因需要升挂未建交国国旗，须事先经过省、自治区、直辖市人民政府的外事办公室批准。

(2) 升挂外国国旗的限制。

为维护中国的国家主权，外国国旗即使在中国境内合法升挂，也应受到一定的限制，具体包括：

其一，在中国升挂的外国国旗，必须规格标准、图案正确、色彩鲜艳、完好无损，为正确而合法的外国国旗。

其二，除外国驻华使领馆和其他外交代表机构外，凡在中国境内升挂外国国旗时，一律同时升挂中国国旗。

其三，在中国境内，凡同时升挂多国国旗时，其中必须升挂中国国旗。

其四，外国公民在中国境内平日不得在室外和公共场所升挂其国籍国国旗。唯有其国籍国的国庆日可以例外，但届时必须同时升挂中国国旗。

其五，在中国境内，中国国旗与多国国旗并列升挂时，中国国旗应处于荣誉地位。外国驻华机构、外商投资企业、外国公民在同时升挂中国和其本国国旗时，必须将中国国旗置于上首或中心位置。外商投资企业同时升挂中国国旗和企业旗时，必须把中国国旗置于中心、较高或者突出的位置。

其六，中国国旗与外国国旗并列升挂时，各国国旗均应按其本国规定的比例制作，尽量做到面积大体相等。

其七，多个国家的国旗并列升挂时，旗杆高度应该统一。在同一旗杆上，不能升挂两个国家的国旗。

3. 中外国旗并列时的排序

中国国旗与外国国旗并列时的排序，主要分为双边排列与多边排列两种情况。

（1）双边排列。

在中国境内举行双边活动需要悬挂中外国旗时，凡中方主办的活动，外国国旗应置于上首；凡外方主办的活动，中国国旗应置于上首。下面以中方主办活动为例，说明常用的三种排列方式。

其一，并列升挂。中外两国国旗不论在地面上升挂还是在墙上悬挂，皆应以国旗自身面向为准，以右侧为上位（见图 3－3）。

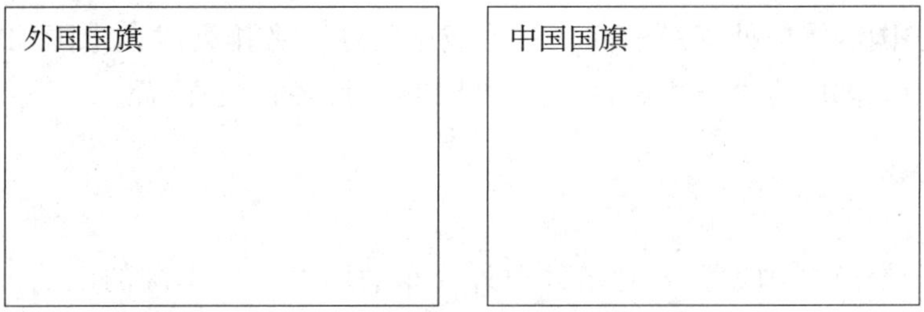

图 3－3　中外国旗并挂（中方为活动的主办方）

其二，交叉悬挂。在正式场合，中外两国国旗既可以交叉摆放于桌面上，也可以悬空交叉升挂。此时，仍应以国旗自身面向为准，以右侧为上位（见图 3－4）。

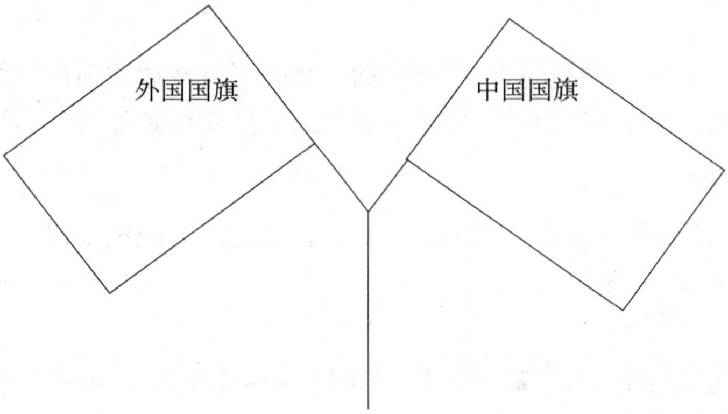

图 3－4　中外国旗交叉悬挂（中方为活动的主办方）

其三，竖式悬挂。中外两国国旗进行竖式悬挂时，应以国旗自身面向为准，以右侧为上位（见图 3－5）。竖挂中外两国国旗又有两种具体方式：两者皆以正面朝外；或以客方国旗反面朝外，而以主方国旗正面朝外。应当注意的是，某些国家的国旗因图案、文字等原因，既不能竖挂，也不能反挂。有的国家则规定，其国旗若竖挂须另外制旗。

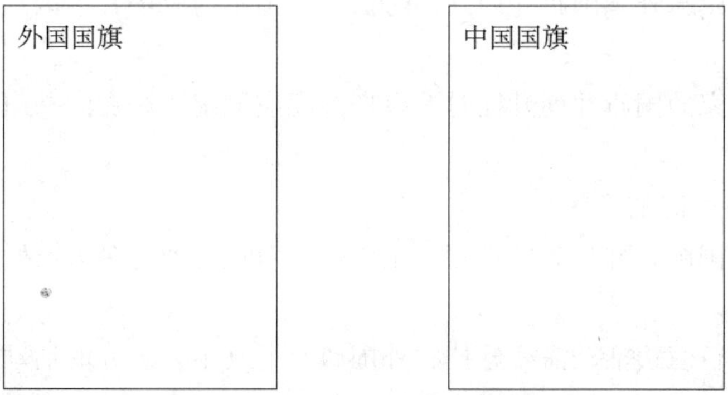

图 3-5　中外国旗竖式悬挂（中方为活动的主办方）

（2）多边排列。

当中国国旗在中国境内与其他两国或两个以上国家的国旗并列升挂时，按规定应使中国国旗处于以下荣誉位置：一列并排时，以旗面面向观众为准，中国国旗应处于最右方；单行排列时，中国国旗应处于最前面；弧形或中间往两旁排列时，中国国旗应处于中心；圆形排列时，中国国旗应处于主席台（或主入口）对面的中心位置。

二、国歌

国歌，是指被某一国家正式确定并对外公布的用以代表本国的歌曲。因此，国歌与国旗、国徽一样，历来被视为一个国家拥有的最重要的标志与象征。自 2017 年 10 月 1 日起施行的《中华人民共和国国歌法》（以下简称《国歌法》）第 3 条第 1 款规定：“中华人民共和国国歌是中华人民共和国的象征与标志。”在涉外活动中，商务人员理当义不容辞地热爱本国国歌，尊重本国国歌，同时有意识地对交往对象所在国的国歌表示应有的尊重。

国歌礼仪，通常指的是对国歌表示尊重的一系列规范性做法与国际惯例。鉴于国歌在国内外交往中发挥的难以替代的重要作用，商务人员应对国歌礼仪全面加以掌握。

（一）运用国歌

作为歌曲，国歌或用于演奏，或用于演唱。在演奏或演唱国歌时，商务人员都必须认认真真、规规矩矩，千万不可马虎大意。

1. 熟悉国歌

无论是演奏还是演唱国歌，都必须以对国歌的熟练掌握为前提。离开了这一基本前提，往往难以确保奏唱国歌时的正确无误。

（1）掌握本国国歌。

商务人员必须熟练掌握本国国歌，这不仅是对商务人员的一种职业要求与岗位要求，而且也是每一位商务人员所应有的爱国的具体表现。我国现行的正式国歌，是由田汉作词、聂耳作曲的《义勇军进行曲》，这是由在 1982 年 11 月 26 日至 12 月 10 日举行的第五届全国人民代表大会第五次会议上决定的。在此之前，《义勇军进行曲》曾是我国的“代国歌”，并曾经发生过一些变化。2004 年 3 月 14 日，第十届全国人民代表大会第二次会议通过的《中华人民共和国宪法修正案》明确规定：中华人民共和国国歌是《义勇军进行曲》。

（2）了解外国国歌。

在涉外活动中，商务人员应当尽可能对其交往对象所在国家的国歌有一定程度的了解。这样做的好处是，既可以开阔眼界、增长知识，减少工作中不必要的困扰与麻烦，又可以更为充分地、更加合乎礼仪地对对方表示我方的友好与善意。

同我国一样，世界上绝大多数国家对于本国国歌都有明确规定。许多国家的国歌一经制定便未发生过任何变化。但是，也有一些国家由于政治上发生变动，或者发生了这样或那样的变化，从而使本国国歌随之发生了变化，或者出现了不同的版本。由于某种原因，有的国家尚无正式国歌，或者仅拥有代国歌、准国歌。在世界上，有一些国家同时拥有两首国歌。此外，还有一些国家共同使用一首相同的国歌。

各国国歌通常都有曲有词，然而也有少数国家的国歌仅仅有曲而无词。

根据常规，各国国歌均采用庄重、雄浑的进行曲曲调，但其长度则往往有所不同。有个别国家国歌的乐曲极短，因此在升挂其国旗时，必须将其国歌反复加以演奏。

2. 演奏国歌

各国国歌的演奏，均有其具体的规定。《国歌法》第 7 条规定：“奏唱国歌时，在场人员应当肃立，举止庄重，不得有不尊重国歌的行为。”国歌通常只适合在正式的场合或规定的场合进行演奏，不宜随意演奏。在正式场合，国歌的演奏者既要熟悉国歌，又要具备一定的演奏技巧。演奏国歌时，不允许滥竽充数，不允许出现任何人为的失误。各国对本国国歌的曲调与配器一般都有严格的规定，我国也不例外。因此，在正式演奏国歌时，不允许擅自改动其正规的曲调，不允许为其重新配器，更不得以不严肃的方式演奏。

依据国际惯例，我国举行仪式欢迎正式到访的国宾时，应先后演奏两国国歌。其顺序是首先演奏来宾的国歌，然后再演奏我国国歌。

3. 演唱国歌

就一般情况而论，各国国歌只适合在本国境内演唱，而且只适合在正式场合演唱。对此，商务人员应当谨记。在演唱国歌时，商务人员必须注意下列三点：

（1）全体起立。除因身体原因无法站立者以外，在公共场所正式演唱国歌时，任何人都不得坐或卧，而应起身站立。

（2）态度认真。演唱国歌时，每一个人都必须认真对待，确保演唱得正确无误。在众人齐唱国歌时，还必须力求节奏适当，与大家保持一致。不允许演唱国歌时，丢三落四、自由发挥、更改歌词，也不允许发出怪声怪调、含混不清，或者有意拖腔。

（3）放声歌唱。演唱国歌时，一般均应放声歌唱。不要闭口不唱，或者吐字发声时不清晰、不大方、不准确。演唱我国国歌时，不应任意使用外语或土语、俗语。

在正式场合演奏或者演唱国歌时，在场人员必须全体肃立，神情庄重、严肃。

（二）维护国歌

在演奏或演唱国歌时，人们往往会更深切地感受到它的尊严。具体而言，国歌的尊严不仅体现在国歌自身，而且还体现在演奏、演唱的整个过程之中。

在国际交往中，商务人员有必要自觉地以自身的实际行动维护我国国歌的尊严，并要做到慎用国歌与尊重国歌。

1. 慎用国歌

为了确保本国国歌的尊严不受人为的侵害，各国对本国国歌演奏、演唱的具体场合一般都有不同的规定。在一般情况下，按照国际惯例，任何非正式场合，特别是娱乐场合或者其他不够严肃、正规的场合，均不得演奏、演唱国歌。例如，我国规定，在商业活动、舞会联谊活动以及婚丧庆悼活动中，一律不准演奏或演唱国歌。

在我国，对于演唱我国国歌或外国国歌的具体场合，有着具体的规定。

（1）适用我国国歌的场合。

一般情况下，在一个主权国家的管辖范围之内，只准许演奏或者演唱本国国歌。在我国，规定可以正式演奏或演唱的场合大致包括下列几种：其一，举行正规的升挂我国国旗的仪式时；其二，举行隆重的庆典活动时；其三，举行国际性的大型政治性集会时；其四，举行重大的外交活动时；其五，举行大型体育运动会或进行重要的体育比赛时；其六，举行特殊的维护国家尊严与荣誉的活动时。

（2）适用外国国歌的场合。

根据国际惯例与我国的有关规定，其他任何国家的国歌均不允许在我国境内随意演奏或者演唱。仅有以下四种情况属于例外：其一，举行正式的官方外交活动时；其二，举行重要的国际会议时；其三，举行形式严肃的国际性文艺演出时；其四，举行国际性体育运动会或国际性体育比赛时。

应当指出的是，商务人员在日常接待中或因公、因私出国活动时，必须自觉地入国问禁、入乡问忌、入门问讳，严格遵守所在国有关演奏或演唱国歌的一切正式规定，切莫自以为是、随意而为。

2. 尊重国歌

在任何时候，商务人员均应主动维护我国国歌，并对其表示应有的尊重。在涉外活动中，商务人员还必须对外国国歌表示同样的尊重。

（1）尊重我国国歌。

《国歌法》第 3 条第 2 款规定："一切公民和组织都应当尊重国歌，维护国歌的尊严。"尊重我国国歌，是对商务人员提出的基本要求。商务人员必须时时对我国国歌表示应有的尊重。当演奏或演唱国歌时，不允许走动、嬉戏打闹、交头接耳，或接打移动电话、收发手机短信；不允许鼓掌、吼叫、蹦跳或者手舞足蹈、摇头晃脑。演奏国歌时，在场的任何商务人员均应肃立致敬。具体做法是：起身端立，目视前方，双手下垂，神态庄严，聚精会神。不允许稍息、端臂、弯腰、垂首或者瞻前顾后、东张西望。除身着制服之外，一律应当脱帽，并摘下太阳镜。若升国旗与奏国歌同步进行，当演奏国歌时，还应目视徐徐上升的国旗，向其行注目礼。按惯例，身着制服的军人和公安干警应向国旗行举手礼。无论如何，奏唱国歌时都不允许对其改词、改调。

一般而言，演奏国歌时，应同时默唱或放声高唱国歌。

（2）尊重外国国歌。

在涉外交往中，各国的国歌均神圣不可侵犯。对建立外交关系的国家的国歌，理当表示尊重。商务人员对别国表示尊重的最好办法之一，就是对对方的国歌表示尊重。而有意或无意地对别国国歌表现出不恭不敬，通常都会被理解为对对方的失敬，或是对对方的蓄意冒犯和挑衅。

三、国徽

世界上的各个主权国家，一般都拥有其正式颁布使用的国徽。所谓国徽，是指正式场合代表本国的式样图案标准专用的徽记。如同国旗、国歌一样，国徽也是一国最重要的标志之一，并被广泛地使用于其国内事务与国际事务之中。

《中华人民共和国国徽法》（以下简称《国徽法》）第3条第1款规定："中华人民共和国国徽是中华人民共和国的象征和标志。"因此，商务人员不但要尊重爱护本国国徽，而且在国际交往中还必须依照相互尊重的国际惯例，对交往对象所在国家的国徽表示同样的尊重。参加正式的官方活动时，尤其不应对此疏忽大意。

商务人员若要真正做到尊重、爱护国徽，就必须认真学习并自觉遵守有关的国徽礼仪。国徽礼仪，通常是指人们在制作、使用、维护国徽时必须严格遵守的种种成规与戒条。为了体现国徽的神圣与尊严，世界上有很多国家均以正式立法的形式对本国国徽礼仪进行了明确的规范。例如，我国现行的《中华人民共和国国徽法》是于1991年10月1日起正式施行的。

（一）国徽的成规

使用国徽的有关规定，是商务人员所必须遵守的。这方面的具体成文规定，主要涉及国徽的制作、国徽的悬挂、国徽的其他用途等。

1. 国徽的制作

各国为了维护本国国徽的尊严，均对其制作作出了许多明确而具体的规定。此类规定是国徽礼仪中十分重要的内容。

制作国徽时，通常应由国家指定的企业统一负责，并应特别关注如下四点：

（1）国徽的图案。

各国国徽的图案，均经过精心的设计。其主体图案，一般均由国家正式规定。例如，美国国徽的主体图案是一只白头雕，加拿大国徽的主体图案是枫叶，墨西哥国徽的主体图案是其国鸟雄鹰与国花仙人掌。

根据我国《宪法》的规定，我国的国徽图案中间是五星照耀下的天安门，周围是谷穗和齿轮。

（2）国徽的形状。

为统一规格，对国徽的具体形状必须有所规定。根据1950年颁布的《中华人民共和国国徽图案制作说明》，我国国徽的具体形状应为：两把麦稻组成正圆形的环，齿轮安在下方麦稻秆的交叉点上。

（3）国徽的尺寸。

对于通用的国徽尺寸，《国徽法》有着明文规定。其直径的通用尺寸为100厘米、80厘米、60厘米三种。在特定的场所需要悬挂非通用尺寸国徽的，应报经我国国务院办公厅批准。

（4）国徽的色彩。

我国规定：国徽之涂色为金红二色：麦稻、五星、天安门、齿轮为金色，圆环内之底子及垂绶为红色；红为正红（同于国旗），金为大赤金（淡色而有光泽之金）。

2. 国徽的悬挂

在一般情况下，各国国徽主要用于悬挂。按照国际惯例，在我国国境之内通常不得悬挂外国国徽。对于悬挂机构、悬挂场所、悬挂办法，我国均有明确而具体的规定。

（1）悬挂国徽的机构。

《国徽法》规定，下列机构应悬挂我国国徽：一是县级以上各级人民代表大会常务委员会；二是县级以上各级人民政府；三是中央军事委员会；四是各级人民法院和专门人民法院；五是各级人民检察院和专门人民检察院；六是外交部；七是国家驻外使馆、领馆和其他代表机构。此外，乡、镇的人民政府也可悬挂国徽。

（2）悬挂国徽的场所。

《国徽法》规定，下列场所应悬挂国徽：一是北京天安门城楼、人民大会堂；二是县级以上各级人民代表大会及其常务委员会会议厅；三是各级人民法院和专门人民法院的审判庭；四是出境入境口岸的适当场所。

（3）悬挂国徽的办法。

对于悬挂国徽的办法，我国也有具体的规定。机关悬挂国徽时，通常应将其悬挂在机关正门上方正中处。场所悬挂国徽时，要将其悬挂于室内外的正墙正中处。在任何情况下，均不得将用于悬挂的国徽直接置于地面。

3. 国徽的其他用途

除制作成徽记用于悬挂之外，国徽的图案还可用于国家规定使用的印章、文书、出版物、火漆印、界碑及专用服装上。

（1）用于印章。

我国规定，下列机构的印章应刻有我国国徽图案：

其一，全国人民代表大会常务委员会、国务院、中央军事委员会、最高人民法院、最高人民检察院。

其二，全国人民代表大会各专门委员会和全国人民代表大会常务委员会办公厅、工作委员会，国务院各部、各委员会、各直属机构。

其三，县级以上地方各级人民代表大会常务委员会、人民政府、人民法院、人民检察院、专门人民法院、专门人民检察院。

其四，国家驻外使馆、领馆和其他外交代表机构。

其五，外交部办公厅和有关业务部门，国务院各有关部、委的外事司（局），各省、自治区、直辖市人民政府的外事办公室，计划单列市、经济特区和沿海开放城市人民政府的外事办公室。

其六，国家驻外使馆和常驻联合国代表团的有关业务部门。

其七，国家办理签证的机关和签发出入境证件的机关。

（2）用于文书、出版物。

我国规定，下列文书、出版物应印有我国国徽图案：

其一，全国人民代表大会常务委员会、中华人民共和国主席和国务院颁发的荣誉证书、任命书、外交文书。

其二，中华人民共和国主席和副主席、全国人民代表大会常务委员会委员长和副委员长、国务院总理和副总理及国务委员、中央军事委员会主席和副主席、最高人民法院院长、最高人民检察院检察长、外交部部长和副部长、国家和政府的特使、驻外使领馆和其他外交代表机构的负责人以职务名义对外使用的信笺、信封、请柬、贺卡、赠礼卡及外交文书等。

其三，全国人民代表大会常务委员会公报、国务院公报、最高人民法院公报和最高人民检察院公报的封面。

其四，国家出版的法律、法规正式版本的封面。

其五，全国人民代表大会常务委员会、国务院、中央军事委员会、最高人民法院、最高人民检察院、外交部、国家驻外使领馆和其他外交代表机构使用的外交文书、信笺和信封。

其六，以国家、政府或政府部门的名义缔结的条约之批准书、接受书、加入书、文件夹的封面。

其七，我国正式颁发的护照签证及其他发给外籍人员的正式证件。

其八，外交信使、领事信使的有关证件。

其九，驻外使领馆颁发的船舶国籍临时证书。

（3）用于火漆印。

以国家、政府或政府部门的名义缔结的条约、协定，可加封刻有国徽的火漆印。

（4）用于界碑。

在边境重镇及边境重要交通干线等地竖立的界碑上，可使用国徽图案。

（5）用于服装。

中国体育代表团、代表队参加国际体育比赛时，可身着带有国徽图案的服装。某些部门的制服，也可使用国徽。

（二）国徽的维护

在涉外活动中，商务人员对有关我国国徽及外国国徽具体使用的一系列规定，不但要认真了解，而且还必须认真遵守。

1. 尊重国徽

具体涉及我国国徽与外国国徽的使用问题，首先要求商务人员必须尊重国徽。这里尤为重要的是，不允许滥用国徽、错用国徽，不允许对国徽乱作解释。

（1）不滥用国徽。

为了维护我国国徽的尊严，商务人员不得随意滥用我国国徽及其图案。根据《国徽法》的规定，我国国徽及其图案不得用于下列四种情况：其一，商标、广告；其二，日常生活的陈设布置；其三，私人庆吊活动；其四，国务院办公厅规定不得使用国徽及其图案的其他场合。

为了维护我国的国家主权，除外国驻华使馆及其他外交代表机构外，不允许任何外国组织或公民在中华人民共和国境内悬挂外国国徽，或随便使用外国国徽的图案。

（2）不错用国徽。

在具体使用国徽及其图案时，要谨防出现差错。在使用中做到正确无误，也是对国徽应有的尊重。商务人员在实际工作中应特别注意防止出现下面四种错用国徽的情况：其一，将其他徽记或图案错认为国徽或其图案；其二，将国徽或其图案错认作其他徽记或图案；其三，使用国徽及其图案时出现颠倒、歪斜、不清洁或重叠的情况；其四，使用残缺、变形、褪色或存在其他不规范情况的国徽或其图案。

（3）不乱对国徽作解释。

各国对本国国徽均有口径统一的规范化解释。不允许商务人员对我国国徽或外国国徽乱作解释。正规的解释是：我国国徽象征中国人民自“五四运动”以来的新民主主义革命斗争和工人阶级领导的以工农联盟为基础的人民民主专政的新中国的诞生。

2. 爱护国徽

在日常工作与生活中，商务人员必须以自己的实际行动爱护我国国徽，其具体表现有：

（1）珍惜国徽。

商务人员在具体使用或接触我国国徽及国徽图案时，必须对其发自内心地珍惜。在交谈中涉及国徽及其图案时，不允许对其失敬，尤其不得对其出言不逊。

在具体使用国徽及国徽图案时，要努力保持其完好、清洁，不允许对其拍拍打打、乱扔乱放。

在悬挂、摆放国徽及其图案时，应毕恭毕敬、小心谨慎，不允许马马虎虎、毛手毛脚。

接触印有国徽图案的文书、出版物时，不准对其乱撕、乱丢、乱写、乱画，或将其乱用。穿着带有国徽图案的服装时，必须令其干净、端正。

（2）保护国徽。

商务人员在其日常工作与生活中，必须有意识地保护我国国徽及其图案，在任何情况下都不允许侮辱我国国徽及其图案。

目前，侮辱国徽在我国已被视为一种违法行为。《国徽法》明确规定：在公众场合故意以焚烧、毁损、涂画、玷污、践踏等方式侮辱中华人民共和国国徽的，依法追究刑事责任；情节较轻的，由公安机关处以十五日以下拘留。

在涉外活动中，商务人员均不得以个人言行有意无意地对外国国徽及其图案加以侮辱。任何焚烧、损毁、涂画、玷污、践踏外国国徽及其图案的行为，不仅会直接破坏中外双方之间的交往，而且还往往会严重损害两国政府之间的关系。

第二节　礼宾次序

在当代的涉外活动中，多边交往日益频繁。在具有多边性质的涉外接待过程中，作为东道主的我方人员经常会面对如下境况：在同一时间、同一地点，需要同时接待来自不同国家、不同地区、不同单位、不同部门、不同组织，具有不同职级、不同人数的外方人士。对东道主而言最为棘手的问题莫过于如何根据有关各方来宾的“尊卑”，来合情合理地具体安排接待对方时的先后顺序或者位次。

商务人员必须切记：在涉外接待的具体工作中，倘若我方对上述问题处置失当，往往不仅会使自己的接待工作徒劳无益，而且还有可能导致外方人士的误会，甚至获罪于对方，由此而损害我方与对方的关系。

根据惯例，在涉外接待工作中，处置此类问题最佳也是唯一切实可行的做法，就是要求我方有关人员必须坚决依照礼宾次序行事。

所谓礼宾次序，亦称礼宾序列、礼宾排列或名次安排。在涉外礼仪中，它是指在正式的、多边性质的外事接待过程中，东道主一方对于在同一时间到达现场，来自不同国家、不同地区、不同单位、不同部门、不同组织，具有不同职级、不同人数的外方人士，应依照既定的规则，视其“尊卑”来安排接待的先后顺序或者位次。

在具体实践中，商务人员在面对礼宾次序问题时，主要应当兼顾宏观要求与微观运作两个基本方面。

一、宏观要求

在处理有关礼宾次序的具体问题时，商务人员首先应对其宏观要求有所了解，从而使自己真正在思想上对其加以重视。

（一）重要的意义

在安排礼宾次序时，商务人员必须充分认识其重要意义。只有做到这一点，才能在思想上真正重视此项工作。安排好礼宾次序的重要意义，主要体现在以下四个具体方面：

第一，妥善地解决多方来宾的排序问题。有经验的商务人员都清楚，在多边交往中，同一时间到场的外方人士越多，排列其顺序、位次的必要性就越突出。在这一细节上稍有闪失，就可能会招致某方不满或是某些人士的猜疑。如果照章办事，此类问题便可避免。

第二，间接地反映我方接待工作的水准。人人皆知，涉外接待工作犹如一扇窗口，可以恰到好处地向外方展示我方的风貌。通过它，我方可以介绍自己，了解对方，与外方发展友好关系并促进我方与外方的友谊。遵守礼宾次序，不仅有助于我方接待工作的顺利开展，而且也可使外方进一步了解我方接待工作的实际水平。

第三，真正地体现我方对待来宾的公正。在多边活动中，参与活动的各方往往都十分在意东道主对待自己和对待他方的态度是否友好、是否公正。按礼宾次序办事，其公正性有目共睹，必定会使各方来宾心悦诚服。

第四，客观地促进我方与外方关系的发展。在多方接待过程中，遵守既定的礼宾次序而非随心所欲，显然有助于我方做好接待工作。接待外方的工作真正做好了，将有力地推动双边关系的发展。

（二）相关的守则

从根本上讲，要真正安排好多方来宾的礼宾次序，关键是既要重视“尊卑”有序，又应兼顾平等待客。有关礼宾次序的相关守则，实际上都是出自这两点。

第一，多方涉外接待必须重视“尊卑”有序。在多方涉外接待中，需要对被接待的来自不同方面的外方人士进行必要的顺序、位次的排列。这一问题，在具体实践中往往不容回避。例如，在介绍对方时，必定存在着先后之分；在安排对方座次时，亦有尊卑之别。即使在口头交谈或书写函件时，通常也不能忽略有关对方的顺序问题。因此，在多方涉外接待中，必须重视“尊卑”有序这一客观现实。在安排礼宾次序时要求有关人员重视“尊卑”有序，具体而言有以下三点要求：

其一，应当承认，“尊卑”有序是一种常见的客观事实。

其二，应当注意，如有必要，一定要做到“尊卑”有序。

其三，应当明确，在多方涉外接待中，即便有必要以“尊卑”为序安排有关各方外宾的具体顺序或位次，也不宜对此过分强调。

第二，多方涉外接待还必须讲究平等待客。在多方涉外接待中，操作礼宾次序时，“尊卑”有序是客观存在的，但与此同时，身为东道主的我方人员也不应忽略平等待客这一要求。应该认识到，在排定礼宾次序时，注意“尊卑”有序与讲究平等待客并不矛盾。

具体而言，在多方涉外接待中讲究平等待客，主要应体现在下列几点：

其一，遵守礼宾次序本身，就意味着我方在多方涉外接待的具体过程中必须平等待客。在多方涉外接待中，要求我方人员必须无条件地遵守礼宾次序，而不允许自行其是，或是对其擅加变动。这一规范性做法本身，就证明了我方人员在接待工作中有规可循、平等待人。

其二，在多方涉外接待的具体过程中，我方人员对所有外方人士都是一视同仁地表示尊重、友好，并且热情相待的。我方人员对外方人士的尊重、友好与热情相待，从来都不会因其存在国籍、地区、民族、宗教信仰、性别、年龄、职级、贫富之别而有所区别。

其三，在操作礼宾次序的整个过程中，我方对所有各方所提出的意见、建议或要求，只要其具有合理性，都会充分予以考虑，并在力所能及的前提下对其予以满足，不存在厚此薄彼之别。

（三）相关的事项

在礼宾次序操作的具体过程中，有以下一些注意事项必须为有关的商务人员高度重视：

第一，细致周到。在具体拟定或执行礼宾次序时，有关人员一定要力求细致入微、面面俱到。尤其是在拟定礼宾次序时，对有关细节以及我方可能面临的种种突发性问题，考虑得越全面、越充分越好。

第二，认真执行。任何一个商务人员，不论其具体行政职务高低，在执行礼宾次序时，都必须不讲个人好恶、不谈个人见解、不凭个人兴趣，认认真真地令行禁止、上传下达，一切照章办事。

第三，提前通报。不论我方在多方涉外接待中具体确定采取何种礼宾次序，通常都应当提前向有关各方进行通报，以便对方对此事先心中有数。假如缺少了这一道程序，则外方人士就有可能对我方的具体做法缺乏了解，摸不着头脑，甚至怀疑我方不讲规矩、随意而为。

第四，轻易不变。在具体的多方涉外接待过程中，用以接待多方外宾的礼宾次序一旦确定，尤其是当其已通报给有关各方以后，通常就不宜再作重大变更，否则就会降低其稳定性与权威性，或者令对方感到我方不守规矩。

二、微观运作

在多方涉外接待的具体实践中，礼宾次序具有一些常规的排序方式。目前，在多方涉外接待的具体实践中，我方礼宾次序的常规排序方式主要有六种。对于这六种不同的常规排序方式，有时可以采用其中的某一种，有时则可以几种方式兼用。

（一）按来宾具体行政职务的高低排序

按外方来宾具体行政职务的高低排序，是目前国际社会最通行的礼宾排列方式。进行正式的官方交往时，如进行正规的政务活动、商务活动、学术活动乃至军务活动时，均应采取此种方式进行礼宾次序排列。在此种情况下，礼宾次序排列只讲具体人员行政职务的高低，并不需要考虑其男女、长幼之别。

在接待不再担任现职的外方人士时，一般可以其所担任的最高或最后的行政职务作为排序的依据。但若该外方人士与担任现职的外方人士同时到场，则应位列对方之后，以示“现任高于原任”，因为现任毕竟是在实际工作中担负主要责任的。若需要同时排列多位曾原任同一职务者时，一般应以对方任职时间的早晚为序，将任职较早者排列在前。

在接待多方团队时，一般并不注重其人数的多少，而应按其团长或领队的行政职务的高低排序。

(二) 按拼写字母的先后排序

一般而言，在国际组织进行活动或者举行国际会议、进行体育比赛时，可按照来宾所在国家、地区、组织或所在单位具体名称拼写字母的先后为序。这也是进行礼宾次序排列的最为通行的做法。

在此，有必要就如下两点略作说明：

第一，按照国际惯例，此处所说的字母顺序通常是指拉丁字母顺序而非某国法定文字的字母顺序。这样做，主要是为了维护国与国之间的平等。

第二，如果进行排序的两个或者两个以上的国家、地区、组织、单位名称的起始字母相同，则应以其第二个字母作为排序依据；若其第二个字母依旧相同，则应以其第三个字母作为排序依据；依此类推。

(三) 按抵达现场的前后排序

有时，亦可按照来宾抵达活动现场的具体时间的前后排序。这种排列方式，俗称“以先来后到为序”。在涉外活动中，它主要适用于一些特定的外交场合、非正式场合，以及前两种排列方式均难以运用的场合。

(四) 按报名参加的早晚排序

某些时候，可按照来宾正式报名决定参加某项活动的具体时间的早晚为序。此种排列方式俗称“以报名早晚为序”。它所适用的范围主要有：跨国举行的各种招商会、展示会、博览会、陈列会等大型商贸类活动。在上述几种排列方式均不适用的情况下，可采用此种排列方式。

(五) 按宾主地位的不同排序

众所周知：先宾后主、内外有别，亦属国际惯例之一。在多方涉外接待中，有时除主办方之外，难免还会有国内其他组织或单位的人到场，可采用此种方式排序：来访者一方应当居前，国内其他单位的人员居中，东道主一方居后，此亦称为“先宾后主”。具体而言：境外人士应当排在境内人士之前，国内其他单位的人员应当排在主办单位的人员之前。

(六) 不进行正式的顺序排列

在一些特殊的情况下，可不进行礼宾排列。此种方式，一般称为“不排列”或“不排序”。实际上，它也是一种特殊形式的排列。在多方涉外接待中，此种排列方式主要适用于如下两种情况：第一，没有必要进行顺序排列。第二，实在难以进行任何方式的排列。

第三节　迎来送往

从事任何工作，都应当自始至终地认真负责，商务人员对涉外接待工作亦应如此。在涉外接待工作的具体过程中，始者，来宾之迎接也；终者，来宾之送别也。迎送来宾作为涉外接待工作的具体起点与终点，不仅理应为我方所重视，而且亦为接待对象所关注。

在涉外接待过程中，迎送来宾绝不等同于普通的迎送活动。它不仅反映着我方的接待水准，体现我方的礼宾规格，而且意味着双方关系发展的程度，暗示着我方对接待对象的重视与否，同时还事关接待对象对我方工作的第一印象与最后印象。因此，对接待方和被接待方而言，涉外接待工作中的迎送来宾都无可置疑地被视为一桩礼仪大事。

具体而言，涉外接待过程之中的迎送来宾，在礼仪上有知彼知己、确定“时空”、关注细节、熟知程序四个方面需要为有关人士所重视。

一、知彼知己

本着“知彼知己”的原则，从事迎送来宾的接待人员，有必要对有关状况掌握得详尽具体、细致入微。在这一方面倘若稍有不足之处，就有可能产生连锁反应，影响全部迎送活动乃至整个外事接待工作的顺利进行。

掌握详情，对外事迎送活动而言具体应当分为三个不同的方面，即对方状况、我方要求与他方反映。

（一）掌握对方的状况

欲将迎送来宾工作进行得圆满顺利，达到双方都满意的效果，我方有关人员首先应对来访人员的具体状况予以充分掌握，这是接待人员做好迎送工作的基本保证。一般而言，我方应充分掌握的对方状况主要有以下五个方面：

第一，主宾的个人简况。对于对方主宾的简况，诸如姓名、性别、年龄、籍贯、民族、单位、职务、党派，以及个人性格、文化程度、宗教信仰、本人偏好、生活习惯、家庭状况、政治倾向、工作经历、业务能力、社会评价等，均应一清二楚。对对方其他来宾的基本情况，亦应尽可能地有所了解。

第二，来宾的总体情况。在迎送活动中，一些有关来宾的总体情况，如具体人数、性别概况、组团情况及负责人等，接待人员亦应予以关注。

第三，来宾的整体计划。接待对象在来访之前，必定会制订具体的访问计划。对其来访计划，特别是访问目的、指导方针、大致安排等，接待人员应有一定程度的了解。

第四，来宾的具体要求。在迎送活动开始前，以及在具体进行中，接待人员对于对方提出的要求或者意见、建议，均应认真听取，并予以充分考虑。

第五，来宾的抵离时间。对于来宾抵达与离开的时间，如具体日期、具体时间，以及相关的航次、车次、地点等，接待人员务必掌握充分，并且再三核对，以免在具体工作中出现重大差错。

（二）了解我方的要求

从事迎送工作的接待人员，尤其是其中的负责者，一定要对我方的相关要求进行全面了解。对以下诸点，尤其不得忽略：

第一，我方的接待方针。它具体涉及我方有关整个涉外接待工作的基本要求。

第二，我方的基本意图。它与迎送工作的具体操作及其结果直接有关。

第三，我方的礼宾规格。它是我方所给予来宾具体礼遇的最明显的体现。

第四，我方的礼宾次序。在同时接待多方来宾时，礼宾次序的正确运用关系甚大。

第五，我方的操作重点。对于迎送来宾过程之中的某些重点环节，有关人员必须予以重视。

第六，我方的相关预案。对于用以防止某些临时变故的预备方案，有关人员必须了解清楚，决不允许一知半解。

（三）关注他方的反映

为慎重起见，在涉外接待过程中，对其他各方对我方迎送活动的反映，应予以重视。

第一，官方的反映。对于各国政府、各个国际组织的正式表态，理应首先予以关注。

第二，民间的反映。对于来自各国民间以及国际社会的反响，亦应有所了解。对此完全不闻不问，是有失偏颇的。

第三，媒体的反映。对于各种传播媒体的相关报道，必须及时掌握，并在必要之时作出相应的反应。关注媒体的反映时，既要重视传统媒体的反映，也要重视新媒体的反映。须知，在一般情况下人们对国际活动的了解，主要是来自相关的媒体报道。

二、确定“时空”

在正式的涉外接待过程中，宾主双方均对迎送来宾的具体时间与空间十分重视。因为它不仅限定了迎送活动的具体范围，而且还会在一定程度上直接影响着迎送活动的效果。

具体而言，迎送来宾活动的具体时空条件有关的规范，主要包括如下两个方面：

（一）活动的时间

在具体从事迎送活动时，对于时间问题理应高度重视。有关的礼仪规范，主要涉及如下五点：

第一，双方商定。在任何情况下，有关正式迎送来宾的具体时间，均应由宾主双方事先正式商定，并达成一致。各方对此都可以提出意见或建议，但同时也必须耐心地听取对方的意见或建议。

第二，约定精确。对于有关迎送活动的具体时间约定，不仅应该详尽，而且必须精确。一般情况下，每次活动的具体时间应标明年、月、日，采用 24 小时制计时，并且应当精确到以分钟为计时单位。对于每次活动的时间，既要规定起始时间，又要规定终止时间，即必须规定每次活动的具体时间长度。

第三，留有余地。在规定迎送来宾的具体时间时，应在安排上与执行上均留有适当的余地。在安排上留下适当的余地，是指在排定有关迎送活动的时间表时，要留一定的时间幅度；在执行上留下适当的余地，是要求有关人员在具体执行迎送任务的时间表时，应当提前到场、最后离场，并且在特殊情况发生时相机行事。

第四，反复确认。我方人员在具体操办迎送来宾活动的过程中，应养成在必要时再次与对方确认相关时间规定的良好习惯。在下述情况下，对有关具体时间的规定尤须不厌其烦地与对方再次进行确认：一是在来宾正式出发之前；二是在来宾即将抵达之前；三是在迎送时间稍作调整之后。

第五，严格遵守。在正常情况下，我方有关人员对于正式规定的有关迎送来宾活动的具体时间，必须严格地、无条件地、分秒不差地认真执行。不允许我方人员以任何借口迟到、早退、拖延时间，更不允许对双方商定的活动时间擅自进行改动。如确有必要对活动时间稍作调整，不仅需要报批，而且还应当向来宾及时进行通报。

（二）活动的空间

在规范迎送活动具体时间的同时，对于其具体空间应亦有所规范。所谓迎送活动的具体空间，通常是指用以进行迎送活动的具体地点。其有关的礼仪规范，一般包括下述五点：

第一，主方专断。通常，有关迎送来宾的具体地点，均由东道主一方自行确定。对于被接待方，东道主仅仅需要进行通报而已，不必过多地考虑对方的想法。

第二，空间开阔。在一般情况下，用于进行迎送活动的地点理应较为开阔。这一要求既是为了便于迎送活动的顺利进行，也是为了提升迎送活动的档次。越是安排重要的迎送活动，越是应当注意此点。

第三，环境良好。为了让我方的迎送活动给来宾留下美好印象，在力所能及的前提下，一定要充分考虑活动地点的环境。应当强调的是，在考虑迎送地点的环境问题时，不仅应当注意活动现场具体环境的好坏，同时还应当兼顾其活动现场周边环境尤其是沿途环境的好坏。越是重要的涉外活动，越是要优先关注其活动现场的交通、治安与卫生环境。

第四，有所区别。在涉外接待中，迎送来宾的具体活动地点往往根据不同情况而有所区别。按照惯例，迎送来宾的具体活动地点大致可以分为四种：其一，交通枢纽。大凡正式的、重要的迎送活动，通常都是在来宾抵达或离去的机场、港口、车站举行迎送活动。其二，下榻之处。迎送重要的来宾尤其是来自异国他乡的来宾时，往往在其暂居之处进行迎送活动。其三，办公地点。有时，迎送来自本地的客人或是暂居本地客人的活动，可在东道主一方的办公地点进行。其四，礼宾场所。迎送重要来宾的活动，尤其是正式的迎送仪式，一般都在正规的礼宾场所举行。

第五，相对稳定。一般而论，在涉外交往中用于迎送来宾的具体地点，应当保持相对的稳定性。这既有利于我方人员熟悉情况、顺畅操作，又不会使外方来宾对我方不断变换地点有所议论。

应当强调的是，在条件允许的情况下，我方在接待外方来宾时，应尽量避免不同的迎送活动在同一时间、同一地点进行，以免届时我方顾此失彼，或令外方互相攀比。

三、关注细节

在迎送来宾的具体活动中，接待人员既要事事从大局着眼，明辨大是大非；又要处处从小事着手，关注具体的细节问题，防止因小失大。

根据一般经验，在具体的迎送活动中，我方接待人员至少应对气象、交通、安全三大细节的基本状况予以高度关注。古人认为，要做好一件事情，通常需要“天时、地利、人和”。实际上，迎送活动之中的天气、交通、安全三大细节，就是分别与“天时、地利、人和”相对应的，所以必须予以重视。

(一) 气象状况

在任何时候，气象条件的变化都会对人们的正常活动产生一定程度的影响。对迎送来宾的具体活动而言，气象状况更是不可不察。在这一问题上，主要应当注意两点：

第一，掌握当地的气象变化规律。在具体安排迎送活动时，务必要充分了解当地的气象变化规律，在任何时候都不应该使迎送活动“逆风而动”或草率行事。

第二，制定气象突变的应对措施。俗话说：“天有不测风云”，在制订迎送来宾的具体计划时，一定要对有可能产生变化的气象状况有所考虑，并为此制定应急方案。

(二) 交通状况

不论举行何种形式的迎送活动，实时的交通状况都不容回避。倘若在交通方面存在隐患，必将影响迎送活动的顺利进行。在交通问题上，通常有以下三点注意事项：

第一，安排适量的交通工具。一般情况下，在中国境内接待来宾时所使用的交通工具均由我方负责安排。在个别情况下，外方来宾如要自备交通工具，亦应获得我方同意。如果迎送活动中所使用的交通工具由我方负责，则一定要保证数量满足要求，并应准备一定的机动车辆。

第二，事先向交通管理部门通报。在举行正式的来宾迎送活动之前，一定要向当地交通管理部门进行例行的情况通报。此种做法，既是对交通管理部门的一种尊重，同时也是为了取得交通管理部门的支持与配合。

第三，进行必要的交通管制。一般而言，迎送活动的具体举行地点及来宾的必经之处的交通理当十分便利。为此，既要注意避开交通拥堵之处，又要注意回避常规的交通高峰时间。在必要时，可报请有关部门批准，进行适当的交通管制。

(三) 安全状况

由于许多迎送活动往往公开举行，因此有关部门和人员一定要对迎送活动的安全状况高度重视，并且牢固树立“安全第一”的观念。在这一重要问题上，通常需要注意以下四点：

第一，采取必要的安全措施。例如，应对活动参与者提出要求，并进行资格审查。在其抵达现场后，往往还可以进行例行的安全检查。举行重大的迎送活动时，通常还应当采取一定的保密措施，并调配保安人员到场。

第二，有关部门应各负其责。凡举行重要的迎送来宾的活动，均应事先由有关部门进行必要的协调。通常应向公安、国家安全部门进行情况通报，并按照既定的分工，由各部门具体负责有关的工作。

第三，宾主双方沟通与合作。要真正确保迎送活动在安全方面万无一失，求得来宾的参与是极其关键的。在一般情况下，要重视与来宾保持联络、交流信息，做好必要的沟通。与此同时，还应在无损我方国家主权的前提下，与来宾进行必要的安全协调与合作。

第四，密切关注社会动态。对于社会上的各种新情况、新问题、新动向，有关部门需要进行必要的监控。不仅要关注本国国内的社会动态，而且还要关注世界各国的社会动态。对于某些敌对国家、敌对势力的种种新动向，我方尤其应时刻保持警惕。

四、熟知程序

就涉外礼仪规范而言，凡属重大活动，皆应规定必要的程序，届时循序而行。在涉外接待工作中，迎送外方的活动，特别是隆重而热烈的迎送仪式，也应如此。因此，每一名具体从事迎送来宾的商务人员，都应当熟知与迎送活动密切相关的具体程序。

在一般情况下，对制定程序、规范程序、简化程序、执行程序四个与迎送活动密切相关的程序问题，有关人员必须清清楚楚。

（一）制定程序

一般性的迎送活动，特别是需要举行专门仪式的迎送活动，都必须事先制定活动程序，以保证迎送活动循序而行、井井有条。

所谓程序，通常是指某项活动进行的基本先后顺序；所谓迎送的程序，显然指的就是迎送活动的主要环节与操作流程。

对有关迎送活动的程序的具体制定，主要有三个方面的要求：

第一，制定程序。任何正式的涉外迎送活动，不论其是否举行仪式，都一定要制定必要的程序。

第二，程序详尽。既然迎送程序事关迎送活动的操作流程与进行步骤，那么就应当在制定有关程序时力求详细、具体、全面。

第三，上报批准。鉴于迎送活动十分重要，故其有关程序正式制定后，必须依照规定向上级主管部门及时报告，并得到其正式批准，切忌自行其是。

（二）规范程序

从标准化、正规化的角度来讲，涉外迎送活动不仅需要制定必要的程序，而且还需要对有关程序进行必要的规范。

一般而言，迎送来宾的具体程序，大致上可分为正式程序和非正式程序。

1. 正式程序

凡举行正规的迎送仪式，特别是举行迎送国宾的仪式，均需采用正式的程序，以显示接待工作的规格。

目前，我国最为正式的欢迎来宾程序，首推对外国国宾的欢迎仪式。对于正式来京访问的外国国宾，其欢迎仪式的具体程序大致为：当其抵达北京时，由中国政府陪同团团长前往首都机场迎接，并陪车将其送至钓鱼台国宾馆下榻。然后在当天或次日，在人民大会堂东门外广场为其举行隆重而正式的欢迎仪式。届时，欢迎仪式将由引见、献花、鸣炮、奏乐、检阅，以及随后在人民大会堂举行国宴等一系列规范化的程序组成。若天气不佳时，欢迎仪式则一般改在人民大会堂内北大厅举行。

当来访中国的国宾离开北京时，我方为其举行的送行仪式一般较为简化，通常包括话别、送行、告别等具体程序。

出于对国宾的尊重，在举行迎送仪式时，一般需要升国旗、奏国歌、安排迎送队伍。在一些国家里，还有在迎送国宾时为其护航，并通知外国使节到场的惯例。

除此之外，各国在迎送建交国派驻本国的大使时，往往也会举行正式仪式，因为大使在国际交往中被视为其本国国家元首的正式代表。

2. 非正式程序

除正式来访的外国国宾与外国正式派驻中国的使节之外，目前中国不为其他外方来宾举行正式的迎送仪式，但迎送活动往往还是不可缺少的。那些非仪式性的迎送活动的具体程序，即为非正式程序。

一般情况下，迎送其他外方来宾的活动应由我方邀请单位的负责人或者其正式代表出面组织。它的程序通常应当包括：迎送、陪车、会见、合影、宴请等，群众队伍则一般不予以安排。这些具体程序，亦应由有关单位按照我方惯例与来宾要求，进行必要的规范。

若宾主双方关系较为密切，彼此相熟，常来常往甚至十分友好，则亦可视具体情况的不同，以其他亲切、友好、尊重的形式，来表达我方迎宾时的喜悦与送宾时的祝福，而不必过分拘泥于常规的迎送活动程序。

（三）简化程序

程序从简，是当今世界各国来宾迎送活动的一大趋势。在商务交往包括涉外商务交往中简化程序，业已成为一种国际惯例。在具体拟订来宾迎送活动程序时，我方亦应在不失礼、不影响活动效果的前提下，对其进行必要的简化。对如下三点，一般应当予以重视：

第一，通常不举行专门仪式。若非正式迎送外国国宾或外国驻华使节，迎送活动一般不应安排专门仪式。

第二，尽量减少活动的环节。简化迎送程序的做法就是减少其具体环节，只有这样，迎送程序才有可能被简化。

第三，努力控制活动的规模。对迎送活动的规模，应当有所控制。对于参加活动的人数、到场领导的级别、参与陪同的人员、举行活动的时间及具体的经费支出等，均应从简。

（四）执行程序

不论是制定迎送活动的程序，还是规范、简化迎送活动的程序，都是为了追求其执行效果的最佳化。要做到这一点，商务人员对于以下两方面必须要注意：

第一，认真执行既定的程序。迎送活动的程序一旦制定，有关人员即应无条件地、自觉地予以执行。

第二，灵活机动地执行程序。在执行既定程序时，必须既坚持原则，又善于机动灵活、随机应变，具有较强的应对突发事件的能力。

第四节　翻译陪同

在涉外接待工作中，翻译与陪同工作都是必不可少的组成部分。尽管在客观上属于辅助性工作，但是它们却在涉外接待工作中发挥着举足轻重的作用。如果将涉外接待工作视为一个“人”的话，那么则可以将翻译工作比作“耳朵”“嘴巴”，将陪同工作比作“手”“足”。显而易见，离开了充当“耳朵”“嘴巴”的翻译工作，或者离开了充当“手”“足”的陪同工作，涉外接待工作都将是不完整的。

要在涉外接待过程中做好翻译与陪同工作，既要充分注意二者之间的不同要求，又要认真掌握相关的礼仪规范，并且一丝不苟地予以遵守。

一、翻译之规

在涉外工作中，翻译的确切称呼应当是外事翻译。它的含义是，在涉外交往中将一种语言、文字的意思用另外一种语言、文字表达出来。

目前，世界上有 200 多个国家、地区，近 2 000 个民族，所使用的语言文字多达三四千种。一个不容回避的客观现实是：语言、文字相同的国家、地区和民族，可以直接进行交流；但语言、文字不同的国家、地区和民族要进行交流、往来，就必须借助于翻译。

在涉外活动中，我方人员必然要同外方人员进行口头或书面的交流。若双方语言、文字相通，就可以直接交流彼此的想法和看法；若双方语言、文字不通，则必须借助于翻译。由此可见，翻译工作在外事活动中发挥着双向转换语言和文字、消除交往障碍、传递双方信息的重要作用。

就礼仪规范而言，要做好外事翻译工作，必须在提高自身素质、善于临场发挥这两个方面多下功夫。

（一）提高自身素质

在涉外接待活动中，每一名外事翻译既是专职翻译，又是外事工作者。这种特殊的双重身份要求外事翻译不仅需要具备专职翻译的素质，而且需要具备外事工作者的素质。具体而言，政治坚定、业务过硬、准备充分、知识面宽这四个方面的要求，每一名尽职尽责的外事翻译都要努力争取做到。

1. 政治坚定

在涉外活动中，每一名外事翻译都必须具有坚定正确的政治立场。做不到这一点，便难以成为一名称职的外事翻译。对外事翻译而言，政治上的坚定具体应当体现在下述三个方面：

一是站稳立场。在涉外活动中，外事翻译必须忠于祖国、忠于人民，维护本国、本单位的利益。与此同时，还必须热爱党、热爱社会主义，维护本国、本国政府、本单位的利益。这一原则立场，绝对不可动摇。

二是掌握政策。对于我国党和政府的路线、方针、政策，尤其是我国的外交、外事政策，外事翻译不仅要及时了解、认真学习，而且还应当深入体会、全面理解、忠实执行。

三是提高警惕。在从事翻译工作的具体过程中，外事翻译一定要遵守外事纪律，严守外事机密，保持高度的政治敏锐性，在任何情况下，都不得将我方内部情况、国家机密、企业秘密向外方人士随意泄露。

2. 业务过硬

做好翻译工作，业务上过硬是自不待言的。业务上过硬，在此主要是指精通语言文字，达到专业标准，并且讲究职业道德。

一是精通语言文字。要想做一名合格的外事翻译，首先必须具有深厚的语言文字功底。具体来讲：其一，外事翻译至少应当精通一门外语，并且最好还能再掌握第二门、第三门外语。其二，外事翻译必须拥有较高的本国语言文字修养，不但要精通现代汉语，而且还应该精通古代汉语。其三，外事翻译还应掌握一定的翻译技巧。

二是达到专业标准。早在 1896 年，我国近代著名翻译家严复就提出了翻译的三项重要的专业标准：“信、达、雅”。所谓“信”，意即忠于原文，翻译准确；所谓“达”，意即译文通顺，翻译流畅；所谓“雅”，意即语言典雅，翻译优美。直到今天，这些标准仍然对翻译工作起着指导作用。需要强调的是，在外事翻译工作中，必须将“信”置于首位，同时对“达、雅”予以兼顾。

三是讲究职业道德。作为一名外事翻译，必须严格遵守职业道德，对下述五点尤须注意：其一，不得忘记身份，别喧宾夺主。其二，翻译时不得任意删改，别偷工减料。其三，不得滥竽充数，别不懂装懂。其四，不得随心所欲，别窜改原话原意。其五，不得胡编乱造，别无中生有。

3. 准备充分

要做好翻译工作，事先做好必要的准备乃是一个重要的步骤。在一般情况下，准备工作做得越好，完成翻译任务的把握就越大。对口译工作而言，情况更是如此。

翻译特别是口译，准备工作的具体范围甚广。在通常情况下，它主要包括下述五个要点：

一是明确具体任务。在翻译工作开始之前，应当对具体的翻译任务加以明确。有可能的话，还应当对翻译的基本内容、服务的主要对象，以及工作的具体时间、地点予以明确。

二是了解相关环节。在遵守有关规定的前提下，翻译人员应当对本人工作的基本环节有所了解，以便为每项具体环节所有可能涉及的内容或问题提前做好翻译上的准备。

三是熟悉有关背景。对于翻译对象的有关背景，如其个人特点，双边关系，我方意图，近期大事，行业动态，国内外政治与经济发展的新动向、新问题，都应当尽可能地予以熟悉。

四是适应现场环境。如果条件允许，翻译人员应当提前到达工作现场，以便对有关工具、设备进行调试或者试用，并做好其他有关的临场准备工作。

五是掌握语言特点。对于有关作者的写作特点，有关人员的口音特征，有关语言文字翻译方面的主要疑难之处，翻译人员亦应尽量加以掌握。

4. 知识面宽

一名称职的翻译人员，必须具有丰富的专业知识与社会知识。唯有如此，才能使自己在具体工作中得心应手、游刃有余。下述四点尤须重视：

一是要学习国学知识。从事翻译工作，一定要具备有关中国传统文化的知识。对有关的名著、典章、制度、人物、诗文、典故、成语、谚语、习俗等，都应当努力学习掌握，加强积累。

二是要学习国际知识。从事翻译工作，还必须努力学习与本职工作有关的国际知识。通过学习，了解相关交往对象，开阔视野，提高翻译工作水平。

三是要学习外事知识。对于与外事工作有关的一切知识，翻译人员要认真学习，以求精益求精，更好地担负起翻译工作的重任。

四是要学习当今时事。对于当今时事政治、国内外大事，翻译人员均应了如指掌，并且能够迅速地判明其是非曲直。

（二）善于临场发挥

在许多情况下，外事翻译的临场表现十分重要。在从事翻译工作的具体过程中，每一名翻译人员既要认真遵守具体的工作规则，又要注意临场发挥。若临场表现不佳，往往会导致重大失误。

下面，将分别介绍我方口译人员与笔译人员在具体的翻译过程中所应注意的有关事项。

1. 口译人员的注意事项

口译，又称口头翻译。它是指在涉外接待活动中，由译员对我方人员与外方人员的交谈、讨论或者发言在现场即席进行口头翻译。它是一种现场翻译，故口译人员的临场表现十分关键。

具体来看，口译主要分为如下两种：在中外双方进行交谈、讨论时，它通常表现为交替传译；而当一方人员在国际会议上发言时，它则往往表现为同声传译。

从总体上讲要做好口译工作，主要应注意下述几点：

一是注意个人态度。在从事现场翻译的具体过程中，口译人员应当始终保持热情、友好、愉快、诚恳、谨慎的态度。口译人员既要旗帜鲜明地维护国家荣誉、尊重政府权威、捍卫自身利益，又要使外方人士真切地体验到我方的友善与诚意。

二是始终全神贯注。在工作岗位上，口译人员必须聚精会神，恪尽职守，要确保翻译准确，要对有关人员的谈话、发言要点做好笔记。不要主动与外方人士交谈、询问或为其解答问题。遇有未听清之处时，应提出或问明。翻译确有困难时，应告知谈话人或发言人，不要主观臆断、不懂装懂。对我方谈话人、发言人所具体表述的内容如有意见，可向其提出，请对方三思，但必须以其见解为最终见解。

三是坚持有主有次。在现场翻译过程中的具体要求之一，就是要求口译人员要尊重我方在场的负责人员，并严格服从其领导。在正式会谈、谈判中，除我方主谈人及其指定发言者之外，对我方其他人员的插话、发言，只有在征得主谈人同意后，才可以进行翻译。在工作之中，若外方人士问及译员个人问题时，应适时地告知当时在场的我方负责人，并请其定夺答复与否。在这一点上，既要克服个人的无组织作风或虚荣心理，又要注意灵活掌握，以免令外方人士产生错觉。

四是待人有礼有度。在接触外方人士时，口译人员既要讲究礼仪，更要注意分寸，既要防止机械、生硬，更要防止崇洋媚外。对外方所提出的一切要求，均应及时报告上级，切忌擅自允诺或拒绝。当我方不能满足外方要求时，可转述我方负责人的意见，并作出合乎情理的解释。若外方人士发表了不正确的言论，应据实全部报告我方负责人。若对方单独向译员发表了错误见解，在对方不了解具体情况或并无恶意的前提下，可实事求是地对其作出说明；若对方确有恶意，则应坚持正确立场，义正词严地阐明我方态度；若译员答复对方存在一定难处，可暂不作答，迅速报请上级处置。

2. 笔译人员的注意事项

笔译，亦称书面翻译。与口译相比，笔译的不同之处在于它以书面译文为成果，因此要求翻译工作更为正确、严谨、地道。尽管笔译人员在涉外接待活动中通常居于幕后，但其重要程度并未因此而降低。

要做好笔译工作，一般需要对如下三点予以注意：

一是文字标准。在通常情况下，笔译人员应将所接触的书面文字译为交往对象所正式使用的文字，或者是中外双方经过协议所指定的其他正式文字。不论是具体使用何种文字，均应令其标准无误。

二是忠于原文。在笔译过程中，笔译人员必须一丝不苟地忠于原文、忠于本意。为此必须反复推敲、用词严谨。切勿随意转译，无中生有。在翻译重要文件、资料时，此点尤须注意。

三是集思广益。在笔译过程中，如果自己遇到难题，例如对某些字、词、句意难以把握时，应当向他人请教，以求集思广益。若他人为此求教于自己，亦应鼎力相助。

二、外事陪同

在涉外接待活动中，我方人员经常要陪同外方人士。除一些人员暂时从事此项工作外，还有一些人员以此工作为专职。此时此刻，我方商务人员对于“发出中国好声音、讲述中国好故事、传播中国正能量”，显然义不容辞。不论是临时从事外事陪同工作还是专职从事外事陪同工作，都必须对其高度重视，并掌握相关的礼仪规范。

一般而言，在涉外交往中，我方人员在陪同外方来宾时，主要需要注意下述两个问题。

（一）严格要求自己

在涉外接待活动中，我方陪同人员往往需要与外方来宾长时间相处。在外方人士眼里，我方陪同人员的个人形象往往代表着我方全体人员乃至我方单位、地方、民族、国家的形象。有鉴于此，我方陪同人员在工作岗位上必须严于律己。

1. 谨慎从事

涉外接待工作是体现我国外事方针、外交政策的一项重要工作，外事陪同则是其重要组成部分。因此每一名陪同人员都绝对不可对自己的工作掉以轻心、麻痹大意，而应当高度重视、谨慎从事。

2. 服从领导

不论是集体活动还是单独与外方人士相处，陪同人员都必须遵守有关纪律，严格执行请示报告制度，服从上级领导。在工作中，要按照政策办事，服从国家与集体利益，切勿掺杂个人兴趣或感情。

3. 少说多听

少说多听是对全体涉外人员的普遍性要求，对陪同人员来讲，它往往更具有现实意义。为防止喧宾夺主、言多语失，陪同人员与外方人士相处时，一定要谨言慎行，既要事事争取主动，又要充分考虑自己一言一行的直接后果。宁肯不说、少说、慢说，也绝对不宜胡说、乱说。在一般情况下，尽可能地避免发表不必要的个人意见。

4. 计划周全

陪同外方人士外出或参加重要活动时，一定要布置周密，提前制订工作计划。对可能出现的情况、问题估计要充分，对对方可能提出的要求要做到心中有数。与此同时，还要采取必要的安全措施，保证外方人士的安全，避免发生令人遗憾的意外事件。

5. 严格保密

平时，陪同人员应加强个人的政治、时事、业务学习，认真掌握有关涉外保密工作的具体规定。与外方人士共处时，要口头保密与书面保密并重。切勿在外方人士面前议论内部问题；有关内部情况的文件、资料、笔记、日记乃至笔记本电脑，非因公尽量不要随身携带，更不要交与他人看管或直接借给他人。此外，在使用互联网与外方人士沟通时，亦应维护信息安全。

6. 距离适度

与外方人士共处时，陪同人员必须不卑不亢，与之保持适当的距离。一方面，在生活上主动关心、照顾对方，努力满足对方的一切合理要求；另一方面，则要维护自己的国格、人格，切不可与外方人士不分彼此。不要借工作之便与对方讨价还价，提出不合理要求，索取财物，或在其他方面随意求助于外方，也不要对外方的一切要求不加任何区分地有求必应。

（二）掌握陪同技巧

在陪同外方来宾的过程中，我方人员不但要具有高度的责任心，而且还应当掌握一定的陪同技巧。在道路行进、上下车船、出入电梯、通过房门、就座离座、提供餐饮、日常安排、业余活动等方面，特别应当遵守相应的礼仪规范。

1. 道路行进

在路上行进时，礼仪上的位次排列可分为两种：一是并排行进。它讲究“以右为上”或“居中为上”。由此可见，陪同人员应当主动在并排行走时走在外侧或两侧，而让被陪同者走在内侧或中央。二是单行行进。它讲究“居前为上”，即应请被陪同者行进在前。但若被陪同者不认识道路，或道路状态不佳，则应当由陪同人员在左前方引导。引导者在引路时应侧身面向被引导者，并在必要时提醒对方“脚下留神”。

2. 上下车船

在乘坐轿车、火车、轮船、飞机时，其上下的具体顺序颇有讲究：一是上下轿车。上下轿车时，通常应当请被陪同者首先上车、最后下车；而陪同人员则应当最后上车、首先下车。不过，在具体执行时，应以方便来宾为宜。二是上下火车。乘坐火车时，在一般情况下，应请被陪同者首先上车、首先下车，陪同人员应当居后。在必要时，亦可由陪同人员先行一步，以便为被陪同者引导或开路。三是上下轮船。上下轮船，其顺序通常与上下火车相同。不过若舷梯较为陡峭时，则应由被陪同者先上后下，陪同人员后上先下。四是上下飞机。上下飞机与上下火车的礼仪基本相同。

3. 出入电梯

进入电梯时，陪同人员理当稍候被陪同者。具体而言，进入无人操控的电梯时，陪同者应当首先进入，并负责操控电梯。进入有人操控的电梯时，陪同者应当最后入内。离开电梯时，陪同者一般应当最后一个离开。不过若是自己堵在门口，首先出去亦不为失礼。

4. 通过房门

在通过房门时，陪同人员通常应当负责开门或关门。具体而言：一是进入房间时。若门向外开，陪同人员应先拉开房门，然后请被陪同者入内；若门向内开，则陪同人员应先推开房门，进入房内，然后请被陪同者进入。二是离开房间时。若门向外开，陪同人员应先出门，然后请被陪同者离开房间；若门向内开，则陪同人员应当在房内将门拉开，然后请被陪同者先离开房间。

5. 就座离座

就座与离座的先后顺序，在礼仪上早就有所规定。其具体要求有如下两个：一是同时就座与离座。若陪同者与被陪同者身份相似，则双方可以同时就座或同时离座，以示关系平等。二是先后就座与离座。若被陪同者的身份高于陪同者时，一般应当请被陪同者首先就座或首先离座，以示尊重对方。

6. 提供餐饮

在提供餐饮时，陪同者与被陪同者所受到的具体礼遇往往会存在不同：一是零点餐饮时。单独点菜或点饮料时，按惯例陪同者应当请被陪同者先点。二是供应餐饮时。在上菜或者上酒水时，标准的顺序应当是：为被陪同者先上，然后再为陪同者上。

7. 日常安排

一般而言，外方来宾的具体活动日程早已排定，陪同人员无权对其加以变更。若外方人士要求变更活动安排，陪同人员不宜擅自做主，而应当及时向上级报告，并执行上级决定。

若陪同人员发现被陪同者的活动日程的确存在不足之处，可向有关方面进行反映，但不宜直接与被陪同者就此问题进行沟通，更不宜在被陪同者面前随意发表个人意见。

8. 业余活动

在通常情况下，我方所接待的外方来宾在其工作之余，可在遵守我国法律的前提下进行自由活动。在必要时，我方陪同人员可为之提供方便。

若外方人士要求陪同人员为其业余活动提供建议，陪同人员既要抱有热情、主动、积极的态度，也要具体考虑我方的有关规定、现场的交通与治安状况以及活动的内容是否健康、合法。

若外方人士要求陪同人员为其业余活动提供方便，陪同人员既要力求满足对方的合理请求，又要善于拒绝对方的不合理请求。但无论如何，陪同人员都不能帮助外方人士在华从事违法犯罪活动。

第五节　应对媒体

当今的世界，已进入了信息化时代。在国外，尤其是在西方发达国家中，大众传播非常发达，并且在现实生活中几乎无处不在、无孔不入，发挥着十分重要的作用。

作为一名代表本国、本民族、本地区、本单位的中华人民共和国的商务人员，在涉外交往中，特别是在出访外国期间，自然难以回避媒体、应对问题。在应对媒体时，商务人员既要掌握政策、遵守纪律、注意分寸，又要沉着机智、落落大方、举止得体、言词恰当、“发出中国好声音”。因此，商务人员必须遵守相关的礼仪规范。

一般而言，在应对媒体时，商务人员主要应当在了解媒体、有备而至、临场表现三个方面加以注意。

一、了解媒体

《孙子兵法》曰：“知彼知己，百战不殆。”在应对媒体时，商务人员亦须如此。要尽一切可能，提前对自己即将面对的媒体有所了解。

此处的媒体，特指各种大众传播媒介。要了解媒体，对商务人员而言，主要是要了解其政治倾向、实际影响、具体特征，以及其他一些与之相关的具体问题。

（一）政治倾向

在国外，虽说绝大多数外国媒体一向都标榜自己“政治中立”，实际上在现实生活中，它们却无一例外地都会在一定程度上表现出自己的政治倾向。在接触境外媒体时，相关人员主要应当了解下述三点：

第一，其合法与非法。许多国家的媒体都有合法与非法之分。在接触国外媒体之前，务必要对此有所了解。对于非法媒体，切勿与之接触；对于合法媒体，则不必再三回避。

第二，其所属的势力。毋庸讳言，任何媒体的发展都离不开一定的财力支持，所以在各国各式各样的媒体背后，都有一定的政治势力、财界大亨、各种党派作为其后台或靠山。而各种媒体就其本质而言，往往是一定的政治势力或党派的喉舌。疏忽此点，就会犯应对媒体的大忌。

第三，新闻检查制度。由于媒体在现代生活中影响巨大，各国都对其进行着一定程度的管制，许多国家还专门制定了自己的新闻检查制度。对访问国的新闻检查制度如能有所了解，将会深化外事人员对该国各种媒体政治倾向的认识。

（二）实际影响

在任何一个国家，各种媒体所发挥的实际影响通常都不尽相同。各种媒体的实际影响，除了主要受制于其社会认知度、受众人数以及自身实力等因素之外，本国政府及其新闻主管部门的支持与否，往往也发挥着一定的作用。

在接触各种国内外媒体前，商务人员对其实际影响所进行的了解，主要应侧重于如下两个方面：

第一，了解其属于主流媒体还是非主流媒体。所谓主流媒体，是指社会认知度高、受众人数众多、自身实力与影响力强大的媒体。所谓非主流媒体，是指社会知名度较低、受众人数较少、自身实力与影响力较弱的媒体。接触各种媒体时，自然应当优先接触主流媒体，不过对非主流媒体亦不应予以轻视。

第二，了解其属于官方媒体还是非官方媒体。所谓官方媒体，通常是指属于官方、由官方支持或控制、具有官方背景或反映官方倾向的媒体。所谓非官方媒体，是指没有官方背景、不受官方支持或控制、不直接从属于官方的媒体。相对于官方媒体而言，非官方媒体有时亦称民间媒体。在政治体制不同的国家里，官方媒体与非官方媒体所发挥的实际作用往往大相径庭。

除此之外，还应了解其属于传统媒体还是新媒体。必须明确的是：对于传统媒体，有其应对方式；对于新媒体，亦有其应对方式。二者不宜混为一谈。对于传统媒体，理当重视；对于新媒体，则切切不可忽视。

（三）具体特征

媒体的具体特征，从不同角度来看，可进行不同的描述。在此，它主要是指各种大众传播媒介在传播信息的过程中所客观体现出来的长处与不足。

第一，电视。在传统的媒体之中，电视目前对受众的实际影响最大。其主要优点有：真实感强；娱乐性强；艺术性强。其主要不足之处是：瞬间即逝，不宜记录与保留；受时空限制较大，观众选择余地较小；需要专门的接收设备。

第二，报纸。报纸作为一种印刷媒体，在目前各类媒体中的作用仅次于作为电子媒体的网络与电视。报纸的长处主要有：信息容量较大；获取信息便利；选择范围较广；便于储藏和查阅；有一定针对性。它的不足之处主要有：不够生动形象，感染力较差；读者需要有一定的文化知识，读者范围受到限制；印刷与发售需要时间，信息传播速度较慢。

第三，广播。作为一种电子媒体，广播有其独特的存在价值。它的主要优点有：传播速度快；鼓动性强；受限制较少；费用较低廉。它的主要缺点有：收听受到时间限制；听众难以选择节目；内容难以反复品味。

第四，杂志。作为印刷媒体之一，杂志具有其他媒体所不能比拟的优点：种类繁多，形式多样；内容丰富，系统性强；印刷精美，有感染力。与此同时，杂志也有其下列不足之处：出版周期长，时效性差；较之电子媒体，稍显死板；有专业要求，读者群有限。

第五，网络。近年来，迅速崛起的互联网对传统媒体构成了挑战，并由此而产生了多种新媒体。它的主要优点有：信息量巨大；传播速度快；网站选择多；形式较活泼。它的主要缺点有：内容真假难辨；需要专用设备；要求受众拥有专门知识。

二、有备而至

作为一名训练有素、见多识广的商务人员，在涉外交往中，尤其是在出访期间，必须正视媒体人员无处不在这一现实，做好必要而充分的准备工作，以求有备而至，在应对媒体时发挥正常。

具体而言，为应对媒体而提前着手进行的主要准备工作大致包括下述三项。

（一）联络媒体

在任何情况下，与外方人士相处时，我方人员均应多交朋友、广结善缘。与媒体人员打交道时，则更加应当如此。

在不违背外事纪律的前提下，我方应按照统一部署，主动与媒体进行联络，并在两相情愿的情况下，与之保持经常性的联系。

与媒体保持联络至少有三重好处：一是可在一定程度上得到媒体的理解与支持；二是可与媒体进行良性互动；三是可主动、及时地向媒体传播信息。

（二）方便媒体

如欲真正赢得媒体的支持，为其提供各种方便通常是必不可少的。方便媒体的具体措施有以下三个：

第一，主动提供有益信息。在条件允许时，应经常向与自己关系密切的媒体提供正确无误、时效性强的信息，以实际行动支持其工作。

第二，为其提供采访便利。在力所能及的前提下，我方一定要诚心实意地为前来采访的媒体提供种种便利，在人员、设备、时间、场地诸方面，给予其必要的支持。至少，不为之设置不必要的限制。

第三，尊重媒体工作人员。对于辛劳工作的媒体人员，外事人员理当表示应有的尊重。必须指出，对媒体人员的尊重，实际上就是对媒体的尊重，同时也是对全社会的尊重。离开了这一点，方便媒体就成为一句空话。

(三) 统一口径

在涉外活动中尤其是在出国访问时，我方人员应对媒体时的一言一行均事关重大，不可不慎。因此，要求我方人员在应对媒体时必须统一口径。具体而言，主要是要求我方有关人员保守秘密、统一行动、专人发言、提供文稿。

第一，保守秘密。在应对媒体时，我方有关人员必须遵守外事纪律与保密规则，绝对不允许擅自向外泄露国家秘密和本单位的秘密，绝对不允许信口开河、口无遮拦。

第二，统一行动。对于一些重大问题，我方应对有可能接触媒体的全体人员具体规定：什么当讲、什么不当讲、应当如何讲，以便我方人员统一行动。

第三，专人发言。正式组团出国访问时，有条件者应提前指定某一位团员担任本团的“新闻发言人”，由其出面应对外方媒体，统一回答对方感兴趣的问题。这样一来，我方人员能够更好地统一口径，而不至于在媒体面前“众说纷纭”了。

第四，提供文稿。在正式接受媒体采访时，为了防止对方曲解或误解我方所传递的信息，按照常规，均应向对方提供一份认真准备的、经过斟酌的、内容严谨的、具有一定新闻价值的新闻稿，以供其发稿时核对与借鉴之用。

三、临场表现

应对媒体时，关键是要注意自己的临场表现。一般而言，商务人员在媒体面前的表现，主要应当做到泰然自若、谨言慎行、善待记者、弥补失误。

(一) 泰然自若

不论是“初出茅庐”还是“久经沙场”，商务人员在应对媒体时都应努力做到泰然自若。

1. 不慌不忙

应对媒体时，切勿手忙脚乱、手足无措、胡言乱语、自毁形象。在任何时候，在媒体面前不慌不忙的人都会赢得媒体与公众的好感。

2. 不骄不躁

不论是自己求助于媒体还是媒体有求于自己，商务人员在应对媒体时，都应当力戒骄傲自大、目中无人，切勿急躁盲动、自乱阵脚。

(二) 谨言慎行

在应对媒体时，商务人员应当对自己的一言一行多加注意，力求谨言慎行，不出差错。如下几点，尤其值得商务人员高度重视。

1. 有问必答

应对媒体，自然少不了回答其各式各样的问题。对于媒体人员所提出的各种问题，商务人员必须做到有问必答。即使遇到正面难以回答或回答不了的问题，亦须换一种方式作答，而不可答之以“不清楚”“不能答复”“没必要回答”。

2. 真实无欺

在回答媒体的提问时，我方人员必须坚持讲真话，力戒自欺欺人，力求真实无欺。有些问题难以正面作答，亦应委婉应对，而不能代之以假言假语。讲假话的人，永远都不会为他人所信任。

3. 巧妙作答

在回答问题时，一问三不知、虚张声势或吞吞吐吐，都会令人反感。善于巧妙地回答媒体的问题，是商务人员必须练就的一项基本功。

4. 行为得当

由于目前新闻媒体已经渗透到生活的每个角落，因此在出访之际，我方商务人员对自己的行为务必多加注意。不论是出席活动、参加会议、当众演讲还是私人行动，都要对自己的一切行为负责。不要忘记，自己的一举一动都可能成为媒体所关注的“新闻”。

（三）善待记者

应对媒体时，每一位有教养的人士都懂得应当善待其工作人员，尤其是辛劳的新闻记者们。对对方待之以礼，往往会有投桃报李之效。

具体而言，现场应对媒体时，善待记者的最佳表现主要有下列三点：

第一，主动合作。应对媒体时，有经验者往往会变被动为主动，主动接近对方，并认真与对方合作。这样一来，对方自然会对己方产生良好印象。

第二，态度友善。回答记者提问时，商务人员切勿打断、责怪、训斥对方，或通过表情、举止、语气间接地表达对对方的不满。即便对方的问题带有偏见或挑衅意味，亦不应为此而激动或发怒。

第三，平等待人。在任何场合，我方人员与媒体人员在人格上都处于平等的地位，因此理当对其平等相待。

（四）弥补失误

现场应对媒体时，商务人员一方面应当一丝不苟，避免失误；另一方面则要及时地发现问题，并采取一切必要措施，以弥补我方的失误。其具体做法有以下三种：

第一，现场弥补失误。在现场应对媒体时，一旦发现自己出现失误，应当想方设法尽快当场予以更正。切勿置之不理、一拖再拖，进而酿成事端。

第二，事后弥补失误。假如事后发现自己或己方应对媒体时有误，亦应在力所能及的前提下，采取一切可能的措施进行补救。

第三，认真总结教训。每次应对媒体后，一定要认真收集相关媒体的报道，并对其进行分类分析。对于所发现的问题，要探究原因并设法予以及时的弥补。

本章小结

本章介绍的是商务活动中的涉外礼仪，对国家标志、礼宾次序、迎来送往、翻译陪同、应对媒体等相关的礼仪，均有较为详细的介绍。

关键概念

涉外礼仪　国家标志　礼宾规格　礼宾次序　迎送程序　陪同技巧　大众传媒

复习题

1. 在我国境内同时悬挂中国国旗和外国国旗时，有哪几种规范化的排列方式?
2. 什么是礼宾规格?
3. 什么是礼宾次序? 常见的礼宾次序有哪几种?
4. 迎送活动有哪些基本程序?
5. 翻译的注意事项有哪些?
6. 陪同的注意事项有哪些?
7. 现场应对媒体如何才能表现得体?

讨论及思考题

1. 如何将中国的传统礼仪与涉外礼仪进行有机的结合?
2. 如何开展成功的涉外商务活动?
3. 商务人员遵守涉外礼仪有无必要性?
4. 在涉外商务活动中应如何对待国家标志?
5. 涉外人员应如何维护国家形象?
6. 怎样才能做好礼宾工作?
7. 如何简化中国的接待礼仪?
8. 怎样才能与国内外媒体有效地展开良性互动?

第四章

商务人员的语言礼仪

本章要点提示

- 交谈——交谈的规则、称呼与寒暄、初次交谈
- 演讲——演讲的要求、演讲的类型
- 电话——电话形象、电话语言、拨打电话、接听电话、使用移动电话、使用微信与微博
- 信函——商务信函的写作、商务信函的类型

陶行知先生曾说过："语言是人类的专利，是人类区别于动物的客观存在之一。"语言，是人类所特有的用来表达思想、交流情感、沟通信息的载体，是一种特殊的社会现象，是由语言、词汇、语法所构成的特定的系统。在一般情况下，语言有口头语言与书面语言之分。在社会交往中，语言一向不可或缺。"言为心声"，人们的思想、品德、情操、志趣、文化素养以至人生观、价值观、世界观等，可以通过语言得到一定的体现。

商务人员要掌握语言技巧，尤其是口语表达能力，就必须以语言的"礼"吸引人，以语言的"美"说服人。要做到语言"礼"与"美"，首先应该努力提高自己的道德修养和文化素质，塑造美好的心灵，加强表达能力的锻炼。

本章对交谈礼仪、演讲礼仪、电话礼仪、信函礼仪等，均进行了较为全面、系统、具体的介绍。

第一节 交 谈

平时，人们必不可少地要与他人进行交谈。交谈，是人与人之间沟通的基本形式，同时也是语言使用的最基本的方式。与他人交谈时，商务人员应当言之有物、言之有序、言之有理、言之有情、言之有节、言之有规。

一、交谈的规则

与人交谈时，商务人员首先要了解其基本规则。根据对象不同，日常性交谈一般有三种形式：接待性交谈、访问性交谈、结识性交谈。

其一，接待性交谈。接待性交谈的对象，往往是下属、客户、朋友。在接待性交谈中，主人应亲切热情，以诚相见，给予对方充分的尊重。

其二，访问性交谈。出于一定的政治和经济目的所主动寻求的交谈，属访问性交谈。进行访问性交谈应事先理清思路，适当考虑措辞，以便让受访者准确了解你的目的和意图。

其三，结识性交谈。由第三方组织，以交友为目的的交谈，属结识性交谈。进行结识性交谈前，应了解对方的一些基本情况，以利于掌握主动，同时在交谈中要礼貌、真诚，力争让对方产生相见恨晚的感觉。

（一）交谈的特点

从总体上看，大凡成功的交谈都具有下述几个基本特点。

1. 话题灵活

交谈时可以围绕一个话题，选择不同角度，从不同侧面多方探讨；也可以根据需要，随时提出新的话题；在某个话题已形成共识，或对方对此已无意进一步探讨时，应及时引入新的话题，以保证对方谈兴不减。

2. 听说兼顾

交谈是一个双向、多向的活动过程，人们一方面通过身姿、手势、表情、目光等，配合有声语言向对方传递信息，另一方面还要通过视觉和听觉，接收对方发出的信息，并根据接收到的信息组织话语材料进行反馈。交谈的双方，始终处于这种不停地接收和反馈信息的过程之中，使交谈不断地被引向深入。

3. 口语化

在交谈中，一般使用口头语言，不需要像书面语言那样去进行刻意的修饰，而是边想边说，具有随意、简洁明快的特征。

4. 多向性

交谈往往是两人或两人以上的群体性交谈，因而具有多向性。

（二）交谈的原则

遵守有关交谈的礼仪规范，其中最为重要的是要认真遵循它的四项基本原则。即在运用语言与人沟通时，一定要注重其目的性、对象性、诚实性和适应性，这样才能真正使自己运用语言的水平得到提高。

1. 目的性原则

在人际交往中使用语言，往往都是为了实现一定的交际目的。在任何情况下，目的性原则都是人们运用语言时必须牢记的首要之点。

一般而论，人们在运用语言交际时，其主要目的大致上有以下几个：其一，传递信息，表达情感。其二，引起注意，唤起兴趣。其三，取得信任，增进了解。其四，进行鼓励，大力激励。其五，予以说服，加以劝告。综观以上五个目的，无一不与工作密切相关。因此，商务人员务必要目的明确、头脑清晰、言随旨意，力戒乱语失言、信口开河。此即目的性原则的主要含义。

2. 对象性原则

运用语言时，总是存在着既定的对象。商务人员必须明确的是：当自己运用语言时，其实际效果往往不取决于自己如何运用语言，而是主要取决于自己所运用的语言能否为对方所理解或接受。因此，在运用语言时，务必要区分对象、因人而异、有的放矢。切忌以不变应万变、一概而论。此乃对象性原则。

春秋末期思想家邓析曾经说过："夫言之术：与智者言，依于博；与博者言，依于辩；与辩者言，依于安；与贵者言，依于势。"这段话所强调的，实际上正是运用语言交际时必须注意其针对性问题。

3. 诚实性原则

语言，一定要力求"真、善、美"，要说真话、讲实话，不可蒙人、骗人。在语言的表达形式上，要力求表里如一，力戒徒有其表，搞形式主义。要有随和亲切的态度、自然朴实的语言，装腔作势、咬文嚼字除了令人生厌外，还有卖弄之嫌。

4. 适应性原则

"到什么山头唱什么歌"，见什么人说什么话，已经成为现代人进行交际的一种共识。不同年龄、不同职业、不同地位的人既有各自不同的趣味和爱好，也有各自不同的语言和习惯，因此交谈中选取什么样的话题，自然应该视对方情况而定。

与人交谈时，说话的内容和说话的方式应该尽可能地合乎对方的心理需要，这样才能取得令人愉快和满意的效果。不遵守适应性原则，容易给人一种"没有共同语言"的感觉。

（三）敬语和雅语

在人际交往中，交谈者通常必须酌情使用敬语与雅语。

1. 敬语

敬语，又称敬词，是指在一定的场合，使用礼貌性的语言进行交谈，以示对他人的尊重。

对商务人员而言，敬语实际上是一种工作性语言。在比较正规的场合，如正式会议、接待来宾、商务洽谈、外交谈判等公务场合，必须使用敬语，让人感受到诚意。

敬语，也是一种礼节性语言。在人际交往中，与比自己辈分高、身份高的人谈话，或与不太熟悉的人谈话，最好使用敬语，给人彬彬有礼的印象。正确使用敬语，是尊人、尊己相统一的重要手段，是展示风度与魅力不可缺少的基本要素之一，但应避免使用过分夸张的敬语，造成对方尴尬。

常用的敬语通常有：请人解答称“请问”；请人指点称“赐教”；请人批评称“指教”；求人帮忙称“劳驾”；麻烦别人称“打扰”；求给方便称“借光”；托人办事称“拜托”；赞人见解称“高见”；请人光临称“赏光”；等候客人称“恭候”；未及欢迎称“失迎”；宾客到来称“光临”；陪伴客人称“奉陪”；中途先退称“失陪”；看望别人称“拜访”；与人分别称“告辞”；请人勿送称“留步”。

2. 雅语

雅语，亦称雅词，它和俗语相反，是在比较正规的场合或有长辈、女性在的场合中，使用文雅、委婉、含蓄的话语来代替那些随便、通俗的话语，以体现对他人、对自己的尊重。

准确、自然地使用雅语，是一种良好的教养和素质的体现，能够对交际起到积极的作用。特别是在与重要领导、上层人士、高级知识分子的交谈中，谦恭有礼的举止、文雅得体的语言，无疑会博得对方更多的好感，说不定还会为说话者带来意想不到的收获。

通常所用的雅语有：初次见面称“幸会”；许久不见称“久违”；向人祝贺称“恭喜”；请人受礼称“笑纳”；归还东西称“奉还”；请人原谅称“包涵”；赠送作品时请人指教称“雅正”；请人保存称“惠存”；请人修改文章称“斧正”；别人对自己的询问称“垂询”。

二、称呼与寒暄

在人际交往中，称呼与寒暄都有一定之规。

（一）称呼

作为礼仪之邦的中国，历来有重视称呼的传统。得体的称呼让人如饮甘霖，不当的称呼则会令人心中不快。不恰当的称呼，不仅不能表达自己的礼仪，显示对交往对象的尊重，而且还有可能适得其反。那么，怎么称呼别人才能礼貌得体呢？

1. 称上司勿直呼其名

正如《弟子规》中所言：“称尊长，勿呼名。”中国人对上司一般都不会直呼其名，称呼的方式大都是“姓氏＋行政职务”，或者只称呼其职衔。这也是一种国际规则。

2. 称同事宜显亲切

称呼和自己地位相当的同事，则可以随意一些。有调查显示，一般的职场人士希望被同事称呼全名或后面两个字的占66%，因为这样的称呼能够显示彼此之间的亲密，符合著名人际关系学大师卡内基有关“自己的姓名是最甜蜜的语言”的论断。当然，如果对方是年长的老同志，应当在姓氏后面加上技术职称或“老师”。有时，也可以直接称呼其“老张”“老王”，这样做既能显示出礼貌和尊敬，又能拉近双方距离。

3. 初次相见宜用敬称

对于初次相见的人，称呼时应使用“您”，而不是“你”，以显示对对方的尊重。

4. 避免不当称呼

在日常工作中，职场上的人们出于简洁和亲切的考虑，有意把对上司的称呼简化，如“王董”“张总”等未尝不可。但在正式会议、对外接待等严肃场合，这种随意性、简化性的称呼就显得不够庄重、规范。此外，我国地域辽阔，方言众多，有些称呼具有一定的地域特性，如山东人喜欢称呼关系亲密的人为“伙计”，而南方人就可能因此把对方当成“打工仔”了。北京等地的人习惯尊称年长者为“师傅”，而在其他一些地方，“师傅”是指出家之人。使用不当的称谓难免会造成误会，因此应尽量使用通用性强的规范称呼。

（二）寒暄

所谓寒暄，字典上解释为交际开始时所说的问候语或客套话。交谈始于寒暄。寒暄在人际交往中有着广泛的用途，可以在人际交往中打破僵局，缩短人际距离，或向交谈对象表示自己的敬意，或是借以向对方表示乐于与之结交的意思，或作为会客中的开场白。所以说，在与他人见面之时，若能选用适当的寒暄语，往往会为双方进一步的交谈做良好的铺垫。反之，在本该与对方寒暄几句的时刻，若一言不发，则是极其无礼的。当被介绍给他人之后，应当跟对方寒暄，若只向他点点头，或是只握一下手，通常会被理解为不想与之深谈，不愿与之结交。碰上熟人，也应当跟他寒暄一两句，如果视若不见，不置一词，难免显得自己妄自尊大。

朋友、熟人之间，见面时一句真诚的寒暄语，如“您身体可好”“孩子的学习成绩不错吧”能拉近感情距离，建立和维护良好的人际关系。初次交谈时，若能选用几句得体的寒暄语，如“很高兴认识您”“早就听说过你，今天见到你很荣幸”“早听说过您的大名”“某人经常跟我谈起您”“我早就拜读过您的大作”“我听过您作的报告”等，往往比较容易给对方一个良好的心理暗示，起到联络感情、展开交谈的作用。与陌生人的寒暄中，若能加入点幽默诙谐的成分，不仅有助于营造宽松和谐的交际气氛，还能加深别人对你的良好印象。

寒暄的方式多种多样，没有固定的形式要求，一般应当遵循“简洁友善”的原则，根据特定的场合选择寒暄方式。寒暄要尽量简洁，不可过于程式化。例如，两人初次见面，一个说：“久闻大名，如雷贯耳，今日得见，三生有幸。”另一个则道：“岂敢，岂敢。”搞得像演古装戏一样，就大可不必了。寒暄语应带有友好之意、敬重之心，既不容许敷衍了事般地打哈哈，也不可用以戏弄对方。“又来了”“喂，您又长膘了”等，自然均应禁用。

寒暄是一种随意性的闲谈，虽无多少实际意义，但传递着一定的社交信息，因此，使用寒暄语应该因人、因时、因地而异，符合自然得体、融洽气氛、适合环境等基本要求。

1. 语言简洁

侯宝林的相声《关公战秦琼》，活灵活现地描绘了两位老人家见面时絮絮叨叨的寒暄，令人捧腹。现代社会随着生活节奏的加快，人们的效率观念越来越强，寒暄也不例外，那种见面就絮叨的寒暄已经被简洁明快的问候和致意所取代。目前，“你好”或“您好”已成为一句通用性极强的寒暄语。

2. 态度真诚

使用寒暄语应讲究态度真诚，出语适度。需要特别注意的是，有些人在使用夸赞式寒暄时，把握不好分寸，结果将恭维变成了吹捧。有这样一个广为流传的笑话：新来的职员上卫生间，恰巧看到局长也在，赶紧堆起一脸笑容，来了一句让局长哭笑不得的名言——“局长，您亲自上厕所呀!”再如，见到年轻漂亮的女士穿了一身新衣服，于是恭维道：“太漂亮了，简直是七仙女下凡、西施再世。”这种吹捧就稍嫌过头了一点，会让交往对象心里不舒服，不知对方是在夸赞自己还是在讥讽自己。

3. 因人而异

语言交际要适应对象，应根据不同的交谈对象采取不同的语言表达方式。社交场合男女有别、长幼有序、亲疏有异，寒暄时自然应该根据交往对象的不同灵活选择合适的口吻、用语和话题。例如，同学在教室外相逢，自然不能以“唉，今天猪肉又涨价了”作为开场。

4. 言随境迁

在不同的场合，要选择使用不同的寒暄语来适应场合、时间的需要。具体而言，正规场合要用高雅些的寒暄语，比如可以使用“久仰”“幸会”“多多关照”等。私人场合要用随意些的寒暄语，但也不能不分地点、场合、时间随口而出，给人造成尴尬，比如，对着刚从厕所里出来的同事问一句：“吃了没?”，其效果可想而知。

三、初次交谈

与陌生人交谈，是交谈中的一个重要方面，也是人际交往中不可或缺的学问。善于同陌生人交谈，可以结识更多的朋友，反之则会失去许多交友机会。初次交谈，给对方留下好印象十分重要，“第一印象”往往成为一个人对另一个人判断的基石。那么，初次见面应当如何交谈呢?

(一) 交谈的开始

与陌生人开始交谈时，有下述几点应予以关注。

1. 打破沉默

参加有陌生人在场的谈话，人们往往有一种畏怯的心理，有人甚至一言不发地干坐着，造成沉闷尴尬的局面。要打破这种沉默的局面，首先要勇于开口讲话。但毕竟是初次见面，这种以开启交谈为目的的讲话，应当是委婉的、简洁的：或者进行自我介绍，主动让对方知道自己；或者询问对方籍贯、身份等，引导对方开始谈话；或者干脆来句“您好面熟啊，我们以前是不是见过?”，这既可以引起别人的兴趣，同时也可拉近双方的距离。

2. 善于鼓励

如果对方在交谈中表现出拘谨和紧张，就需要商务人员自己做一名高明的心理专家，鼓励对方放下包袱，积极主动地参与到交谈中来。常见的鼓励方式有以下几种：

(1) 暗示法。例如，“对这个问题，我觉得小张好像很有见地，我们不妨听听。”

(2) 激将法。例如，“尊敬的陈经理，大家都在等着听您的高见呢。”

(3) 煽情法。例如，“相聚便是缘，坐在一起，我们就是朋友，朋友之间有什么不可以谈的呢?”

3. “侦探心理”

曾有心理学家指出：假如要参加社交聚会，最好先搞清楚与会人士的身份、职业、喜好。如希望结交某个人，当接触机会到来时，不妨让自己做一回“心理侦探”。

(1) 事先从主人处获取相关信息，然后“在恰当的时候对恰当的人说恰当的话”。试想，这种知己知彼的交谈，能不让他发出一见如故的感慨吗?

(2) 察言观色，及时捕捉信息。一个人的文化修养、兴趣爱好，总会或多或少地表现在言谈举止中，只要自己善用耳朵和眼睛，就不难从他人的眼神、声调甚至手提包、打火机等上读出信息，根据这些信息寻找对方感兴趣的话题。

(二) 应避免的话题

俗话说：“酒逢知己千杯少，话不投机半句多。”在与他人的初次交谈中，要想使交谈气氛融洽和谐，避免话不投机带来的尴尬，就应当有意识地避开某些话题。

1. 不谈令人反感的话题

一位哲学家说过：“富有成效的交际，都是站在对方的立场去考虑问题。”一个人的兴趣、爱好决定了他必然有喜欢和厌烦的话题。在交谈过程中，只有寻找到双方都感兴趣的话题，才能令人产生如沐春风的感觉，言有尽而意无穷；如果对方对某个话题表现出明显的厌倦，或者闪烁其词，则应及时转移话题，否则难免自说自话，甚至不欢而散。

2. 不谈搬弄是非的话题

有一句俗语：“谁人背后不说人，谁人无人背后说。天下谁人不说人，天下谁人不被说。”但是，在生活中多数人还是不喜欢那些搬弄是非的人，因为古代先哲早就告诉过我们：“道人是非者，必是是非之人”。人无完人，谁都免不了有这样那样的缺点，在交谈中指责别人的短处、发泄对别人的不满，不但使自己显得气量狭小、没有修养，还容易陷对方于尴尬境地。

3. 不谈涉及隐私的话题

所谓隐私，自然是不可随意示人的东西。当今社会，人们对隐私的保护意识日益增强。若是初交，话题应该尽量避免涉及属于对方隐私范围的话题。最好不要询问对方的年龄、收入、婚姻、信仰、住址、职业和经历。即使是对方主动提及，也应斟酌考量、适可而止，不要没完没了地谈论该话题；更不要刨根问底，非要把对方调查清楚。须知：关心过度也是一种伤害。

4. 不谈格调不高的话题

谈话内容应该文明高雅、格调高尚，并应尽量避免一些倾向性错误的话题。此外，家长里短、小道消息、“黄色段子”等，皆属格调低下之列，亦为君子所不齿。

(三) 留下良好印象

在交谈时，如欲给初次见面者留下良好的印象，则必须关注下列各点。

1. 营造亲切的气氛

初次交谈，只有营造出亲切温馨的气氛，才能化解紧张和拘谨，而微笑无疑是最有效的手段。在这个世界，大概是没有人不喜欢微笑的。它可以在最短的时间内表现出欢迎和容纳，也可以在最短的时间内传递出真诚和友善。当出现尴尬局面时，一句不失时机的幽默话语，往往能使人会心一笑。

2. 充当忠实的听众

先哲说过：“上帝赋予了我们人类两只耳朵、一张嘴巴，就是为了让我们少说多听。”曾有社会学家指出：在人们的日常语言交往活动中，听的时间占54%，说的时间占20%，读的时间占16%，写的时间占9%，足见听的重要性。聪明的交谈者总是能热情而专注地倾听对方，一则可以及时准确地把握对方的意图；二则能够表现对对方的礼貌和尊重。特别是当对方谈兴正浓、滔滔不绝时，听众通常只需要出上两只耳朵，静静地倾听。如确有必要插话，可用一句“对不起，我插一句，好吗?”来征得对方的同意。不要在对方滔滔不绝时随意打断对方，更忌粗鲁地转移对方的话题，即使自己对这个话题兴趣不浓，也要当个有教养的、耐心的听众。古人有云：“智者善听，愚者善说。”就是说的这个道理。

3. 灵活地进行应对

初次交谈，不少人都希望对方能够敞开心扉，能够多谈且深谈。但不可否认的是，从相知到相熟是一个渐进的过程，初次交谈的目的更多是寻找相同的兴趣点。因此，应当随时随地留意对方的兴趣所在，观察对方的态度变化，如感到对方对足球不感兴趣时，就不要在足球上兜圈子，否则会给对方留下没有共同语言的印象。

4. 追求开谈有益

无论是闲聊消遣还是较深入的交谈，那些深刻而精辟的语言都能给对方以启发和诱导，开阔对方的视野和思路，自然也能反映谈话者的修养和知识水平。但要在每个话题上都能发表独到的见解，实非易事，因为那种所谓的“上知天文下知地理，古往今来无所不通”的至高境界不是一般人能达到的。所以，交谈过程中应该有所为、有所不为。当话题涉及自己较为熟悉的领域，不妨适当展示一下自己的学识，适当显示自己的睿智，给对方留下深刻的印象；当话题并非自己的优势领域时，则要懂得藏拙，多听听别人的见解，以免班门弄斧、贻笑大方。

此外，在聚会的场合，交谈的热烈程度决定着聚会的气氛。主人一方总是千方百计让朋友们畅所欲言，聊个开心，这就需要能引起众人兴趣的话题。那么如何才能找到恰当的话题呢？方法如下：

(1) 情景导入法。与人交谈时，往往可以围绕环境气氛或者交谈对象，巧妙地借用某些外物，寻找话题的切入点。这些话题可以是当天的天气，“今天天气可真好”往往是访问性交谈、结识性交谈的导入语；可以是对交谈场合装饰装潢的评论，这类话题能轻松化解交谈中出现的尴尬；而在女性之间，时尚的衣着、漂亮的发型、美丽的饰物，都是比较稳妥且永远都不会过时的话题选择。

（2）热点入题法。当三个人以上交谈时，可选择某些人们想谈、能谈、爱谈的社会热点话题，引发众人的讨论。这些话题具有两个明显的特点：第一，与人们的工作和生活紧密相关，受到人们普遍的关注，如孩子上学问题、医疗保险问题、房价和车价问题等；第二，为人们所耳熟能详，属于大众化的话题，在场的每个人都能对此话题发表意见，如国际、国内的重大新闻事件等。

（3）投其所好法。每个人都有着自己的兴趣爱好，对方最感兴趣的事常常也是最乐谈、最健谈的话题，但怎样去发现对方的兴趣所在呢？那就需要抛砖引玉了。首先谈自己的兴趣爱好，并察言观色：如对方对收藏表现出浓厚的兴趣，那他可能就是一个古董迷；如果对方对车价表现出浓厚的兴趣，那他可能就是一个车迷或者一个准备购车者。只要能够寻找到彼此的兴趣共同点，对方自然能敞开胸怀，滔滔不绝，谈话气氛也就自然融洽和谐了。

（四）交谈中的赞美

马克·吐温曾经说过这么一句幽默而富有哲理的话：听一次被人赞美的话，我可以多活两个月。钢铁大王安德鲁·卡耐基甚至在墓碑上也不会忘记称赞别人，他为自己所写的墓志铭是这样的：“这里躺着一个人，他懂得如何与比他聪明的人打交道。”他们所告诫人们的是：恰当的赞美，乃交谈之常规。

1. 交谈需要赞美

在交谈中，适度赞美他人非常重要。

（1）人人渴望赞美。“荣誉和成就感是人的高层次需求”，“人类本性中最深刻的渴求就是赞美”。人人都有获得荣誉的动机，都希望在工作和生活中获得别人的肯定、赞扬、称颂，赢得别人对自己的尊敬。因此在交谈中，特别是在上级与下级、长辈与晚辈的交谈中，多用赞美性语言，有助于帮助对方树立信心，激励对方奋发向上。

（2）赞美是人际交往中的润滑剂。交谈中不失时机地予以赞美，可以增进交谈双方之间的理解、信任和容纳，使彼此之间的感情距离在不知不觉中缩短，为沟通和交流奠定良好的感情基础。正如托尔斯泰所言：“就是在最好的、最友善的、最单纯的人际关系中，称赞和赞许也是必要的，正如油滑对轮子而言。”

（3）赞美能激发交谈的兴致。在交谈中主动地、适当地恭维和赞美，可给人满意和愉快的情绪体验，为交谈创造出一种和谐的氛围。例如，对年轻人，不妨语气稍微夸张地赞扬他的创造才能和开拓精神，并举出几点实例证明他的确能前程似锦；对经商的人，可称赞他头脑灵活，重诚守信；对对方一个颇有深度的见解表示由衷的钦佩等，都能引起对方的共鸣，让他在愉快的气氛中深入交谈下去。

2. 如何赞美别人

在交谈中，赞美固然重要，可是缺乏恰当得体的方式方法，结果或者找不出赞美的话，或者弄成了露骨的溜须拍马，反而适得其反，让对方感觉不舒服。那么，如何赞美别人呢？

（1）直抒胸臆。例如，交谈结束了，紧紧握住对方的双手，动情地说："和您谈了这次话，令我茅塞顿开，找到了解决问题的思路。我一定按照您的指点，把工作做得更好。"

（2）借人之口。借用别人的话来赞美对方，用借花献佛的方法能有效避免阿谀奉承之嫌，更显自然。例如，会议结束后，李经理与王董事长一起回公寓，聊起新一年的工作计划，李经理便通过引述大家的议论来表明自己的看法："员工们听了您的工作报告，都感到很受鼓舞，对公司准备推出的改革措施充满了希望。"

（3）曲径通幽。通过赞美与对方有密切联系的人或事，来曲折表达对他的赞美。如王熙凤初见林黛玉便道："天下真有这样标致的人物，我今儿才算见了！况且这通身的气派，竟不像老祖宗的外孙女，竟是个嫡亲的孙女，难怪老祖宗天天口头心头一时不忘。"在这里，王熙凤借夸黛玉"通身的气派""竟是个嫡亲的孙女"，来夸赞贾母的遗传好，还顺带夸赞了在场的三位贾府小姐，实在是高明之极。

第二节　演　讲

在商务交往中，绝大多数商务人员都经常需要对客户、同事阐述见解，发表意见。因此，良好的口才是商务人员所应该具备的基本工作能力。

演讲，又叫作演说、讲演，是指当众所进行的一种正式而庄重的讲话，旨在就某一问题阐述个人见解，或论证某一观点、说明某种情况。简而言之，演讲就是当众所进行的正式发言。

正所谓"术业有专攻"，与政治家的演讲偏重于宣传鼓动、科学家的演讲侧重于科学论证所不同的是，商务人员通常所进行的演讲则大多属于礼仪、说明性质。例如，欢迎词、欢送词、祝贺词、答谢词、解说词、介绍词等。它们往往具有常规性、广泛性、应酬性、临时性等特点，故又称为即席演讲。进行即席演讲，一般仅需片刻时间，但它却是对演讲者个人综合素质的一种最有效的测试。以下将从演讲的要求与演讲的类型这两个方面来分别介绍相关的礼仪规范。

一、演讲的要求

虽然同样都是运用语言进行交流，但演讲却与交谈大有不同。交谈的主要特征是：谈话双方需要双向沟通、双向交流；而演讲的主要特征则是：演讲者在演讲时完全可以单向思维、单独表达，而不受外界的任何影响。但是，这并不意味着演讲可以不讲规则、随意表述。在实际生活中，健谈者多矣，成功的演说家却并不常见。

从礼仪规范上来讲，演讲的基本要求是精心准备、善始善终、循规蹈矩、即席发挥。

（一）精心准备

尽管许多演讲都是即席而为，但要令其出彩，就不能不在平时进行一些必要的准备。有道是：冰冻三尺，非一日之寒。只有平日的认真积累，才有演讲的成功。准备演讲，大致上应注意下列几点：

一是积累素材。在日常工作与生活中，要多看、多想、多问、多记，为演讲积累必要的素材。一般而言，但凡受到称道的演讲，通常都有好的故事、好的“金句”。显而易见，它们都需要演讲者平时加以积累。

二是撰写提纲。并非每一次演讲皆应成文，但任何一次出色的演讲都往往少不了事先认真撰写的提纲的帮助。一份要点明确、层次清晰的提纲，是演讲必不可少的提要与骨架。

三是进行演练。如果条件允许，应在准备演讲的过程中进行几次必要的预演。进行预演时，可以请人到场观摩，也可以自我演练。演练的最大好处，是可以提前发现漏洞。

四是精力充沛。进行重要演讲前，应进行充分的休息，以保证自己在演讲时精神焕发，神采奕奕。

五是仪表整洁。演讲前一定要精心修饰仪表，细心选择服饰。一名服饰得体、仪表整洁的演讲者，到处都会受到欢迎。

（二）善始善终

此处的善始善终，就是指在平时锻炼自己的演讲能力时，商务人员一定要重视演讲的开场与结局。在正式演讲之中，它们被称为至关重要的上下场。要做好这一点，应当注意：

一是精心安排好开场。万事开头难，一次演讲如果不能拥有出色的开场白，就可能意味着失败。因此，演讲时一定要安排好开场白，以求先声夺人。具体要做到下面几点：

（1）设法抓住听众。演讲的开端，最忌陈词滥调、平淡无奇，所以在其开始时，即应引起听众的好奇与注意。

（2）尽快进入状态。开始演讲时，应尽快阐明要点，直奔主题。切勿东拉西扯，不着边际。

（3）促使听众参与。高明的演讲者一定要让自己的开场白引发听众的共鸣，从而使听众与自己积极配合，主动呼应。

二是认真设计好结局。一场优秀的演讲，不仅要有良好的开端，而且忌讳虎头蛇尾的结局。要防止留下一个失败的结局，关键应注意三点：

（1）适可而止。任何演讲都忌讳耗时过长，一般的演讲应控制在一刻钟之内，最长也不宜超过一小时。适时结束演讲，是对演讲者的基本要求。

（2）留下空间。结束演讲时，不但时间上要限制，而且内容上也忌讳反复铺陈，说来道去。高明的演讲者在演讲结束时往往都要留下一定的空间，使听众意犹未尽，回味无穷。

（3）概括要点。为了完成演讲的基本任务，在演讲结束之际，应对其要点进行必要的小结，以便强化听众的印象。

（三）循规蹈矩

在进行任何性质的演讲时，都有一些基本规矩需要演讲者自觉加以遵守。

一是讲政治。不论是在内部演讲还是公开演讲，都要注意其政治导向。绝对不允许演讲内容有悖宪法与法律，或者非议国家、非议民族、非议党或政府。

二是有思想。任何演讲都应当力求具有新思想、新观点、新视野。一场没有思想、无的放矢甚至是无病呻吟的演讲，只会给听众留下不好的印象。

三是选内容。成功的演讲讲究“以理服人”与“以例服人”。前者指的是演讲要有思想，后者则是要求演讲必须内容充实、材料丰富、旁征博引，并言之有物。

四是重语言。演讲的语言应当生动、形象、风趣、幽默。为此，可以多举案例，多打比方，但不应庸俗无聊，格调低下。与此同时，演讲者还应控制节奏与声调，力求使之悦耳动听，抑扬顿挫。

五是看表现。进行演讲时，高明的演讲者往往都善于声情并茂，以适当的表情、神态、语调、动作与演讲的内容相互配合。应当注意的是，演讲时表情、神态、动作过度夸张与面无表情、神态漠然、动作呆板一样，都是不适当的。

六是守时间。前面已经说过，在时间上对演讲提出的要求是短而又短，适可而止。即席演讲，尤其需要时间越短越好。进行限时演讲时，千万不要超过规定时间，否则被别人“叫停”，会令自己颜面无光。

（四）即席发挥

商务人员经常会遇到应邀发表即席演讲的情况。与常规演讲不同，即席演讲通常没有准备，有时难免令人措手不及。

尽管即席演讲讲究的是即兴发挥，但又绝对不允许演讲者无所顾忌、不讲分寸。下列几点均应引起即席演讲者的充分注意：

一是泰然自若。应邀进行即席演讲时，应当神态自如、大大方方、高高兴兴。这样一来，就会使自己在听众之中赢得出场的高分。如果出现推辞、勉强等积极性不高的情况，甚至手足无措，则颇为不妥，有失礼仪。

二是即兴有度。即兴，是即席演讲的主要特征。所谓即兴，一般是指对眼前的景物有所感触，临时发生兴致而抒发感慨。要令自己的即兴感触与听众产生共鸣，就一定要使演讲内容与现实的场景、气氛彼此协调，深浅适度，庄谐结合。无限度地即兴发挥，是即席演讲之大忌。

三是以例服人。为避免演讲枯燥乏味，演讲者一定要做到使演讲内容深入浅出，坚持理论联系实际，善于采用现实生活中的生动事例对深奥的理论进行形象的诠释。

四是借题发挥。即席发表演讲往往要求演讲者善于借题发挥，善于将演讲的主题与听众身边的人与事相联系。必要时，还可以巧用身边的实物、图表，或是对众所周知的成语、典故借题发挥。

二、演讲的类型

在商务往来中，商务人员所进行的演讲通常存在着许多具体的类型。依其功能而论，演讲可以分为欢迎性演讲、欢送性演讲、祝贺性演讲、答谢性演讲、解说性演讲、介绍性演讲、总结性演讲、汇报性演讲等。在礼仪规范上，它们各自都有一些与众不同的具体要求。

（一）欢迎性演讲

欢迎性演讲，又称致欢迎词。在商界，每逢来宾光临或者新同事加入，通常都应当适时地致欢迎词。致欢迎词时，重点应放在“欢迎”二字上，并且应当始终热情洋溢。除此之外，还有以下几点注意事项：

一是看对象。具体对象不同时，欢迎词应在语气上有所区别：对前来本单位检查业务的上司，应当谦恭；对初来乍到的客户，应当诚恳；对新近加入的同事，则应当热情。

二是看内容。在内容方面，欢迎词应包括自我介绍、欢迎之意的表达、对被欢迎者的建议与希望等。其中尤其不可缺少致词者对本人及所在单位的自我介绍。

三是看态度。在态度上，致词者在致词时要落落大方，充满自信；面带微笑，热情友善；朴实无华，平易近人。与此同时，还应注意与听众“等距离沟通”，以免厚此薄彼。

四是看场合。致欢迎词，通常宜选择较为正式的地点，经过布置的大礼堂、会议室、接待室以及宴会厅，都是最佳的选择。饭店的大堂、公司的大门口等处因人来人往，较为嘈杂，一般不宜在此处致欢迎词。

（二）欢送性演讲

欢送性演讲，又称致欢送词或送别词。每逢同事离职、朋友远去，或者同行、客户告别之际，为了对其表示惜别之意，一般都要致欢送词。

致欢送词，实际上就是郑重其事地施以临别赠言。在正式的欢送会上，一篇恰到好处的欢送词不仅可以表达致词者的情意，而且也可以令被欢送者备觉温馨。

撰写欢送词时，重点应当放在充分地表达致词者的惜别之意以及对交往双方之间友谊的无比珍视上。具体来说，应兼顾以下五点：

一是适当地回忆既往与被欢送者共处的美好时光。

二是恰到好处地对被欢送者进行高度评价，或是回顾被欢送者在工作上所取得的成果。

三是真心实意地向对方表达自己的依依惜别之意。

四是向对方致以诚挚的敬意与美好的祝福。

五是富有文采，并令其充满真情实意。

（三）祝贺性演讲

祝贺性演讲，又称致祝贺词。每当适逢交往对象喜庆之事，或者出席庆祝会、纪念会、嘉奖会以及开业、剪彩、庆典之时，商务人员往往免不了要向对方致祝贺词。祝贺词亦称贺词，其基本要求是：恰如其分地表达祝贺之意，既要力求使之具有新意，可以为受贺者锦上添花，又要避免例行公事式的官样文章或者词不达意。具体来说，准备祝贺词时，需要兼顾以下四点：

一是以“恭喜”为全篇的中心。在一篇祝贺词的字里行间，都要充满热烈、喜悦、愉快、感人的气息。一切与此无关之事，千万不要随便提及。

二是对受贺者进行客观评价。在祝贺词中，要着重肯定受贺者的成绩，赞美对方的优点，称颂对方取得的进步。在扬长的同时，千万不宜揭短。

三是祝福受贺者再接再厉。在一篇祝贺词里必不可少的，通常是对受贺者未来的良好祝愿。

四是力戒无限度地恭维受贺者。致祝贺词时，重在表达真情实感，并且应当充满激情，不过切勿无限度地对受贺者大唱颂歌。

（四）答谢性演讲

答谢性演讲，又称致答谢词。在商务交往中许多获得荣誉、嘉奖的场合，或者在取得成功、受到祝贺之际，通常都应当适时地致答谢词。

准备答谢词时，必须将其重点置于“感谢”之上，与此同时，亦应对自己作出适当的评价。二者缺一不可，否则就会令一篇答谢词失之于完整。

具体来说，一篇成功的答谢词应注意如下五点：

一是正视成绩。在答谢词中，不妨先客观、全面地回顾一下自己或本单位所取得的进步。这样，答谢词中的有感而发才不会显得突兀。

二是自我肯定。在回顾自己或本单位的发展、进步时，应当实事求是、大大方方地肯定自己的成绩。这样做，不但说明自己充满自信，而且也表明自己具备一定的实力。

三是正视不足。致答谢词，应坚持一分为二的观点，不但要肯定自身之所长，而且要不忘自身之所短，这样才可能再接再厉、不断进步。

四是谦虚谨慎。在答谢他人时，切莫自吹自擂、得意忘形。英国人丁尼生说过：“真正的谦虚，是最崇高的美德。”这一美德，理应为每一名商务人员所具备。

五是感谢各方。在致答谢词时，对于各界各方给予自己的支持，均应不厌其烦地一一致谢，必须面面俱到，不得丢三落四，同时不得忽略被感谢各方的先后排序。

（五）解说性演讲

解说性演讲，又称致解说词。它指的是应他人的请求，或是为了满足他人的需要，而对某一事物所进行的专门说明或解释。在各种新产品、新技术、新服务或新项目的陈列会、推广会、展示会、发布会上，有关人员往往需要致解说词。

致解说词时，一般应当对以下四点加以注意：

一是熟悉业务。在准备解说词时，务必对与解说对象相关的业务有尽可能多的了解。这样做，会使自己充满信心地解说相关产品的性能，避免出现被人问倒的尴尬局面。

二是强调特征。对某一事物进行解说时，一定要抓住其功能、设计、外观、价位等方面的特征广而告之，这样便会牢牢抓住听众。

三是实事求是。解说某一事物时，固然应讲究扬长避短，但同时坚持实事求是则是永恒的原则。借致词之机向听众传播虚假信息，甚至公然坑、蒙、诈、骗，则是绝对要不得的。

四是有备而至。准备解说词时，应考虑听众届时可能产生的反应以及可能提出的问题，并且提前做好准备。只有这样，才能临阵不慌。

（六）介绍性演讲

介绍性演讲，又称致介绍词。当来宾参观、宾主见面、新人加入时，往往需要由专人致介绍词，对本单位有关人员及本单位有关情况进行简单介绍。

就具体内容而言，介绍词与解说词既有共同之处，又有一定差异。二者的共性在于它们都侧重于进行情况说明；二者的差别则是：解说词以新产品、新技术、新服务、新项目等“物”为对象，介绍词则以个人或单位等“人”为对象。

介绍性演讲既可以单独进行，也可以作为一个部分与欢迎性演讲、祝贺性演讲等合并进行。当致介绍词单独进行时，下述三点应予注意：

一是详尽具体。不论是介绍个人还是介绍单位，均应尽可能地全面、详尽、具体。总之，介绍得越详细，给听众留下的印象就越深刻。

二是突出重点。在撰写介绍词时，应力求突出被介绍者的优点、专长、业绩以及其他与众不同之处。若其平淡无奇、没有特色，便难以抓住听众。

三是诚实自信。进行介绍时，应坚持诚实的原则，在任何情况下都不应当弄虚作假、自欺欺人。此外，还应当充满自信，若是自惭形秽、底气不足，往往会直接有损介绍的效果。

（七）总结性演讲

总结性演讲，又称致总结词。每逢各类会议或各种活动的结尾，都少不了要由负责人致总结词。它的具体内容，既可以是对会议、活动的总结，也可以是对个人或本单位工作的总结。

所谓总结，一般指的是将某一阶段内的工作、学习以及思想上的各种情况进行分析研究，归纳出经验与教训，并作出具有指导性作用的结论。由此可见，致总结词时有三点事项应着重予以注意：

一是全面回顾。进行总结时，有必要认真、全面、系统地对自己个人或单位的基本情况进行回顾。所谓“温故而知新”，回顾过去是为了未来有所发展、有所进步。具体回顾时，既要看到成绩，又要承认不足。

二是总结经验。“前事不忘，后事之师。”必须清醒地认识到，进行总结的目的就是要获得宝贵的经验。

三是吸取教训。在总结经验的同时，亦应及时地从个人或单位过去的失误中吸取教训，防止未来犯同样的错误。

(八) 汇报性演讲

汇报性演讲，又称致汇报词，简称汇报。它通常是就工作或业绩以及其他问题专门向上级或群众报告。每当上级检查、进行述职、考查评估或反映情况时，商务人员向他人进行汇报往往属于例行公事。进行汇报时，主要应注意以下四点：

一是目的明确。进行汇报，必须有其明确而具体的目的。为准备汇报而收集材料时，应有的放矢。

二是有主有次。在汇报中，各类情况与材料均应主次分明，条理清晰，逻辑性强。

三是真实无欺。进行汇报时，应坚持实事求是，一分为二。不能“报喜不报忧”，或“报忧不报喜”；更不允许弄虚作假，欺上瞒下。

四是准备全面。准备汇报时，应尽量收集各种资讯，以便完善汇报内容，积极应对他人对汇报的质疑以及其他问题。

第三节　电　话

电话是人们在社会交往中使用最频繁、最重要的沟通工具，是人们工作、生活中不可缺少的交际工具。正确地使用电话，不仅要熟练地掌握使用电话的技巧，更重要的是要掌握打电话与接听电话的礼仪，维护好自己的“电话形象”。

一、电话形象

在商务交往中，电话是一个人的“声音名片”，电话交谈可以反映一个人的涵养，并给对方留下深刻的印象。因此，商务人员要注意电话的基本礼仪。

(一) 耐心拨打

拨打电话时，要沉住气，耐心等待对方接电话。一般而言，至少应等铃声响过六遍或者大约一分钟时间，确信无人接听后才可以挂断电话。切勿急不可待，巴不得立刻就有人接。一旦铃声响过三遍，就挂断电话重新再拨，或者干脆不再拨打，甚至埋怨对方，如此这般都是缺少涵养的表现。

(二) 勤于接听

对于接电话的一方来说，要把握好接电话的时间。电话铃一响，就应该做好接听电话的准备，切不可故意让铃声响几遍再慢慢吞吞、懒洋洋地伸手去接，这是怠慢对方的表现。在国外，有接电话应“响铃不过三”的说法。当然，接电话亦不宜在铃声响过一遍就立即接听，以免给对方唐突之感。铃声响两三遍再接是最适宜的接听电话时间。如果确有重要原因而耽误了及时接电话，则需要向对方解释一下，并表示歉意。

（三）解释差错

如果发现对方拨错了电话，不应责备对方，而应向对方解释，告知本号码是某单位或某人的。在必要或可能的情况下，不妨告诉对方他所要拨打的正确号码或代为查找。这样做，既体现了个人的优良素质，还维护了自己所在单位或部门的形象。通话过程中如果因线路或其他客观原因造成电话中断，则应由拨打电话的人迅速重拨一遍，不可让对方久等，并且应向其解释、道歉。受话人则应在电话旁稍等片刻，不宜转而他为，甚至抱怨、责备对方。

（四）安排顺序

如果同时有两个电话待接，则应先接首先打进来的电话。在向对方解释并征得对方同意后，再去接另一个电话。一般应让第二个来电的人留下他的电话号码，如果是有来电显示，则可告诉对方一会儿再主动与之联系，然后再转听第一个电话。如果两个电话中一个是长途，则应先与长途来电者通话。如果两个电话均为长途或市话，则应按上述原则接听。切不可同时接听两个电话，或者只接听其中一个而任由另一个来电铃声不止。

（五）殷勤转接

如果在工作场合中接到电话，发现对方要找的是本单位或本部门的其他人，应让对方稍候，再热忱、迅速地帮助对方寻找所要联系的人员。切不可不理不睬，直接挂断电话，或者告诉他“打错了”随即了事；也不可慢悠悠地去找人，以免让拨打电话者误认为存心拖延时间。

（六）电话录音

如果需要设置录音，必须发音友好、谦逊。通常，预留的录音大致如下：“您好，这里是××公司××部，现在我不在电话旁，请您在信号声过后留言，或留下您的姓名和电话号码。我将尽快与您联络。谢谢。”

二、电话语言

电话，主要是以语言交流为基本形式的沟通工具。正确、有效地使用语言表达，乃是电话礼仪的重要内容。一般而言，在使用电话时都应当遵循礼貌、规范、温婉、文雅这四项基本的用语要求。

（一）用语礼貌

用语是否礼貌，是对通话对象尊重与否的直接体现，也是个人修养高低的直观表露。要做到用语礼貌，就应当在通话过程中较多地使用敬语、谦语。通话开始时的问候和通话结束时的道别，是必不可少的礼貌用语。

通话人开口的第一句话事关留给对方的第一印象，因此要慎重对待。一句“您好”可以让对方倍感自然和亲切，而一张嘴就“喂喂”个不停，或者询问对方“有人吗”，甚至单刀直入地盘问“你找谁”“你是谁”“什么事啊”等，都是极不礼貌的开场白。

通话过程中，通话人应当根据具体情况适时选择运用“谢谢”“请”“对不起”等礼貌用语；通话结束时须说“再见”。若通话一方得到了某种帮助，则应不忘致谢。通话结束可主动征求对方意见：“就谈到这里，好吗？”等对方说完放下话筒，才可以挂电话。

（二）用语规范

在通话的过程中，自始至终都要尊重自己的通话对象，待人以礼，表现得文明大度。在正式通话前，首先要说一声：“您好！”接下来要自报家门，以让对方知道自己是谁。在电话里自报家门，通话人有四种模式可以借鉴：第一种，报本人的全名。第二种，报本人所在的单位。第三种，报本人所在的单位和全名。第四种，报本人所在的单位、全名和职务。其中第一种模式主要适用于私人交往，后三种模式适用于公务交往。最后一种模式是最正规的。

（三）用语温婉

通话时语气的把握至关重要，因为它直接反映着通话人的办事态度。语气温和、亲切、自然，往往会使对方对自己心生好感，从而有助于交往顺利进行；语气生硬傲慢、拿腔拿调，则无助于工作的顺利开展。

不论自己是什么身份或是有什么值得生气的事，打电话给别人时，都不应该厉声呵斥、态度粗暴无理。当然，低三下四也没有必要。如果对方电话有总机的话，不要忘了对总机话务员问声好。比如：“您好，请转总裁办，谢谢！”遇上要找的人不在，需要接听电话的人代找，或转告、留言时，同样要文明有礼貌，并且还要用上“请”“劳驾”“谢谢”之类的礼貌用语。

（四）用语文雅

通话过程中，为了不影响他人的正常工作，通话双方都应对自己的说话音量和方式加以控制。既不可大声嚷嚷、高声谈笑，或者一惊一乍、时高时低，以致打断他人工作思路；也不可窃窃私语、鬼鬼祟祟，无端吸引他人注意。

除了用语要文雅外，通话人的举止亦应保持文雅。话筒要轻拿轻放，不能用力摔挂。通话时应避免过分夸张的肢体动作，以免带来嘈杂之声。

三、拨打电话

双方打电话，总有一方为发起人。发起人为打电话者，在打电话的过程中占有主动的地位。如果打电话者想给对方留下良好的印象，取得满意的通话效果的话，就要在打电话的时间、通话的内容等方面考虑周全，而且还要注意自己的态度。

（一）打电话前的准备

打电话之前必须有所准备，具体如下所述。

1. 列出通话提纲

若有可能，拨打电话给他人前应列出通话提纲。它的内容宜具体，例如，谈话要点、所要提到的数据等，可以提前将其记录在纸上。这样做，既能节约通话时间，又不至于通话时“忘词”。如此一来一通电话，就可以层次分明、有条有理地把内容说了，不会出现丢三落四的情况。通话内容宜简明扼要、干脆利索，不吞吞吐吐、东拉西扯，否则既浪费了时间，又给对方留下了糟糕的印象。

2. 将情绪调整好

人们往往以为通过电话交谈，谁也看不见谁，讲起话来就不注意带表情、带动作。其实这是不对的。如果希望对方了解真正的自己，就必须把笑容、点头以及手势变成对方听得见的声音，激动时还可以带上动作，把声音表情夸大一些。因为没有表情时讲出来的话往往是干涩而没有感情的，对方一听就能想象出来。对方想象到某人毫无表情地和他谈话，自然也就没有热情了，这样就中断或阻隔了两人的情感交流。如果正心情不好的时候有电话打来，在接听电话前一定要稳定一下情绪，努力使自己高兴起来，不要把烦恼和不高兴传染给对方，更不能因对方在不适合的时候打来电话而发火。因为对方并不知道自己在干什么，如果自己一说话就带有一种不欢迎或不耐烦的情绪，对方马上就能觉察，想说的话往往也就不说了。

（二）选择适当的时间

通话最佳时间，是在双方事先约定的时间或对方方便的时间。除了有要事必须立即通告外，不要在别人休息时间打电话。例如，每天上午 7 点前、晚上 10 点后，以及午休时间、用餐时打电话，均不合适。还要注意，给海外的人士打电话，要先了解一下时差，不要不分昼夜地骚扰人家。例如，中国北京与美国纽约的时差为 13 个小时，北京下午 3 点时，纽约人却在深夜睡得正香，如果忽视时差，把人从睡梦中惊醒是十分不礼貌的。

打公务电话，尽量要公事公办，不要在对方私人时间，特别是节假日时间里拨打电话。如果能有意识地避开对方的通话高峰时间、业务繁忙时间、生理厌倦时间，打电话的效果会更好。例如，会计师最忙的时候是月头和月尾；医生最忙的时间是上午；行政人员 10 点半后到下午 3 点最忙；给公务员打电话最适合的时间是上班时间，但不要在午饭前后和下班前打电话；销售人员最闲的日子是雨天或雪天，或者上午 9 点前和下午 4 点后；对教师而言，最适合的时间是放学的时候；对家庭主妇而言，最适合的时间是早上 10 点至 11 点；打电话给忙碌无比的高层人士，最适合的时间是早上 8 点前和下午 5 点后。

每次通话时间的具体长度都要有所控制，基本的要求是宁短勿长。通常提倡“三分钟原则”。其含义是：在打电话时，应当自觉地、有意识地将每次通话的时间限制在三分钟以内。在通话开始后，除了要自觉控制通话时间外，必要时还要注意受话人的反应。例如，可以在开始通话时，先问一下对方现在通话是否方便，如果对方不方便，应再约另外的时间。

如果通话时间较长，最好先征求一下对方意见，并在结束时略表歉意。在对方节假日、用餐、睡觉时，万不得已打电话影响了别人，不仅要讲清楚原因，而且不要忘了说声

“对不起”。在对方工作时间里，原则上不要因私通话。在和对方通话时，可以多称呼对方，不仅会使对方专注，而且还会增加你的感情色彩。

（三）通话之时的态度

通话过程中，打电话者要做到文明礼貌，态度热情诚恳。尤其需要注意以下几点：

（1）讲究姿势。打电话的时候，最好用手拿好话筒，尽量不要在通话时把话筒夹在脖子下，抱着电话机随意走动，或是趴着、仰着、坐在桌角上，或是高架双腿。如果边打电话边吃东西，在公众场合或对方不是你的十分亲密的朋友面前，都是失态的。

（2）控制音量。不论是打电话还是接电话，话筒和嘴都要保持3厘米左右的距离，声音宁小勿大。用电话谈话，必须完全依靠声音，电话声音就是唯一的使者，故此必须通过它给对方一个良好的印象。所以，传到电话那端的必须是一个清晰、生动、中肯、让人感兴趣的声音，首先音量要适中，更要注意发音和咬字准确。

（3）切勿大叫。不论是长途还是市内电话，都不要大喊大叫，要想着自己是对着对方的耳朵说话。如果电话里有杂音或者其他故障，对方听不清楚的时候自然会提示自己大点声，此时就可以适当加大音量。如果自己听不清对方的声音，可以礼貌地说：“对不起，您的声音我听得不是很清楚”或“对不起，话机好像有什么问题，听得不是很清晰”等话语来加以提示，对方自然会加大音量。

（四）区别通话的对象

打电话时，应首先确定通话的对象与自己的关系，如领导与被领导、支配与从属、年长与年幼、亲与疏、同性与异性等。

1. 与尊长通电话

在一般情况下，跟领导、客户、师长通话，声音宜稍大，语速略快，以给对方传递出自信、热情和机敏的信息；与下属通话忌拖声拖气，夹着“这个”“那个”之类的口头禅，每句话宜短促，显示出果断的气质。有种误区应特别引起人们的注意，那就是有的领导为了显示自己的身份和支配他人的权力，故意将声音提得很高，这样很容易给人以粗俗的印象。此外，在电话里大声指责作为通话对象的下属，也是很不可取的。因为打电话毕竟不同于面对面的交谈，缺少环境的烘托和表情的搭配，电话里批评容易造成对方的厌恶和鄙视，心底里对领导产生排斥，因此批评与教导宜当面指出而不应通过电话。

2. 与异性通电话

与年龄相仿的异性通话，嘴要靠送话器近一点，说话声音不宜过大，尽量用气声，语速适中。这样既能拉近与对方的关系，又能给对方以亲切感和有教养的感觉。需要注意的是，不要矫枉过正，声音太小让对方听不清，影响正常交流；用气声时一定要口齿清晰，不要含混不清，有气无力，给人一种黏黏糊糊的感觉。这里说的异性，是指一般的两性关系，而非特定的如夫妻、恋人的关系。对此若把握不好，容易给对方造成误解、令对方产生歧义，不仅达不到预期的通话目的，反而会适得其反、令人生厌。

3. 与友人通电话

与关系亲密的朋友通话，嘴要离送话器稍远一点，可以稍许地声音大、语速快，借以传递出兴奋、快乐、健康的信息。

4. 与客户通电话

在与客户通话时，除了亲切、谦虚、清晰和表述明白外，还要注意多听对方讲话，并及时地给予应答、附和、赞美。因为每一个人都有“重要人物”的自我感觉，如果总是自己一人讲，将对方置于受支配的地位，对方的重要性受到忽略，往往就会引起对方的反感，从而不利于达到通话的目的。

5. 因人而异

每个人说话的特点是不一样的，在不同的地点打电话时说话的方式也是不一样的。因此，通话时一定要注意对方的语气和语速。如果拨通对方电话，对方低声与自己交谈，说明对方正在开会或接待客人或与人交谈或不方便接听电话，届时应立即放低声音，问明情况后询问什么时候方便，以便在方便的时候再拨打电话，然后迅速挂断电话。忌一味喋喋不休地自说自话，让对方十分尴尬。

（五）通话内容宜简洁

在电话里交谈，总不如两人面对面交谈方便。看不到对方在做什么，不知道对方是不是在听自己讲话，对方也同样不知道自己是否对他说的问题感兴趣，这就要求在打电话时适当多说两句，作为补充交流，使双方更好地沟通。如果与对方谈话涉及的内容太多，可能需要较长时间，先问问对方是不是方便。

与此同时，发话人须明确自己的通话主题，并且言简意赅地表达清楚。要做到主次分明、详略得当，明确什么该说、什么不该说、什么要多说、什么要少说。说话切勿东拉西扯、漫无边际，更不可说一些类似“猜猜我是谁”“知道我找你有什么事吗”的废话。如果通话内容已陈述清楚，就应当及时结束通话，无须唠叨。对方听自己说话时，要时不时地问问他，对自己说的话有什么看法、想法，让他发表些意见。如果只是自己一个劲地说，对方听多了就会分散注意力或不耐烦。届时问他一个问题，例如问一下他是否同意自己的某项提议，就是提醒对方认真听。这也是交流的补充，会促使双方都集中精力。

四、接听电话

在通话的过程中，接电话的一方虽然处于被动的地位，但在礼仪方面，却没有主动、被动之分，同样要十分注意礼仪规范，以保持良好的形象。

（一）接听电话的规则

接听他人来电时，商务人员对于下述几点应予以注意。

1. 准备纸笔

首先，要做好通话的准备。无论是私人还是公务电话，都应该在电话机旁准备好一些物品：电话号码簿、电话记录本和记录用笔。不要总是在需要的时候告诉对方：“请等等，我去拿纸和笔。”这样既拖延了时间，也是不礼貌的行为。

2. 铃不过三

电话铃声一旦响起，要立即放下手头的事去接听电话。接听是否及时，反映了一个人待人接物的真实态度。一般而言，应该亲自接听电话，轻易不要让别人代劳，尤其是不要让小孩儿代接。

接听来电时，提倡“铃不过三”。它的具体含义是：接听电话时，以铃响三声之内接最适当。不要铃响许久才姗姗来迟；也不要铃声才响一次，就拿起听筒，那样做则会让打电话的人大吃一惊。因特殊原因，致使铃响很久才接，要在和对方通话之前先向对方表示歉意。通常情况下，不允许不接听来电，特别是“应约而来”的电话。就像敲门一样，如果刚敲第一声主人就开了门，没准会让对方吓一跳，而且还会认为主人清闲得聚精会神地等着别人来敲门。如果门被敲了四五声还没人应，又会被认为没有人在，或是不想搭理。

3. 自报家门

在单位接通电话时，应先自报家门，有时也有必要说出自己所在单位的名称，并首先向发话人问好。如果是对方首先问好，应该立即问候对方。但在家里接电话时，为了自我保护，可用电话号码作为自报家门的内容，不报家门也不算失礼。

4. 姿势正确

通话之时，大多数人习惯用右手拿起电话听筒。但是，如果是公务电话，往往有许多信息需要记录下来，因此在写字的时候一般会将话筒夹在肩膀上面，这样，电话很容易夹不住而掉下来发出刺耳的声音，从而给对方带来不适。为了消除这种不良现象，提倡用左手拿听筒，腾出右手写字或操纵电脑，这样就可以轻松自如地达到与对方沟通的目的。

（二）处理非常规电话

人们拨错电话是常事。如果接到打错的电话，要简短地向对方说明情况后挂断电话，不要为此勃然大怒甚至出口伤人。有时候接通电话时，却听不见对方说话，这时如果不分青红皂白，连续问候几声而没有人应答就破口大骂的话，未免显得太没修养。要知道，这可能是电话线路出了问题，造成了自己听不见对方的声音，而对方却能听见自己的声音。如果破口大骂，被对方听见，又该怎样收场？

对于恶意骚扰或诈骗的电话，没有必要对对方长篇大论或大说脏话。如果问题严重，则可以考虑报警。

如果是找自己的而又不宜接听的电话，可以试着采取下面的方法礼貌而婉转地中断通话：告诉对方有另外一个紧急电话打进来；告诉对方有客人来访，自己必须过去招呼了；告诉对方有急事要马上处理；告诉对方领导正在叫自己，自己不方便再继续通话。

如果是在不方便的情况下接到了电话，应一开始就告诉对方，自己现在不方便，忌在对方报了家门、讲了事情之后才说，否则会让对方感到有被怠慢之嫌。

如果在接电话时不得不中止电话而查阅一些资料，应当动作迅速。也可以有礼貌地询问对方：“您是稍候片刻，还是过一会儿我再给您打过去？”

让对方等候时，可以按下等候键。如果电话没有等候键，就把话筒轻轻地放在桌子上。如果查阅资料的时间超过自己所预料的时间，则可以每隔一会儿拿起电话向对方说明自己的进展。例如，可以说："王先生，我已经快帮您查找完了，请您再稍候片刻。"当自己查找完毕，重新拿起电话时，则可以说："对不起，让您久等了"，以引起对方的注意。

对于接电话的人来讲，当需要查阅资料而有礼貌地请对方稍等片刻，这是对方可以接受的。如果有人在自己正在通话时打进电话，可以选择合适的话语让通话的人稍候，然后拿起另一部电话说："您能否稍等？我正在接听一个电话。"

（三）规范地代接电话

假如对方要找的不是自己，不要拒绝帮忙找别人的请求，特别不要向对方表示出对他所找的人有意见，或是对方要找的人就在身边却说"不在"。

代接电话时，不要充当"包打听"，向对方询问和要找的人的关系。当发话人要求转达某事给某人时，应严守口风，别随意扩散。

即使发话人要找的人就在附近，也不要大喊大叫而闹得人人都行注目礼。当别人通话时，更不要"旁听"或是插嘴。

对发话人要求转达的具体内容，最好认真做好笔录。对方讲完之后，还要重复一遍，以检查自己的记录是否正确无误，免得误事。可以在专用的记录本或一张整洁的纸上记录他人的电话，其具体记录的内容应涵盖以下五个"W"：

（1）"where"——打电话者是哪个单位。

（2）"who"——打电话者的姓名。

（3）"why"——打电话来有什么事情。

（4）"what"——通话要点。

（5）"when"——什么时间打来电话或需要什么时间回电话。

接听寻找他人的电话时，先要搞明白"对方是谁""现在找谁"这两个问题。如果对方不愿讲第一个问题，也不必勉强。如果对方要找的人不在，可先以实相告，再询问对方："您有什么事情？是否可以转告或留下电话，以方便让他给您回电话？"如果前后次序颠倒了，就难免让人产生疑心。

不到万不得已，不要轻易把自己代人转达的内容再托他人转告。那样一来，不但内容容易走样，而且也耽误时间。

要结束通话，应由地位高者先挂断电话。挂电话者应先用手按断，再把话筒放好。不要用力一摔，让对方大惊失色。

当通话因故暂时中断后，应该由来电方或是身份低的人立即给对方拨过去，不要不了了之，或干等对方打来。

五、使用移动电话

对商务人员而言，被称为手机的移动电话是其不可或缺的社交工具。在电话礼仪规范中，移动电话的使用是其重要的组成部分。随着手机的日益普及，无论是在社交场所还是在工作场合，手机礼仪越来越受到关注。

（一）遵守公共秩序

使用移动电话时，绝对不允许在有意、无意之间破坏公共秩序。具体来说，以下几点一定要特别加以注意：

（1）公共场合，特别是楼梯、电梯、路口、人行道等地方，不可以旁若无人地使用手机。

（2）在会议中、与别人洽谈的时候，最好的方式还是把手机关掉，或者将其调到静音或振动状态。这样做既显示出对别人的尊重，又不会打断他人的思路。在会场上铃声不断，并不能反映自己“业务忙”，反而显示出自己缺乏修养。

（3）看电影或欣赏文艺演出时，打手机是极其不合适的。如果非得回他人的电话，则可采用静音的方式发送手机短信。

（4）在餐桌上，关掉手机或是把手机调到振动状态是必要的。不要让大家正吃到兴头上的时候，被一阵烦人的铃声所骚扰。

（5）使用手机通话时，在任何情况下都应该把自己的声音尽可能地压低一些，而绝不能大声说话。

（二）自觉维护安全

在使用手机时，必须牢记“安全至上”，特别要注意以下几点：

（1）不要在驾驶汽车的时候使用手机通话或是查看号码、信息，以防止发生交通事故。

（2）不要在病房、油库、加油站等处使用手机，免得手机发出的信号有碍病人治疗，或引发火灾、爆炸等。

（3）不论业务多忙，为了自己和其他乘客的安全，都不要在飞机飞行期间使用手机，否则可能干扰导航信号，造成飞机“迷失航向”。

（三）手机置放适当

在公共场合，手机在没有使用时，都要放在合乎礼仪的常规位置。不管怎样，都不要在没使用的时候拿在手里或挂在上衣口袋外。放手机的常规位置：一是随身携带的公文包里；二是上衣的口袋之内，尤其是上衣内袋里。

在参加会议时，为了既不误事又不妨碍他人，可将手机暂时交给秘书、会务人员代管，也可以将它放在不起眼的地方，如背后、手袋里，但不要放在桌上。

（四）妥当收发短信

短信，是随着手机的出现而出现的一种新生事物。随着手机的普及，收发短信也成为商务人员日常生活交往中的一部分。手机短信既有书面信函的特点，又有快捷的优势，被广泛地使用，所以关注有关手机短信的礼仪是必要的。

1. 区分场合

有些人不管时间和场合，随意发短信，此种做法，如同拨打电话一样。假如深更半夜突然来个电话，接电话的人会怎么想呢？

2. 署有姓名

或许是手机储存空间有限，不能把每个人的号码都储存在手机里，或许是刚结识的新朋友，还未将自己名片上的电话输入手机，如果此时给他人发短信而没有署名的话，得让对方花很长时间才能把自己的身份搞清楚，这又麻烦又费时。所以，在一般情况下，必须在短信上署名，以表明自己的身份。

3. 斟酌内容

在短信的内容选择和编辑上，应该予以高度重视。其内容要健康，要考虑对方的身份和对方与自己的关系来决定发短信的内容。不要编辑或转发不健康的短信，如戏说伟人、名人甚至诽谤他人的短信。

4. 及时回复

短信是信件的便捷形式，其特点就是短小、精练、快速，比起电话又具有隐蔽的特点。因此，收到短信应及时回复。如果发短信给对方，对方几个小时甚至几天后才回，发短信者必然心里不舒服，甚至会有被怠慢之感。

5. 切勿群发

一般而论，向交往对象群发短信，显然是不礼貌的。随意将他人发来的短信转发出去，亦为不当之举。

六、使用微信与微博

目前，人们在国内交往中经常会使用微信、微博等社交性媒体。商务人员在使用微信、微博时，首先必须明确其底线，即必须对其相关的“有所不为”一清二楚。

具体而言，商务人员使用微信、微博时须知、须守的“有所不为”，主要包括下述“十六戒”：

第一戒，不要妄议党和国家的大政方针。

第二戒，不要涉及国家秘密、商业秘密或本单位的内部事务。

第三戒，不要随意将本人、家人、友人、同事、同行、竞争对手或其他人的个人隐私，以及彼此之间的内部纷争公之于众。

第四戒，不要非议其他国家、其他民族、其他单位的内部事务。

第五戒，不要戏说、讥讽、辱骂先烈、先贤、英雄、模范、长辈、老师以及其他尊长。

第六戒，不要对本部门、本单位乃至上级主管部门的领导、同事与自己不同的工作方式说三道四。

第七戒，不要传播与暴力、恐怖、邪教相关的信息。

第八戒，不要直接或间接地涉黄、涉赌、涉毒。

第九戒，不要频频扩散负面信息，尤其是不要发送、转发未经证实的负面信息。

第十戒，不要进行商品推销、传销或代购、代销。

第十一戒，不要经常性地“晒”本人、“晒”家人、“晒”娃娃的照片或行踪。即便偶尔对其进行展示，亦应优先考虑安全与否。

第十二戒，不要将音频、视频信息或相关链接发送给非关系密切者。

第十三戒，不要向他人求转发、求点赞或讨要红包。

第十四戒，不要对他人设置“仅可显示近三天的朋友圈”“仅可显示近半个月的朋友圈”等阅读的限制性条件。

第十五戒，不要任意“拉黑”他人，更不要轻信通过微信、微博结识的陌生人。

第十六戒，不要滥发微信、微博，特别是不要在驾驶车辆时查阅或发送微信、微博。

总之，商务人员既要善于使用各种社会媒体，使之为自己的工作与生活服务，“网上”与“网下”的所作所为同样地检点，又不能充当“微信控”“微博控”，有碍于自己正常的工作与生活。

使用QQ等其他社交媒体时的“有所不为”，与上述“十六戒”大致相似。

第四节 信　函

信函，又称书信，它是人类最古老又最常用的一种沟通手段。时至今日，在商务交往中，信函依旧是商务人员所常用的有效而又实用的交流方式之一。在一般情况下，人们在正式的商务交往中所使用的信函亦称商务信函。相对于普通书信，由于商务信函使用于正式场合，在礼仪方面通常有着更为标准而规范的要求。

总体而言，商务人员在使用商务信函时，应注意言辞礼貌、表达清晰、内容完整、格式正确、行文简洁五大要点。因为在英文里，礼貌（Courteous）、清晰（Clear）、完整（Complete）、正确（Correct）、简洁（Concise）五个单词皆以字母“C”开头，故此这五大要点亦被称作商务信函写作的“5C法则”。

一、商务信函的写作

写作商务信函时，一定要对信函的内容与格式斟酌再三，下述五个具体问题尤须认真对待。

（一）抬头

一般的商务信函均由抬头、正文、结尾三部分构成。作为一封商务信函的开端，抬头绝非可有可无，而应认真推敲。

抬头的基本内容包括称谓语与提称语，两者均应根据具体对象具体对待，力求恰如其分。

1. 称谓语准确

在写作商务信函抬头时，应以称谓语称呼收信者。在称呼收信者时，下列四点必须注意：

（1）姓名与头衔必须正确无误。在任何商务信函中，写错收信者的姓名与头衔都是决不允许的。称呼收信者，有时可以只称其姓，略去其名，但不宜直呼其名。

（2）允许以直接致信的有关单位或部门作为抬头中的称谓语。在许多时候，以有关单位或部门直接作为收信者在礼仪上是许可的。

（3）可以使用中性名词称呼收信者。当不清楚收信者的性别时，以“董事长”“经理”“主任”“首席代表”等无须辨别性别的中性称呼去称呼对方，通常是比较稳妥的。

（4）切忌滥用称呼。初次致信他人时，千万不要滥用称呼。诸如“先生”“小姐”一类的称呼，在不清楚收信者性别时就不宜采用。一般不能图省事，以“先生/小姐”去称呼收信者。无论如何，在商务信函中都不要乱用“阁下”“老板”“有关人士”这一类专用性称呼。

2. 提称语到位

在称谓语之前，有时需要使用提称语。所谓提称语，意即提高称谓的词语。在商务信函中使用提称语，关键是要到位。

在一般情况下，商务信函里最标准的提称语是“尊敬的”。平常的商务信函，不使用提称语亦可。

在社交场合所使用的“尊鉴”“台鉴”“钧鉴”等古典式提称语和在涉外场合所使用的“亲爱的”“我的”等西洋式提称语，在普通的商务信函中一般均不宜使用。

（二）正文

在商务信函里，正文是其中的核心内容。写作正文时，一定要注意主题明确、合乎逻辑、层次清晰、语句通畅、文字正确、言简意赅。下述几个要点，在写作商务信函的正文时尤须注意。

1. 讲究人称

在商务信函里，写作者所使用的人称颇为讲究。若为了表示亲切、自然，宜应采用第一人称；若意在表示公事公办、严肃正规，则可以采用第三人称。

2. 要点前置

一封标准商务信函的内容，应该像一座倒置的金字塔，越是重要的内容越应当置于前面。因此，在正文的开端，即应直言自己认为最应当告诉收信者的信息以及收信者最希望了解的信息。

3. 删繁就简

在任何情况下，一封冗长的商务信函都会使人感到无比乏味，所以在写作商务信函时，一定要控制篇幅，力求简明扼要。一般而言，篇幅短、段落短、句子短、词汇短等“四短”，是写作商务信函时所必须恪守的铁律。

4. 一信一事

为了确保商务信函发挥功效，并且尽量缩短其篇幅，最好一信只议一事。这样一来，不但可以突出主题，而且也可以限制篇幅。

5. 语言直白

尽管商务信函使用的是书面语言，写作者亦应使之生动、活泼、亲切、自然，既不应令其过于粗俗，也不应使之曲高和寡。

6. 信息无误

商务信函所传递的信息，应确保正确无误。为此应做到：避免写错字、用错标点符号；防止滥用成语、谚语、典故、外语；过于生僻的词语或易于产生歧义的举例，也不宜采用。

7. 书面整洁

一般来说，正式的商务信函最好打印，而不是手写，这样可以确保书面的干净整洁。即使需要手写，亦应避免随意涂抹、填补。此外，不要在行、格之外写字，不要掉字，不要以汉语拼音代替生字。

8. 谨防泄密

普通的商务信函，不应在其字里行间直接或间接地涉及商业秘密。打算将其邮寄或快递时，尤其要注意此点。

（三）结尾

在商务信函里，作为其最后一部分的结尾，写作上的基本要求是全面而具体。大体上说，商务信函的结尾由下述六个部分所构成。

1. 祝颂语

它是写信者对收信者所进行的例行祝福，其内容大都约定俗成，可酌情使用，但不宜空缺。

2. 附问语

它是指写信者附带问候收信者周围人士，或代替自己周围人士问候收信者。一般而言，在商务信函中，附问语可用可不用。

3. 补述语

它是正文写完后，尚需补充的内容，故又称附言。一般的商务信函最好不用补述语。如需使用补述语时应注意三点：单字不成行；单行不成页；字数不宜多。

4. 署名

在商务信函里，署名宜为写信者的完整姓名。必要时，亦可同时署上其行政职务与职称、学衔。若为打印信函，最好由署名者本人在信上亲笔签名。

5. 日期

在署名之后，应注明写信的具体日期。为郑重其事，所署的日期越具体越好。至少要写明“某年某月某日”，必要时还应注明“某年某月某日某时”。

6. 附件

在一些商务信函的结尾，往往附有其他有关文件。附件通常应置于商务信函之后，但其具体件数、页数、名称均应在信中一一注明，以便收信者核对查阅。

（四）封文

交付邮寄、快递的商务信函，均应书写封文。在写作封文时，不仅应当认真，而且必须遵守其基本规范。下述五点尤应重视。

1. 地址详尽

写作封文时，为了保证收信者及时收到信函，或者信函退回时不致丢失，一定要将收信者与寄信者双方的具体地址仔细写明。不仅要写上省（自治区、直辖市）、市、区、街道、门牌号码，而且还应写上具体的单位、部门。邮至境外的商务信函，还须在封文中写上收信者所在国家或地区正确的名称。

2. 姓名正确

在封文上，收信者与寄信者的姓名均应书写正确。以单位、部门作为收信者时，亦应注明其正确的全称。

3. 慎用雅语

在商务信函的封文上往往要使用一些雅语，但雅语的使用皆有一定之规，不可滥用。在封文上，它通常应包括：

（1）邮递员对收信者的称呼。它们写在收信者姓名之后，如“小姐”“先生”“老师”等。它并非写信者对收信者的称呼。

（2）启封词。它是敬请收信者拆启信封的礼貌语，如“启”“钧启”“收启”等，通常写在收信者姓名与邮递员对其的称呼之后。

（3）缄封词。它表示寄信者封闭信函时的恭敬之意，如“缄”“谨缄”等。缄封词均应写在寄信者姓名之后。凡不封口的信函，没有必要多此一举。

4. 邮编勿缺

凡正式交付邮寄的商务信函，一定要正确注明收信地址与寄信地址的邮政编码。缺少邮编或邮编不正确的商务信函，有可能晚到甚至丢失。

5. 格式标准

封文写作，通常都有一定的格式可依。横式信封有横式信封的写法，竖式信封有竖式信封的写法；国内信函有国内信函的封文格式，国际信函则有国际信函的封文格式。写作商务信函的封文时，必须认真地依据具体的标准。

（五）工具

写作商务信函，尤其是手写信函时，必须借助一些必要的工具。使用这些工具时，应符合基本的礼仪规范。下面，着重介绍一些手写信函对其所用工具的基本要求。

1. 信笺

信笺，又叫信纸。商务信函所使用的信笺，应当规格统一、纸质上乘、美观大方、统一印制。通常不宜使用外单位信笺写商务信函，也不要使用本单位信笺写私信。

2. 信封

商务信函所使用的信封，可以是市场上出售的标准信封，也可以是本单位统一印制的专用信封。不宜自制信封寄发商务信函，或是利用其他单位用过的信封寄发本单位的商务信函。商务信函信封的大小宜与其容量相称，它的纸质、色彩最好与信笺相匹配。

3. 笔具

手写商务信函时，通常应使用钢笔或毛笔。如果以铅笔、圆珠笔来写，往往会令人感觉它不够正式。

4. 墨水

根据惯例，用毛笔写信，宜用黑色墨汁；用钢笔写信，宜用黑色或蓝黑色墨水。纯蓝色的墨水因其字迹难以持久，故不宜使用。使用其他彩色墨水，则有哗众取宠之嫌，亦不可取。

二、商务信函的类型

在商务交往中，信函应根据实际需要和具体情况来使用。因其具体用途不同，商务人员所常用的联络函、通知函、确认函、感谢函、推荐函、拒绝函等，在其写作上往往又有一些各自不同的要求。

具体应用不同类型的商务信函时，既要遵守其共同要求，又要兼顾其特征。

(一) 联络函

联络函，又称保持接触函，它是平时用于培养客户关系、与客户保持联络的一种专用信函。使用联络函的目的，不仅意在证明自己的存在，而且也是为了与客户保持接触，并借此培养对方对自己的好感，加深对方对自己的印象。一般而言，应当定期向客户寄发联络函。

写作联络函，通常有下述五个要点应当注意：

(1) 寻找适当的去信借口。这样一来，就不会让对方觉得不可思议。祝贺节日或生日、寄送简报，往往都是不错的借口。

(2) 扼要介绍自己的状况。向对方通报自己及所在单位的发展变化，可以使对方对自己及所在单位加深了解。

(3) 表达对对方的关注。在介绍自己的状况之前，可以先向对方表达自己诚挚的关心。例如，可告知自己对对方成就的了解，或为此祝贺对方等。

(4) 借机表示合作的意图。在联络函中，不妨大致介绍一下自己欲与对方进行进一步交往、合作的意图。

(5) 灵活掌握友善的分寸。联络函并非直奔主题的业务函，因此其篇幅宜短，语气宜友善，主题宜以联络为主。

(二) 通知函

通知函，又称告知函。它主要用于向外界通报某项事务处理的具体情况，或是某项业务的具体进展。从某种意义上讲，通知函往往可以在一定程度上发挥联络函的作用。

写作通知函时，应注意下述五个要点：

（1）重在介绍客观情况。通知函的主要作用是向有关方面通报事态的发展、变化，而并非就此展开讨论或进行争论。

（2）确保介绍的连续性。在介绍当前状况时，通知函要注意与此前函件的呼应，以便使自己的介绍有头有尾、连贯一致。

（3）通报己方今后计划。在介绍客观事态的同时，亦应告知收信者己方的对策，以及已经采取的行动。

（4）意在促进彼此合作。通知函的目的之一，就是要推动收信方与寄信方的合作。

（5）具体表达含蓄委婉。不论是介绍己方举措还是敦促对方参与，在表达上都要委婉含蓄。要力戒语气生硬、强人所难，或者东拉西扯、唠唠叨叨。

（三）确认函

确认函，在此是指专为确认某事而向交往对象所寄送的信函。在商务交往中，确认函是最为常用的信函之一。因为确认函意在对某种事实、某种意向进行确定，所以它在写作上具有更高的规范性要求。

写作确认函，应对下述五点多加注意：

（1）明确应予确认的有关事项。此项内容，通常是确认函关键内容之所在，故应反复核对，确保不发生任何差错。

（2）逐一列出相应的附加条件。凡对所确认的事项附加各项具体条件的，在确认函里应向收信者予以明确。

（3）陈述己方对此的基本立场。在确认函中，确认方应再次承诺自己遵守约定，决不可随意反悔，或是临场变卦。

（4）要求收信方对此予以确认。一般情况下，确认方均会在确认函中要求对方对此进行确认。具体的方式可以是另行致函，也可以是在此信函上签署意见。

（5）在信函末尾进行正式署名。正规的确认函，均需有关人员或相关单位的负责人在其末尾亲笔签署自己的姓名。有时，往往需要联合署名，或由单位法人代表亲自署名。必要时，还需加盖本单位公章。

（四）感谢函

在商务交往中，感谢函是指专为感谢某人或某单位而写作的信函。一般而言，收到礼品、出席宴会、得到关照之后，均应寄出感谢函。一封恰如其分的感谢函，往往可以显示写作者的教养。

写作感谢函，通常应注意下述四点：

（1）内容简练。一封感谢函往往不必长篇宏论、喋喋不休，只要在信中将自己的感谢之意表达清楚了，即使只写三五句话亦可。

（2）面面俱到。很多时候，在感谢函中应当致谢的对象不止一人，那么一定要向所有应予感谢者一一致谢，千万不要有所遗漏。

（3）尽量手写。为了表示自己的真心实意，感谢函要尽量亲自动笔撰写，而不要打印。一封当事人的亲笔信，会使人产生亲切感。

(4) 尽早寄达。一般情况下，感谢函的时效性很强，最好是在相关事件发生后 24 小时之内寄出，并应尽量使之早日寄达。

(五) 推荐函

推荐函，在此是指专门向其他单位推荐某位人士而使用的信函。在求职应聘时，一封有力度的推荐函往往有助于被推荐者脱颖而出。

写推荐函，主要需要兼顾下述四个方面：

(1) 介绍自身情况。在推荐函的开始部分，写作者应简述自己的情况，并对自己与被推荐者之间的关系略加说明。

(2) 评价被推荐者。这部分是推荐信的主要内容，在此，应当全面而客观地介绍被推荐者的基本情况，尤其是其能力、学业、阅历、特长与业绩。与此同时，还应对被推荐者作出自己的评价。

(3) 感谢收信之人。在推荐函中，不应忽略对收信者的问候与感谢。这一部分绝对不可缺少。

(4) 附有背景材料。为了便于用人单位及其负责人对被推荐者有进一步的深入了解，在推荐函之后一般还应附有被推荐者的简历、证书等个人背景材料。

(六) 拒绝函

拒绝函，此处是指为拒绝外人或外单位的某项请求而使用的信函。在所有的商务信函里，拒绝函大概算是最难写作的一种。它的难以把握之处在于，既要正式拒绝对方，又要保证不会因此而损害双方关系。

写作拒绝函，大致上有下述四点注意事项：

(1) 当机立断。使用拒绝函，通常非常讲究实效。若无特殊原因，应当当机立断，尽早拒绝对方。一拖再拖，往往会令对方产生其他想法。

(2) 具体说明。在拒绝函里，应当对拒绝的具体事项予以明确。不要一概而论、含糊不清、模棱两可，那样做有可能会耽误事情。

(3) 阐明原因。对于拒绝对方的具体原因，最好在拒绝函里认真地进行说明，以便使对方心服口服，不会因此而影响双方的关系。

(4) 表达歉意。必要的话，在拒绝函里应向被拒绝者表达己方的歉意。此外，还应恳请对方今后继续与自己保持联络。

本章小结

本章介绍的是商务人员在其日常工作与生活中的语言礼仪，它具体包括交谈、演讲、电话、信函等。本章强调的是：口头语言与书面语言的使用，均应文明、优雅、规范。

关键概念

语言美　交谈规则　演讲技巧　电话形象　商务信函

复习题

1. 交谈有何基本规则？
2. 初次与人见面应如何选择话题？
3. 应掌握哪些基本的演讲技巧？
4. 打电话的基本原则有哪些？
5. 商务信函的正文如何写作？

讨论及思考题

1. 在初次与人交谈时，如何回避不宜选择的话题？
2. 怎样使用敬语与雅语？
3. 进行演讲时如何与现场观众开展互动？
4. 如何维护商务人员的电话形象？
5. 使用微信与微博时有何基本规则？
6. 在电子邮件、手机短信盛行的今天，如何看待信函的作用？

第五章
商务人员的形象礼仪

本章要点提示

- 仪容——发型修饰、面容修饰、手臂修饰、腿部修饰
- 仪态——举止文明、举止优雅、举止敬人、举止有度
- 化妆——化妆的守则、化妆的方法、化妆的禁忌
- 服饰——西装、套裙、制服、饰品

当一个人与外界交往时，其个人形象通常会备受关注。所谓形象，一般是指某一个人留给其他人的印象及由此而得到的评价。其要点，通常是一个人的外表与打扮。

具体而言，商务人员维护个人形象时应关注以下三点：

其一，要求形象的自然美。它是指形象的先天条件好，天生丽质。尽管以貌取人不合情理，但先天美好的仪容相貌，无疑会令人赏心悦目，感觉愉快。

其二，要求形象的修饰美。它是指依照规范与个人条件，对仪表进行必要的修饰，扬其长，避其短，设计、塑造出美好的个人形象，在人际交往中尽量令自己显得有备而来，自尊自爱。

其三，要求形象的内在美。它是指通过努力学习，不断提高个人的文化、艺术素养和思想、道德水准，培养出自己高雅的气质与美好的心灵，使自己秀外慧中、表里如一。

真正意义上的形象美，应当是上述三个方面的高度统一。忽略其中任何一个方面，都会使形象美失之于偏颇。在此三者之间，形象的内在美是最高的境界，形象的自然

美是人们的心愿，而形象的修饰美则是仪容礼仪关注的重点。

本章将从仪容、仪态、化妆、服饰等方面，对商务人员所须遵守的礼仪规范具体进行介绍。

第一节 仪 容

所谓仪容，通常仅指一个人的外观，即一个人自然的外貌。平时，每一名商务人员都应自觉地修饰其个人仪容，以便令其美观、得体、卫生、整洁。

一、发型修饰

按照一般习惯，人们在关注其他人时，往往是从其头部开始的，正所谓“上看头，下看脚”。而头发生长于头顶，位于人体的“制高点”，所以就更容易先入为主，引起他人的重视。有鉴于此，修饰仪表通常应当“从头做起”。修饰头发时，应注意的问题有下述四个方面。

（一）长短适中

从审美的角度看，头发的长短受到若干因素的制约，不可以一味地讲自由与张扬个性，而不讲规范。商务人员需要考虑的制约因素，主要有性别、身高、年龄、职业等。

1. 性别

男女有别，在头发的长度上便有所体现。一般认为，女性商务人员可以留短发，但很少理寸头。男性商务人员头发可以稍长，但不宜长发披肩、梳辫挽髻。在头发的长度上可以中性化一点，但不应超过极限、不男不女，令人“安能辨我是雄雌”。

2. 身高

头发的长度，在一定程度上与个人身高有关。以女性留长发为例，头发的长度就应与身高成正比。一位矮个子的女性若长发过腰，会使自己显得更矮，显然是很不明智的选择。

3. 年龄

人有长幼之分，头发的长度亦受此影响。例如，一头飘逸披肩的秀发，若出现在少女头上则相得益彰，而它若出现在一位年逾七十的老奶奶头上，则会令人哗然。

4. 职业

职业对头发的长度影响很大。例如，野战军战士为了负伤后抢救方便，通常理光头，而政界人士则不宜如此。对于商务人员而言，基本的要求是：女性头发不宜过肩部，必要时应以盘发、束发作为变通；男士不宜留鬓角、发帘，头发最好不要长于 7 厘米，即前不覆耳，侧不掩耳，后不及领。剃光头，则对商界男女通常都不合适。

（二）发型适宜

发型，即头发的整体造型。在理发与修饰头发时，对此都不容回避，不仅要求其美观大方，而且还要自然。在这一方面，除了个人偏好可适当兼顾外，最重要的是考虑个人的条件和身份的差异。

1. 个人的条件

个人条件，包括发质、脸形、身高、体形、年龄、着装、佩饰、性格等，都影响到发型的选择，对此切不可掉以轻心。

在上述个人条件里，脸形对发型的选择影响最大。选择发型时，一定要遵守应己原则，使两者相互适应。例如，国字脸的男士最好别理板寸，否则看上去线条过于生硬。

2. 身份的差异

在社会生活里，人们的职业不同、职务不同、身份不同、工作环境不同，发型自然也应有所不同。一般说来，在工作场合抛头露面的人，发型应当传统、庄重、保守一些；在社交场合频频亮相的人，发型则应当个性、时尚、艺术一些。至于前卫、怪异、另类的发型，对于商务人员尤其是高层人士而言是万万不允许的。

（三）干净整洁

头发是人们脸面之中的脸面，自觉地做好日常护理，既有助于保养头发，又能够清除异味和异物。所以不论有无交际应酬活动，平日都要对自己的头发勤于梳洗，万万不能忽略此点，疏于对头发的“管理”。

对头发勤于梳洗，作用有三：其一，有助于消除异味。其二，有助于清除异物。其三，有助于保养头发。若是对头发懒于梳洗，搞得自己蓬头垢面，满头汗馊或是油味，发屑随处可见，甚至生出寄生物来，是很败坏个人形象的。

对商务人员来说：理发，男士应为半个月左右一次，女士可根据个人情况而定，但最长不应超过一个月。洗发，应当至少两天左右进行一次。至于梳理头发，则更应当时时不忘，见机行事。如有重要的交际应酬，应于事前专门进行一次洗发、理发、梳发，不必拘泥于以上时限。不过务必切记，此类活动应在“幕后”操作，不可当众“演出”。总之，头发一定要洗净、理好、梳整齐。

（四）美观自然

人们在修饰头发时，往往会有意识地运用某些技术手段对其进行美化，这就是所谓美发。美发不仅要美观大方，而且要自然，不宜雕琢痕迹过重，或是不合时宜。所以，人们在采取美发方式时，同样要根据自身条件进行选择，决不能盲目追求潮流。

在通常情况下，美发的方法有以下四种。

1. 烫发

所谓烫发，即运用物理手段或化学手段，将头发做成适当的形状的方法。在决定烫发之前，应首先考虑本人的发质、年龄、职业是否适合。

2. 染发

发色不理想，或是头发变白，即可使用染发剂令其变色。是否染发，对商务人员而言必须三思而行，将头发染黑不必非议，而若想将其染成其他色彩，甚至染成多色彩发，通常是不大合适的。

3. 做发

做发，即使用发油、发露、发乳、摩丝等美发用品，将头发塑造成一定形状，或对其进行护理。做发的要求与烫发大体相似。

4. 假发

头发有先天缺陷或后天缺陷者，均可选戴假发。选择假发的基本要求有二：一是要使用方便；二是不可显得俗气。

二、面容修饰

所谓外貌，亦称容貌。它在很大程度上指的就是人的面容。修饰面容，首先要做到清洁，即要勤于洗脸，使之干净清爽，无汗渍、无油污、无泪痕、无其他任何不洁之物。修饰面容，具体到各个不同的部位，往往还有一些不尽相同之处。

（一）眼部

眼睛及其周围，既是人际交往中被他人注视最多的地方，也是修饰面容时最重要的地方。

1. 保洁

保洁，在此指的是对眼部分泌物的及时清除。眼睛的保洁最重要，尤其应注意眼部分泌物的及时清除，对于这一点，应铭记于心，并随时注意。此外，若眼睛患有传染病，应自觉回避社交活动，以免让他人近之不宜、避之不恭。

2. 修眉

若感到自己的眉形刻板或不雅观，可进行必要的修饰，但不提倡进行“一成不变”的文眉，更不允许剃光所有眉毛，刻意标新立异。此外，文面、文颈、文手、文臂、文腿、文脚对于商务人员来说也是不允许的。

（二）耳鼻

对于耳朵和鼻子的护理，商务人员应关注以下几点。

1. 卫生

在洗澡、洗头、洗脸时，不要忘记清洗一下耳朵。必要之时，还须清除耳孔之中的分泌物。平时，应注意保持鼻腔的清洁，不要让异物堵塞鼻孔。但一定要注意，对耳、鼻进行保洁的工作不能当众进行，尤其不能随处吸鼻子、擤鼻涕，也不要在人前人后时时挖鼻孔或掏耳朵。

2. 美化

对于鼻子上的“黑头”，要及时清除。此外，在参加交际应酬之前，不要忘了检查一下耳毛或鼻毛是否长出耳朵或鼻孔之外。一旦出现这种情况，一定要及时进行修剪，不要置之不理，或是当众下手去拔。

(三) 口部

平时对于口部的修饰，功夫要做到家。嘴巴是发声之所，也是进食之处，理所当然地应当多作修饰，并细心照顾。

1. 护理

牙齿洁白、口腔无异味，是口部护理的基本要求。要做好这一点，其一，要每天定时刷三次牙，以去除异物、异味。其二，要忌食带有异味之物，例如，烟、酒、葱、蒜、韭菜、腐乳等，免得让交往对象掩鼻受罪。其三，必要时应使用爽口液。

2. 异响

在正规场合，商务人员要克制异响。按常规，人体发出的所有声音，例如，咳嗽、哈欠、喷嚏、吐痰、清嗓、吸鼻、打嗝、放屁的声响等，都是不雅之声，统称为异响，在交际场合应当禁止出现。需要指出的是，禁止异响，重在自律，而不必强求于人。若本人不慎发出了异响，则最好及时承认，并应向身边之人表示歉意。

3. 胡须

唇间长有胡须，是成年男子的生理特点。但在交际场合，即使胡子茬为他人所见，也是十分失礼的。因此，男性商务人员若无特殊原因，就不要蓄须，并应经常及时地剃去胡须。青年男子尤其不要蓄须，否则稀疏难看，显得邋遢。若女性商务人员因内分泌失调而长出类似胡须的汗毛，则应及时治疗或修饰，并予以清除。

三、手臂修饰

在正常情况下，手臂是人际交往中人的身体上使用最多、动作最多的一个部分，因此，往往被人们视为社交之中每个人都有的“第二张名片”。从某种程度上讲，它甚至比人们常规使用的纸质名片更受重视。修饰手臂的问题，可以分为手掌和肩臂这两个方面来进行讨论。

(一) 手掌

手掌，是手臂的中心部位，也是一个人“制作”其形形色色的手语的媒介。

1. 常洗手

在日常生活中，手是接触其他人或其他物体最多的地方，从清洁、卫生、健康的角度考虑，手应当勤于洗涤。用餐前、便后、接触过肮脏物体后洗手，更是起码的要求。

2. 剪指甲

手上的指甲应定期修剪，大体上应每周修剪一次。切忌长时间不剪指甲，也不要留长指甲。修剪手指甲，应令其不超过手指的指尖。若是指甲的外形不美观，也可以进行适当的修饰。在任何情况下，都不要在外人面前剪指甲。

3. 除死皮

手部若接触过肮脏之物，在手指甲周围即会产生死皮。发现死皮之后，应立即将其剪掉，但不宜当众操作，更不应用手去撕或用牙去咬。

4. 免伤残

平时，对于手部要悉心照料，不要让它常带伤痕。若皮肤粗糙、红肿或是皲裂，应及时进行护理、治疗。如果长癣、生疮、发炎、破损、变形，则不仅要治疗，而且还应避免使之接触他人。这是因为，不论是直接的还是间接地以之接触他人，都会令对方不快，甚至产生反感。

（二）肩臂

商务礼仪规定：在非常正式的活动中，商务人员不宜穿着半袖装或无袖装，手臂和肩部都不应当裸露在衣服之外，而在其他非正式场合，则无此限制。修饰肩臂，最重要的就是要落实此项要求。此外，还要重视汗毛和腋毛的处理。

1. 汗毛

因个人生理条件的不同，有人手臂上汗毛生长得过浓、过重或过长。它一般无关大局，没有必要非去进行“干涉”不可。不过，若是情况反常，特别是有碍观瞻的话，最好还是要采用适当的方法进行脱毛。

2. 腋毛

在他人面前，尤其是在外人或异性面前，腋毛是不应为对方所见的。它属于“个人隐私”，不甚雅观，被人见到是很失礼的。对于女性商务人员来说，特别要注意这一点。在正式场合，一定要牢记，不要穿着会令腋毛外现的无袖装；而在非正式场合，若想要穿着暴露腋窝的服装，则务必先行脱去或者剃去腋毛。

四、腿部修饰

腿部在近距离之内常为他人所注视，在修饰仪容时自然不能偏废。

（一）腿部

在正式场合，不允许男性商务人员的着装暴露腿部；女性商务人员可以穿长裤、裙子，但不得穿短裤，或是暴露大部分大腿的超短裙。一般说来，越是正式的场合，女性的裙子应当越长。在庄严、肃穆的场合，女士的裙长应过膝部以下，而且不允许不穿袜子，尤其不允许光着的大腿暴露于裙子之外。但在非正式的场合，特别是在休闲活动中，则无此规定。

（二）脚部

女性在正式场合是不允许光着脚穿鞋子的，那样做既不美观，还有可能被人误会。因为女性光脚穿鞋，或穿一些可能使脚部过于暴露的鞋子，都被视为卖弄“性感”的做法。男性光脚穿鞋子，也不甚雅观。

1. 保持清洁

在通常情况下，应努力保持脚部的卫生。脚要每天洗一次，袜子则应每天一换，鞋子也要勤换，要防止臭气熏人。不要穿残破、有异味的袜子。如有可能，应在办公桌或随身携带的公文包里装上备用的袜子，以应不时之需。在非正式场合光脚穿鞋子时，要确保其干净、清洁。不要在他人面前脱下鞋子、趿拉着鞋子，更不要脱下袜子抠脚丫。此类不良习惯均令人作呕，极其有损个人形象。

2. 勤剪趾甲

趾甲要勤于修剪，至少要做到每周修剪一次。不应任其藏污纳垢，或是长于脚趾趾尖。在商务场合，趾部通常不应露出鞋外。

（三）汗毛

男性成年以后，腿部汗毛大都过重，所以在正式场合不允许穿短裤或是卷起裤管。女性若因内分泌失调而腿部汗毛变得浓黑茂密，则最好将之脱去或者剃除。此外，还可以选择深色的丝袜，对其加以遮掩。

第二节　仪　态

在人际交往中，人们的行为举止往往备受其交往对象的关注。行为举止，亦称举止动作，简称举止或动作，一般是指在外观上可被觉察到的人体的具体姿态、动作或者活动。在实践中，不论是工作还是生活，一个人总会有一系列的行为举止呈现在他人的面前。

根据现代传播学理论，人们的行为举止，可被视为一种表里如一的“无声语言”。它对于了解一个人的内心世界、把握其真实品行，较之于口头语言通常更具有准确性与可靠性。

个人举止，在人际交往中不但可以传递一定的信息，而且也有助于交往双方的双向沟通，这在商务交往中表现得尤为明显。因此，在商务交往中，每一名商务人员都应对个人的行为举止有所规范。具体而言，规范商务人员的举止，即要求商务人员必须自觉地做到举止文明、举止优雅、举止敬人、举止有度。

一、举止文明

作为一名现代人，尤其是代表国家、代表地方、代表单位“发出中国好声音”的中国商务人员，举止文明是对其举止行为最基本的要求。

对商务人员而言，举止文明就是要求其行为举止不仅要显示出自己的良好教养，而且还应当显示出自己的稳重与成熟。

（一）体现教养

商务人员的举止行为，理应显示出其个人所具有的良好教养。在任何情况下，一名有教养的商务人员都会对自己的举止多加检点，对一些具体的细节倍加重视。因为“内在美”有赖于“外在美”的表现，一个人的教养和基本素质往往体现在其日常举止的具体细节中。

对商务人员而言，要想通过自己的行为举止展示个人所具备的良好教养，关键是在商务活动中不得采用某些被公认为缺乏教养的行为举止。

例如，在外人面前修饰个人仪表，就被公认为是一种令人厌恶的表现。此外，在公共场合乱扔果皮、纸屑、随地吐痰，肆无忌惮、不厌其烦地用手指去抠鼻孔、掏耳朵、剔牙缝，或擤鼻涕、清嗓子，都毫无文明礼貌可言。

再如，在外人面前整理个人服饰，在公共场合亦被认为是少调失教的举动。在商务活动中，不允许商务人员在大庭广众之下拉领带、解扣子、卷袖子、提裤子、脱鞋子、拽袜子，更不允许当众更换衣服或者整理自己的内衣。

（二）表现稳重

除了要杜绝上述缺乏教养的行为外，商务人员的举止还应该显示出自己的稳重与成熟。这样做不仅可以说明自己阅历丰富，而且也可以显示自己教养甚佳、处事有方。因此，商务人员应努力做到稳健沉着、不温不火、有条不紊、泰然自若。

要使自己的举止行为显得稳重成熟，商务人员就要使自己的举止四平八稳，力戒毛手毛脚。例如，在与别人交谈时切莫手舞足蹈，或者对对方指手画脚。在公共场所行进或就座时须力求悄然无声，而不宜响声大作、制造噪声。在他人的办公室或居所停留期间，未经主人允许，千万不要为了满足个人的好奇心而任意翻动他人物品。

要使自己的行为举止显得稳重成熟，商务人员还应努力使自己的举止不急不躁，切忌风风火火。在室外走动时，一般应保持正常速度，不宜快步疾走，或者狂奔而去。前去拜访他人时，应首先敲门或者按响门铃，获得许可后方可入内。千万不能直接推门而人，也不能用拳擂门或是用脚踢门。与他人通电话时，一般应由地位较高者首先终止通话，在对方终止通话前就抢先挂断电话则是十分失礼的。

二、举止优雅

在商务交往中，作为一种较高层次上的要求，商务人员的举止应该力求优雅。它的基本要求是：既要高雅脱俗，又要能给人以美的享受。

一般来讲，举止优雅就是要求一个人的举止动作美观、大方、自然，能够给人以赏心悦目的感觉。在商务活动中，商务人员应当力争使自己的举止符合这一要求。

（一）美观

所谓举止美观，换言之，就是指一个人的举止动作漂亮、协调，能够给人以美感。要想做到举止美观，就要对自己的动作有所要求、有所约束，就要认真学习、反复训练，并遵守有关规则。

就操作技巧而论，举止文明与举止美观具有一定的因果关系。一种不文明的举止绝对不会美观，而一种美观的举止则绝对是文明的。但是，此二者并不处在同一层次上。客观地说，举止美观是比举止文明更高层次的要求。

例如，在就座于他人对面时，一位有教养的女士自然知道不宜将自己的双腿叉开。穿裙子时，此点尤为重要。实际上，它仅属于举止文明层面上的要求。如果想要达到举止美观，通常还有一些更高的要求，例如，采用“双脚前后式”、“双腿交错式”、“双腿斜放式”或“双腿叠放式”，方可使女性的坐姿与雅致挂钩。

（二）大方

所谓举止大方，就是要求商务人员在举止上要得体洒脱、不卑不亢。换言之，就是要求商务人员在正式场合不得扭捏作态、拘束怯场，以免给交往对象以缺乏自信、不够开放、眼界不高、怯于交际的感觉。

举例而言，当直接面对外人时，不论对方是熟人还是陌生人，是同性还是异性，都要正视对方，以示对对方的重视。当对方向我方人员打招呼或介绍其见解时，尤须如此，否则就会给人以过于害羞、小家子气的感觉，有时甚至会给人以目中无人或心怀鬼胎之感。

（三）自然

在要求商务人员举止美观、大方的同时，应注意防止矫枉过正。倘若商务人员的举止行为给人以勉强、局促、呆板、虚假、做作之感，便谈不上举止行为的美观、大方。

所谓举止自然，关键是要求商务人员在追求举止行为美观、大方的同时，应当力求“顺理成章”或“水到渠成”。具体来讲，下述三点必须予以注意。

1. 避免程式化

优雅的举止，当然有一定的规则可循。但在讲求有关规则时，必须强调表里如一，防止出现只讲究外表而不重视内涵的倾向，致使举止行为勉强、做作、敷衍了事。

2. 防止脸谱化

对同一种举止动作，在不同的场合中与不同的对象面前，往往会有一些不同的具体要求。因此不应令自己的个人举止总是墨守成规，甚至僵化不变。

3. 力戒戏剧化

可以说，任何一种举止行为都会被赋予一定的思想感情。不过人们日常的举止行为往往“平平淡淡才是真”，所以没有必要使自己平时的举止行为过于戏剧化，不宜令其矫揉造作、虚张声势、华而不实。

三、举止敬人

每一个人的举止，通常都会自觉或不自觉地展现出其对待他人的基本态度和看法。在商务活动中，商务人员对这个问题绝对不能忽视。

在一般情况下，商务人员应诚心诚意地通过自己的举止来向交往对象表达敬重之意，此即所谓举止敬人。具体而言，举止敬人的基本要求有下述两个方面。

（一）表达重视

在商务活动中，商务人员要注意以举止来表达对对方的重视。不论什么时候，都不允许因自己的行为举止而给人以忽视对方、目中无人之感。

例如，当商务人员身为东道主时，应为客人引导带路，并且在通过房门时为之开门或者关门。在与外人交谈时，商务人员不可东张西望、查看手机、摆弄手指，或者抱臂端肩，如此种种表现，均会在无形之中使对方产生被冷落、被忽视之感。此外，斜视对方或盯视对方，也是极为不妥的。

（二）展现重视

商务人员要注意以个人举止来展现对对方的敬意。不论什么时候，个人的行为举止都不能傲慢无礼，以至失礼于人。

例如，在就座于大庭广众之前时，商务人员切莫高跷“二郎腿”，尤其是不可以将自己的脚尖指向交往对象，或者脚尖晃动不止。

在公众场合，礼敬他人的最佳坐姿应当是规规矩矩的正襟危坐。至少在就座时，应使自己侧身与对方相向，切莫使自己的上身仰身斜靠在椅背上，双腿放肆地向前方直伸过去，或者将自己的脑袋晃动不止。

四、举止有度

每一名训练有素的商务人员，都会使自己在正式场合的一切举止行为表现得适时、适事、适宜、适度，使之合乎常规、符合身份、适应对象，并且配合场合，此即所谓举止有度。举止有度中的“度”，实际上就是有关商务人员举止行为的基本规矩。适应这个“度”，即可称为举止得体；达不到或者超越了这个“度”，则为举止犯规。

在实际工作中，商务人员在其举止行为方面所应恪守的这个“度”，主要体现在下列两个方面。

（一）普适性的“度”

普适性的“度”，又称共性的“度”。它是指在当前社会上所通行的有关人们行为举止的普适性规则。在商务活动中，商务人员对其不仅要了解得一清二楚，而且还必须认真地予以遵守。

例如，虽说在站立或就座时男女老幼有所不同，但世界各国均要求成年人“站有站相，坐有坐相”。不仅如此，在许多国家里，有关“站相”与“坐相”的规范，往往还颇为一致。

又如，在现代文明社会里，“蹲”的姿势仅仅在其作为临时姿势或用于非正式场合时才会得到认可。若是在正式场合，或者在众目睽睽之下长时间地采用“蹲”姿，则必定会令人侧目。

再如，在通过他人居所的门槛时，尤其是在通过正式场所的门槛时，人们普遍认可的正确方式，应当是一跨而过。倘若驻足其上，或者有意对其践踏，在世界上绝大多数地方都不会被人接受。

（二）特殊性的“度”

特殊性的“度”，亦称为个性的“度”。它指的是仅仅在个别国家、地区或民族方才适用的有关人们举止的特殊性规则。因其适用地域较为狭窄，在国际商务交往中未必畅行无阻。不过考虑到“入乡随俗”与“客随主便”的需要，商务人员仍须对其有所了解，以便在必要时予以遵守。

商务人员遵守特殊性的“度”的前提有三：一是应无损于我方人员的国格、人格；二是应保证我方人员的生命安全；三是应绝对有此必要。

例如，世界各国的会面礼节往往大相径庭。除了握手在绝大多数国家普遍适用之外，一些国家所独有的会面礼节在别的国家便难以被接受。中国人传统的“拱手礼”，难以走出自己的国门；而西方一些国家的“吻手礼”，在中国也鲜被采用。至于仅仅适用于大洋洲某些地区、某些民族的“吐舌礼”，即与来宾相见时主人用力吐出自己的舌头以示“心如舌红，待人以诚”，则更是为绝大多数世人闻所未闻，并难以推广。

第三节　化　妆

在日常工作与生活中，商务人员尤其是白领丽人，往往对化妆极其重视。化妆，在此是指人们采用专用的化妆品来打扮自己，从而使自己的容颜更加靓丽可人。

一般来讲，在人际交往中，成年人特别是成年女性进行适度的化妆，通常是非常必要的。这样做，既是本人自尊自爱的一种显著表现，也是对交往对象重视的直接体现。在正式交往中，不论是上班还是参与社交活动，一名成年女性如果不化妆，往往会被视为不懂得礼仪。

在工作中，女性商务人员在化妆方面必须遵守一些专门的规定。其基本要求是：化妆上岗；提倡淡妆。此项要求主要包含两层意思：一方面，女性商务人员上班时通常应当化妆；另一方面，以化淡妆为宜。因为化淡妆与商务人员的身份最相称，而浓妆艳抹则会显得不务正业。

总体而言，有关女性商务人员化妆的礼仪规范，主要包括化妆的守则、化妆的方法与化妆的禁忌三个具体方面的内容。

一、化妆的守则

商务人员如果有必要化妆的话，就一定要遵守化妆守则。所谓化妆守则，就是人们在化妆时所必须遵守的共同规则。它对于人们的化妆发挥着指导性、规范性的重要作用。

从总体上来看，商务人员平时所进行的化妆主要是一种工作妆。由于受其特殊身份及特殊氛围所限制，商务人员的工作妆与其他人员的生活妆存在着显著的不同。商务人员的化妆守则，通常包括下述五个方面的具体内容。

（一）淡雅

一般而言，商务人员平日的化妆应当以淡妆为主。淡妆，即指淡雅的化妆，乃是商务人员化妆时的优先选择。

所谓化淡妆，一般都是相对于化浓妆而言的。它的主要风格是真实、自然，因此，也叫自然妆。所谓浓妆，则以夸张、抢眼为主要风格，它多适用于新娘、女演员，往往类似于舞台妆，在一般活动中并不一定适用。

商务人员要做到化妆淡雅，主要讲究妆面的自然、素净、雅致，而不宜刻意进行雕琢或强调。若是做到了“妆成有却无”，化妆之后看不出明显的痕迹，才是适用于女性商务人员的真正高水准的化妆。

（二）庄重

精明强干、朝气蓬勃、好学上进，通常都是当今社会对商务人员所提出来的基本要求。进行个人化妆时，尤其是为参加正式的商务活动而进行化妆时，商务人员有必要谨记这一基本要求，通过化妆使自己显得更加庄重大方。

欲使自己的化妆具有庄重的特征，关键是在化妆时要认真恪守成规，符合传统，与公众的审美标准相吻合。不要在化妆时标新立异，借题发挥，过分地张扬个性，过度地追求稀奇古怪与前卫。

商务人员平时的化妆切勿显得轻浮、随便，从而给人以华而不实、不务正业之感。一些在社会上流行一时的化妆方式，诸如金粉妆、印花妆、晒伤妆、鬼魅妆、朋克妆、乞丐妆、玩偶妆等，都不应为商务人员所取。

（三）简洁

就一般情况而言，商务人员日常工作中的化妆应当以简单明了为本。也就是说，平日商务人员的化妆应当是一种简妆。如果动辄盛妆而出，既浪费时间，又与身份不相称。

要求商务人员化妆简洁，是遵守以上淡雅、庄重两项守则的必然。一个人的化妆要做到淡雅而庄重，往往就必须以简洁为主。反过来说，一个人的化妆若是真正地做到了简洁，通常就会给人以淡雅、庄重之感。

要求商务人员化妆简洁，主要的操作方法就是化妆时应抓住重点，应以眼睛、嘴唇、面颊为化妆的主要部位，而不必讲究面面俱到、无一遗漏。与此同时，化妆的手法应当简单易行，风格应当简单明快。

（四）协调

从根本上来讲，能够真正反映出商务人员化妆水平高低的，是其化妆是否重视协调。具体而论，化妆的协调与否体现在下述四个方面。

1. 化妆与身份是否协调

在任何情况下，商务人员在化妆时都必须牢记自己的身份，即自己此时此刻是做什么工作的；不要因为化妆不慎而有失身份。

2. 化妆与场合是否协调

在不同场合，化妆的具体要求往往有所不同。在学习、工作时，宜化淡妆；在社交场合，妆容可稍许偏浓；而在参加休闲活动时，则大可不必化妆。

3. 化妆与服饰是否协调

化妆的时候，亦须考虑自己穿戴的服饰的款式、档次，令两者彼此和谐、般配，方为得体。

4. 化妆的各部位之间是否协调

在化妆时，应当有意识地使一些重点而醒目部位的妆面在色彩、浓淡上遥相呼应，并且彼此协调。

（五）避短

商务人员平时所化的工作妆，当然以美化自身形象为主要目的。要在化妆时美化自身形象，关键是要善于凭借化妆手段，为自己扬长避短。

扬长避短，是人们化妆时必须恪守的基本原则。所谓扬长，就是要在化妆时强调自己在形象上的主要长处，适当地展示自身的优势。所谓避短，则是指在化妆时应当努力回避自己在形象上的突出短处，通过化妆掩饰自身的不足。显而易见，扬长与避短相辅相成，是化妆时均须兼顾的。

在化妆时扬长避短的问题上，商务人员必须清醒地意识到：自己化妆的重点应当是避短，而不应当是扬长。在化妆时着意避短，是为了不使自己形象受损、见笑于人，因而非常必要；而在化妆时过度扬长，则有炫耀之嫌，所以是不合适的。

二、化妆的方法

女性商务人员需要掌握正确的化妆方法，只有掌握了正确的化妆方法，才有可能使自己的化妆达到预期的目的，并为他人所接受。必须予以强调的是，化妆非同儿戏，千万不要自由发挥、任意而为。在掌握正确的化妆方法的问题上，指望无师自通，自修成才，或者临阵磨枪，一蹴而就，都是错误的认识。不论目前是否打算化妆，女性商务人员都有必要了解其基本方法。

在通常情况下，女性商务人员全套的工作妆大体上可以分为打粉底、画眼线、施眼影、描眉形、上腮红、涂唇彩、抹香水七个具体的步骤。在这些具体步骤中，均有一定的方法必须认真加以掌握。

（一）打粉底

打粉底，又称为敷底粉或者打底。它是利用粉底霜，以调整面部皮肤色泽为主要目的的一种基础化妆。它也是人们进行进一步化妆的前提。打粉底时，有下列四点注意事项。

1. 提前做好面部清洁

打粉底前，务必要对面部认真进行清洗，并且拍上适量的化妆水、乳液。这一步骤，通常都是必不可少的。

2. 选择粉底霜的颜色

一般而言，面部肤色不同的人，应当选用不同颜色的粉底霜。粉底霜的颜色一定要接近于自己面部的肤色，不宜使二者反差过大，不然看起来就会有失真的感觉。

3. 借助于海绵

在打粉底时，切勿直接下手，而是应当利用专用的海绵块。利用海绵块打粉底时，要做到取用适量、涂抹细致、薄厚均匀。

4. 顾及脖颈处

打粉底时，既要态度认真，又要面面俱到。特别是不要忘记在自己的脖颈部位打上一些粉底，这样才不至于使自己的面部与颈部“泾渭分明”，对比强烈。

（二）画眼线

人们在打量别人时，首先关注的部位通常都是对方的眼睛。因此，眼睛是人们化妆时应予关注的重点。对眼睛进行化妆时，最好不要省去画眼线这一重要步骤。画眼线的最大好处是可以使化妆者的双眼生动而精神，并且富有光泽。

画眼线的正确方法，是把眼线画得紧贴于眼睫毛。具体而言，在画上眼线与下眼线时，要求又各有差异。画上眼线时，应当从内眼角朝着外眼角的方向画；而画下眼线时，则应当从外眼角朝着内眼角的方向画，并且应当在距离内眼角约1/3处收笔。这样，才会造型生动，衔接自然。

应当强调的是，在画眼线时，务必要重视笔法的运用。最佳的笔法，应当是先粗后细，由浓而淡，线条流畅。一定要避免将眼线画得呆滞、锐利、粗俗或者曲里拐弯。此外，画完以后的上下眼线，在外眼角处一般不应当直接交合。上眼线通常看上去要比下眼线稍长一些，这样才会使双眼显得大且充满活力。

（三）施眼影

现代女性在化妆时，通常都不会缺少施眼影这一重要环节。施眼影的主要目的，意在强化化妆者面部的立体感，以凹眼去反衬隆鼻，并且使其双眼显得更加明亮和传神。在必要之时，商务人员可在化妆时酌情为自己施眼影。

商务人员在为自己施眼影时，有下述两个方面的问题必须予以注意。

1. 慎选眼影的颜色

当前，可供选择的眼影制品颜色极多，但是，商务人员在化工作妆时并非什么颜色的眼影都可以一试。色彩过分鲜艳的眼影，通常仅适用于晚妆，而不适用于工作妆。对绝大多数中国女性而言，化工作妆时选用浅咖啡色的眼影，往往收效较好。

2. 施出眼影的层次感

施眼影讲究的是层次感，所以施眼影时最忌讳的是看上去漆黑一团，而没有厚薄、深浅、浓淡之分。在施眼影时，若是注意使之有厚有薄、由浅而深、浓淡有致、层次分明，才会真正有助于强化化妆者眼部的鲜明轮廓。

(四) 描眉形

每个人眉毛的具体形状，对其容貌都有一定的烘托作用。眉形又细又弯，会使人平添妩媚；眉形既尖且竖，会使人显得精明强干；眉形粗大平直，会让人看起来诚实稳重；眉形蜿蜒崎岖，则会给人以猥琐低俗之感。故此，有经验的化妆者都会重视眉毛的修饰。

在描眉形时，一般有下述四个方面的问题应当予以注意。

1. 细心修眉

描眉形前，一定要认真地修眉。修眉的重点是用专用的镊子或修眉刀，清除那些杂乱无章、有碍描眉的眉毛。

2. 兼顾个性

在为自己选择所要描绘的眉形时，必须正视并兼顾本人的主要特点。对于自己的性别、年龄、身份、脸形等，则更是应当充分予以考虑。

3. 逐根描绘

在描眉形的具体过程中，千万不要一画而过，或是反反复复。对眉毛逐根进行细致的描绘，才会使眉形生动而自然。

4. 立体之感

描眉形，讲究给人以真实之感，所以应当突出眉形的立体感。要做好这一点，在描眉形的具体手法上应注意两侧淡、中间浓；上边浅、下边深。

(五) 上腮红

上腮红，是成熟女性化妆时颇为青睐的一种化妆方法。所谓上腮红，又称搽胭脂，它是指在面颊上涂抹适量的胭脂。上腮红可以使化妆者的面颊更加红润、面部轮廓更加优美，并且能够充分地显现化妆者的健康与活力。

在上腮红时，通常有下述四点不容忽视的重要注意事项。

1. 选择优质腮红

化妆时所上的腮红质量如何，往往直接关系到化妆的效果，所以务必要选用质优的腮红。

2. 力求妆面和谐

要保证妆面和谐，就要力求使化妆时所上的腮红与唇膏及眼影属于同一色系，这样看起来会给人以协调之感。

3. 使之自然过渡

上腮红时，一定要使之与面部的肤色过渡自然。为此，最好以小刷蘸取腮红后，先在颧骨下方，即高不及眼睛、低不过嘴角、长不到眼长的1/2处上色。然后，才可略作延展。

4. 扑粉进行定妆

上好腮红以后，即应采用定妆粉进行定妆以便吸取汗液、皮脂，并且避免妆面脱落。

扑粉时，用量不宜过多，并且不要忘记在颈部扑上一些。

（六）涂唇彩

一个人在化妆时，其唇部的重要程度仅次于眼睛。涂唇彩，便是人们对唇部进行化妆的常规手段。涂唇彩时采用正确的方式、方法，既可以改变原本不甚理想的唇形，又可以使自己的双唇更加姣美迷人。

一般来说，在涂唇彩时，主要有下列三个方面的具体问题应当加以注意。

1. 描好唇线

涂唇彩之前，一定要先用唇线笔描好唇线，为自己确定理想的唇形。根据惯例，唇线笔的颜色通常应当略深于将要使用的唇膏的颜色。描唇线时，嘴巴应当自然放松，并且张开。一般应该先描上唇，后描下唇。描唇线应从唇部的左右两侧分别沿着其原有的轮廓线描向中央。上唇角要描细，下唇角则要略去。

2. 涂好唇膏

以唇线笔描定唇形后，才能涂唇膏。实际上，涂唇膏是对先行描好的唇形所进行的填充。要涂好唇膏，通常应注意两点：其一，选好唇膏的颜色。用以美唇的唇膏，既可选彩色，也可选无色。但是，应要求其安全无害，适合本人的客观条件，并且避免选择过于古怪、鲜艳的颜色。女性商务人员通常宜选用棕色、橙色或紫色的唇膏；有时亦可选用无色唇膏。其二，注意唇膏的涂法。涂唇膏时，一般应当从嘴唇的两侧涂向中央。要努力使唇膏涂得细致均匀，同时不可使之超出已经描好的唇形。

3. 仔细检查

涂好唇膏后，应对唇部认真检查一番。通常，可用干净的纸巾轻轻吸去多余的唇膏，但切忌用嘴唇去抿、用舌尖去舔。一定要细心察看一下牙齿上有无唇膏的痕迹，否则就好像“牙龈出血”一样难看。

（七）抹香水

有些时候，人们可以根据个人的需要，在自己身上抹上一些香水。抹香水的目的，一方面是为了掩盖自己身上可能出现的不雅的体味，另一方面则是为了使自己在公共场合芳香宜人。

在抹香水时，应当对下述三个方面的问题有所考虑。

1. 选择品种

香水不仅有品牌之分，而且还有香型与浓淡之别。因此，对其要认真选择。商务人员所选用的香水，一般应注意淡雅清新、男女有别、价格适中等几点要求。此外，还须避免在香型上与同时所使用的其他化妆品产生矛盾。

2. 涂抹到位

香水无论如何都不能抹遍全身，也不能够随处乱涂。衣服上、头发上、面孔上以及平时易于出汗的地方，都不宜直接涂抹香水。耳后、颌下、腕部、膝后、踝骨等处，适宜涂抹香水。

3. 使用适量

使用香水，切勿过量。过量地使用香水，既是一种浪费，又会有碍他人呼吸顺畅，而且有时还会矫枉过正，令人怀疑自己有意以之去掩盖身上浓重的体味。他人在三米开外仍能明显地闻到自己身上的香味，即是使用香水过量。

三、化妆的禁忌

既然要化妆，就要防止使自己的化妆出现差错。商务人员在化妆时有可能出现的差错，主要包括下述五点。

（一）忌技法错误

普通人所进行的正常化妆，一定要遵守正规的化妆方法，否则其化妆便难以为他人所接受。假使一位商务人员不谙化妆之道，那么即便其不化妆，显然也比自己贸然化妆而在化妆时出错要好得多。

之所以强调此点，主要是因为一个人不化妆时，顶多是其个人形象欠佳而已，而若是化妆时在技法上出现了显著的错误，则必然会暴露出其自身素质方面的严重不足。

例如，上班时，一名女性商务人员若是以粗黑的眼线、鲜红的唇彩、满颊的腮红、厚重的妆粉、袭人的香气示人，则不仅不会提升其个人的品位，反而会给人以粗鄙之感。

（二）忌离奇古怪

就一般状况来讲，商务人员平常所化的妆，最重要的是要与其朝气蓬勃、好学上进的精神风貌协调一致，进而有助于塑造出其英姿勃发、光彩照人的良好形象。有鉴于此，商务人员通常所进行的化妆，绝对不应该以怪异、另类、出位的风格而见长。

不论社会上正在流行何种化妆风格，商务人员都应该对其持冷静的态度，切不可全盘照搬，使自己的化妆完完全全地为时尚流行所左右。

在通常情况下，商务人员的化妆十分忌讳离奇古怪。也就是说，商务人员的化妆如果有意地偏离了社会对其的角色定位，而专门去追求妆容的荒诞、怪谲、神秘与异化，或者存心使自己的化妆出格，从而达到令人侧目的目的，甚至产生令人咋舌和毛骨悚然的效果，都有损于商务人员的个人与群体形象。

（三）忌残妆示人

商务人员一旦化妆，就要做到有始有终，努力维护妆面的完整性。具体而言，就是要时常对妆面进行检查，并且及时进行补妆。所谓补妆，就是指化妆者在发现妆面出现问题时，适时适度地对其进行局部性的修补与复原。如果疏忽了这一点，化妆者的妆容就可能出现残缺，并且随着时间的推移而进一步扩大，从而使其化妆效果乃至个人形象受损。

因此，化了妆的商务人员无论如何都不应该以残妆示人。在此问题上，下述四点值得注意。

1. 化妆后常做检查

化妆后，需要对自己的妆容经常进行检查，以免其出现明显的残缺而自己却未能察觉。休息之后、用餐之后、饮水之后、出汗之后、更衣之后，尤其应该及时地自查妆容。

2. 妆残时马上补妆

发现自己的妆容出现残缺以后，化妆者即应立即抽身进行补妆。切莫长时间地以残妆示人，更不能索性对其不管不顾。

3. 补妆时回避他人

补妆之际，化妆者一定要选择无人在场之处进行。切不可发现自己的妆面残缺后随时补妆，而置在场的其他人士于不顾。

4. 补妆时方法得当

补妆虽为临时性措施，但也不可马虎大意。正确的补妆既非重新进行一次化妆，亦非在原有的妆面上进行重描，不然化妆就有可能变成化“脏”。补妆必须以补为主，重在弥补原有妆面的残损之处。

（四）忌当众化妆

根据礼仪规范，化妆乃是一种私人行为，故此它只适于在无人在场之际悄然进行。在大庭广众之下旁若无人地化妆，显然是一种犯规之举。

不当众化妆这一要求，具体包括下述三方面的内容。

1. 不在公共场合化妆

在公共场合化妆是一种既不尊重自己，也不尊重其他在场者的表现。在境外某些特殊的公共场合当众化妆，有时还会招惹是非，甚至有辱自身。

2. 不在熟人面前化妆

有人认为，在外人面前化妆属于失礼，而在熟人面前化妆则未必不可，此种看法其实是错误的。当着熟人的面化妆，等于对自己漂亮起来的原因自行揭秘，因而会直接破坏自己化妆的效果。

3. 不在异性面前化妆

面对异性，不论对方与自己的关系密切与否，都切切不可化妆，否则就会给对方留下自己是在搔首弄姿、吸引异性关注的不良印象。

（五）忌指教他人

商务人员在任何场合，不论是直接还是间接地对别人的化妆进行指教，都是不礼貌的。不指教别人化妆这一要求，主要包括下述内容。

1. 不议论别人的化妆

化妆与否、怎样化妆，都属于纯粹的个人自由。因此，不允许随随便便地对别人的化妆指手画脚、说三道四。

2. 不打探别人的化妆

正是由于化妆属于一种私人行为，所以对于其他化妆人士所用化妆品的品牌、价格以及化妆的具体手法等，都不允许贸然进行打听。

3. 不批评别人的化妆

在一般情况下，如果其他化妆者未曾直接向自己进行讨教的话，通常都不允许对对方的化妆进行批评或否定。当众那样做，则更为不妥。

第四节　服　饰

莎士比亚曾说过："一个人的穿着打扮，是其个人阅历、修养与品位的最直接的写照。"在商务活动中，商务人员的穿着打扮亦不可不慎。

讲究穿着打扮，是人之常情。在日常工作与生活中，商务人员的服饰往往更加受人关注，因为它被视为商务人员个人修养的最直接的写照。作为一种后天的修饰，商务人员平时所选择的服饰必须要遵守一定之规。

一、西装

西装，又称西服。它起源于欧洲，目前是世界上最流行的一种服装，也是男性商务人员在正式场合着装的首选。西装造型典雅高贵，它拥有开放适度的领部、宽阔舒展的肩部和略加收缩的腰部，穿在男性商务人员的身上，会使之显得英武矫健、风度翩翩、韵味十足。男性商务人员要想使自己所穿的西装真正称心合意，就需要在西装的选择、西装的穿法、西装的搭配三个方面严守相关的礼仪规范。

（一）西装的选择

要想使穿在自己身上的西装为自己增色，首先就要对西装进行精心的选择。

一般而言，要挑选一身挺括合体、适合职场穿着的西装，大致需要关注其面料、色彩、图案、款式、造型、尺寸、做工七个方面的具体细节。

1. 面料

鉴于西装在商务活动中往往充当正装或礼服之用，因此西装面料的选择应当力求高档。在一般情况下，毛料应为西装首选的面料。具体而言，纯毛、纯羊绒的面料以及高比例含毛的毛涤混纺面料，皆可用作西装的面料；而不透气、不散热或发光发亮的各类化纤面料，则尽量不要用以制作西装。

目前，以高档毛料所制作的西装，大都具有轻、薄、软、挺四个方面的特点。一是轻，指的是西装本身不重、不笨，穿在身上的感觉犹如丝绸。二是薄，指的是西装面料单薄，不过分地厚实。三是软，指的是西装成衣穿起来柔软舒适，既合身，又不会给人以束缚之感。四是挺，指的是西装外表挺括雅观，不发皱、不松垮、不起泡。

2. 色彩

平时，男性商务人员往往将西装视为自己在商务活动中所穿的制服。因此，西装的颜色必须显得庄重、正统，不能过于轻浮和随便。根据此项要求，适合于男性商务人员在商务交往中所穿的西装的颜色首推藏蓝色。所谓藏蓝色，是蓝色的一种。它蓝里略透红色，亦可谓之深蓝色。在世界各国，藏蓝色的西装套装往往是每一位男性商务人员所必备的基本型西装。

除此之外，还可以选择灰色或棕色的西装。黑色的西装也可以考虑，但它更适合在庄严肃穆的礼仪性活动中穿着。若是平日上班时穿黑色的西装，则未免有些小题大做。

按照惯例，男性商务人员在正式场合不宜穿颜色过于鲜艳或发光发亮的西装。朦胧色、过渡色的西装，通常也不宜选择。越是正规场合，越讲究穿单色的西装，因而带有两种以上颜色的“杂色”西装，在大多数情况下是与男性商务人员无缘的。

3. 图案

男性商务人员所推崇的气质，应当是成熟、稳重、文雅，所以其西装一般以无图案为好。不要选择绘有花、鸟、鱼、虫、人物、卡通等图案的西装，更不要自行在西装上绘制或刺绣图案、标志、字母、符号等。

通常，上乘西装的特征之一便是没有任何图案。唯一的例外是，男性商务人员可以选择以“牙签呢”制作的竖条纹的西装。竖条纹的西装，以条纹细密者为佳，以条纹粗阔者为劣。在着装异常考究的欧洲国家里，男性商务人员最体面的西装，往往就是藏蓝色或深灰色的、条纹细密的竖条纹西装套装。

用“格子呢”制作的西装，一般是难登大雅之堂的。只有在非正式场合里，男性商务人员才可以穿它。

4. 款式

与其他任何服装一样，西装也有自己的不同款式。目前，区别西装的具体款式，主要有以下两种最常见的方法：

(1) 按西装的件数划分。根据此项标准，西装有单件与套装之分。依照惯例，单件西装，即一件与裤子不配套的西装上衣，仅适用于非正式场合。男性商务人员在正式的商务交往中所穿的西装，必须是西装套装。有时，男性商务人员在商务交往中所穿的西装套装，被人们称作商务套装。

所谓套装西装，指的是上衣与裤子成套，其面料、颜色、款式一致，风格上相互呼应的多件西装。通常，西装套装又有两件套与三件套之分。两件套西装套装包括一衣一裤，三件套西装套装则包括一衣、一裤与一件背心。按照人们的传统看法，三件套西装比两件套西装要显得更加正规一些，最正宗、最经典的商务套装，自然也非它莫属。因此，男性商务人员在参加高层次的商务活动时，以穿三件套的西装套装为佳。

(2) 按西装上衣的纽扣数量划分。根据这一标准，西装上衣有着单排扣与双排扣之别。一般认为，单排扣的西装上衣比较传统，而双排扣的西装上衣则较为时尚。

具体而言，单排扣西装上衣与双排扣西装上衣的纽扣数目各自又有不同，因而又使它们各自呈现出不同的风格。

一是单排扣的西装上衣。单排扣的西装上衣，最常见的有一粒纽扣、两粒纽扣、三粒纽扣三种。一粒纽扣和三粒纽扣的单排扣西装上衣比较时髦，而两粒纽扣的单排扣西装上衣则显得更为正统一些。

二是双排扣的西装上衣。双排扣的西装上衣，最常见的有两粒纽扣、四粒纽扣、六粒纽扣三种。两粒纽扣、六粒纽扣的双排扣西装上衣属于流行的款式，而四粒纽扣的双排扣西装上衣则明显地具有传统风格。

5. 造型

西装的造型，又称西装的版型，它指的是西装具体的外观形状。目前，世界上的西装有欧式、英式、美式、日式四种主要造型。

（1）欧式西装。

欧式西装的主要特征是：上衣呈倒梯形，多为双排两粒扣式或双排六粒扣式，而且纽扣的位置较低。衣领较宽，强调肩部与后摆，不甚重视腰部，垫肩与袖笼较高，腰身中等，后摆无开衩。其代表品牌有“杰尼亚”“康纳利”等。

（2）英式西装。

英式西装的主要特征是：不刻意强调肩宽，而讲究穿在身上贴身、自然。它多为单排扣式，衣领是“V”形，并且较窄，腰部略收，垫肩较薄，后摆两侧开衩。职场男士十分推崇的“君皇仕”“登喜路”牌西装，就是典型的英式西装。

（3）美式西装。

美式西装的主要特征是：外观上方方正正、宽松舒适，较欧式西装稍短一些。肩部不加衬垫，因而被称作“肩部自然式”西装。其衣领为宽度适中的“V”形，腰部宽大，后摆中间开衩，多为单排扣式。美式西装的知名品牌有“拉夫劳伦”“布克兄弟”等。

（4）日式西装。

日式西装的主要特征是：上衣在外观上呈“H”形，即不过分强调肩部与腰部。垫肩不高，领子较短、较窄，不过分地收腰，后摆也不开衩，多为单排扣式。目前，国内常见的日式西装的品牌有“青山”“青木”等。

上述四种造型的西装，各有自己的特色：欧式西装洒脱大气，英式西装剪裁得体，美式西装宽大飘逸，日式西装则贴身凝重。男性商务人员在具体选择时，通常可以自便。不过一般来说，欧式西装要求穿着者高大魁梧，美式西装穿起来稍显散漫，中国人在选择时宜根据自己的身材、体态来决定。比较而言，英式西装与日式西装似乎更适合中国人穿着。

6. 尺寸

穿着西装，务必要大小合身、宽松适度。一套西装，无论其品牌名气有多大，只要它的尺寸不适合自己，就不应选择。在商务活动中，一位男性商务人员所穿的西装不论是过大还是过小、过肥还是过瘦，都肯定会损害其个人形象。

要使自己的西装合身，有必要注意以下三点：

（1）了解尺寸。西装的衣长、裤长、袖长、胸围、腰围、臀围都有一定之规，只有对其标准尺寸认真了解，才能在挑选西装时有章可循。

（2）量体裁衣。市场上销售的西装多为批量生产，其尺寸相对比较标准，穿在每一个人身上未必尽如人意。所以，有条件者最好是寻访名师为自己量身缝制西装。

（3）进行试穿。假如购买成衣，务必要反复进行试穿。切勿马马虎虎买来不合身的西装。

7. 做工

一套名牌西装与一套普通西装的显著区别，往往在于前者的做工较为精良，而后者的做工则较为一般。在选择西装时，对其做工精良与否的问题，是万万不可以忽略的。

在挑选西装时，检查其做工的好坏，需要从以下六点着手：其一，看其衬里是否外露。其二，看其衣袋是否对称。其三，看其纽扣是否缝牢。其四，看其表面是否起泡。其五，看其针脚是否均匀。其六，看其外观是否平整。假如它在这六个方面不符合要求，则以放弃为妙。

在选择西装时，除了上述六个方面的细节必须加以关注之外，还要了解正装西装与休闲西装的区别。一般来说，正装西装适合在正式场合穿着，其面料多为毛料，其色彩多为深色、单色，款式则讲究庄重、保守，并且肯定是套装。休闲西装则恰好与其相反，大都适合在非正式场合穿着，面料可以是棉、麻、丝、皮、化纤等，颜色大多都是鲜艳、亮丽的，并且多为浅色、多色，款式则强调宽松、舒适、自然，有时甚至以标新立异而见长。通常，休闲西装基本上都是单件的。

（二）西装的穿法

男性商务人员在穿着西装时，对具体的穿法应倍加重视。不遵守西装的规范穿法，在穿西装时随意而为，都是有违礼仪的无知的表现。

根据西装礼仪的基本要求，男性商务人员在穿着西装时，务必要特别注意下述七个方面的问题。

1. 拆除商标

在西装上衣左边袖子的袖口处，通常会缝有一块布料的商标。有时，在那里还同时缝有一个纯羊毛标志。在正式穿西装之前，切勿忘记将它们拆除。这等于是对外界宣告该套西装已被启用。假如西装穿过许久之后，袖子上的商标依旧停留于原处，好似有意以此招摇过市一般，难免会见笑于人。

2. 熨烫平整

欲使一套穿在自己身上的西装看上去美观大方，首先要使其保持平整而挺括、线条笔直。要做到此点，除要定期对西装进行干洗外，还要在每次正式穿西装之前，对其进行认真的熨烫。千万不要使西装皱巴、不洁，以免使其美感全失、惨不忍睹。

3. 扣对纽扣

穿西装时，上衣、背心与裤子的纽扣都有一定的系法。在三者之中，又以上衣纽扣的系法讲究最多。

一是西装上衣纽扣的扣法。一般而言，站立之时，特别是在大庭广众之前起身站立之时，西装上衣的纽扣应当系上，以示郑重其事。就座之后，西装上衣的纽扣则需要解开，以防其“扭曲”走样。唯独在内穿背心或羊毛衫、外穿单排扣上衣时，才允许站立之际不系上衣的纽扣。

通常，系西装上衣的纽扣时，单排扣上衣与双排扣上衣又有各不相同的具体做法。系单排两粒扣式西装上衣的纽扣时，讲究“扣上不扣下”，即只系上边那粒纽扣。系单排三粒扣式西装上衣的纽扣时，正确的做法有两种：要么只系中间那粒纽扣；要么系上面那两粒纽扣。而系双排扣式西装上衣的纽扣时，可以系上的纽扣则一律都要系上。

二是西装背心纽扣的扣法。穿西装背心时，不论将其单独穿，还是将之与西装上衣配套穿，都要扣上纽扣，而不能听任其自由自在地敞开。在一般情况下，西装背心只能同单排扣西装上衣配套。它的纽扣数目有多有少，但大体上可被分为单排扣式与双排扣式两种。根据西装的着装惯例，单排扣式西装背心的最下面的那粒纽扣应当不系，而双排扣式西装背心的纽扣则必须无一例外地全部都系上。

三是西裤纽扣的扣法。目前，在西裤的裤门上负责“把关”的，有的是纽扣，有的则是拉锁。一般认为，前者较为正统，后者则使用起来更加方便。不论穿着以何种方式“关门”的西裤，都要时刻提醒自己，将纽扣全部系上，或是将拉锁认真拉好。参加重要的活动时，还须提前悄悄地对其进行检查，以免由于自己大意而使西裤“开门”。西裤上的挂钩，亦应挂好。

4. 不卷不挽

穿西装时，一定要悉心呵护，维持其原状。在商务活动中或其他的公共场合里，千万不要当众随心所欲地脱下西装上衣，更不能把它当做披风一样地披在肩上。需要特别强调的是，无论如何，都不可以将西装上衣的衣袖挽起，否则，极易给人以粗俗之感。在一般情况之下，随意卷起西裤的裤管，也是一种不符合礼仪的表现。因此，绝对禁止商务人员这样做。

5. 慎穿毛衫

男性商务人员要想把一套西装穿得有“型”有“味”，那么除了衬衫与西装背心之外，在西装上衣之内，最好不要再穿其他任何衣物。在冬季寒冷难忍时，只宜暂作变通，穿上一件薄款、套头式、“V”领的单色羊毛衫或羊绒衫。这样既不会显得过于花哨，也不会妨碍自己打领带。切勿穿色彩、图案十分繁杂的羊毛衫或羊绒衫，也不要穿扣式的开襟羊毛衫或羊绒衫。扣式的开襟羊毛衫或羊绒衫因纽扣多，与西装上衣同穿时，会令人眼花缭乱。更不要同时穿上多件羊毛、羊绒的毛衫、背心，甚至再加上一件手工编织的毛衣。那样一眼望去，不仅其领口之处免不了会“层次分明”，犹如不规则的“梯田”一般难看，而且还会使西装鼓胀不堪、变形走样。

6. 巧配内衣

西装的标准穿法，是衬衫之内不穿棉纺或毛织的背心、内衣。至于不穿衬衫，而以T恤衫直接与西装配套的穿法，显然是不符合规范的。因特殊原因而需要在衬衫之内再穿背心、内衣时，有以下三点注意事项：

(1) 数量上以一件为限。若一下子穿上多件，则必然会使自己显得臃肿不堪。

（2）颜色上与衬衫颜色相仿。至少不应使内衣较衬衫的颜色为深，免得令两者反差过于明显。在浅色或透明的衬衫里面穿深色、艳色的背心、内衣，则更易于招人笑话。

（3）款式上短于衬衫。穿在衬衫之内的背心或内衣，其领型以“U”领或“V”领为宜。在衬衫之内最好不要穿高领的背心、内衣，不然在衬衫的领口之处很可能会露出一截有碍观瞻的“花絮”。此外，还须留意，不要使内衣的袖管暴露在别人的视野之内。

7. 少用口袋

为保证西装在外观上不走样，口袋里就应少装东西或者不装东西。对待上衣、背心和裤子均应如此。要是把西装上的口袋当成一只“百宝箱”，用乱七八糟的东西将它塞得满满的，无异于是在糟蹋西装。

具体而言，在西装上，不同的口袋发挥着各不相同的作用：

（1）西装上衣左侧的外胸袋除可以插入一块用以装饰的真丝手帕外，不应再放其他任何东西，尤其不应当别钢笔、挂眼镜。内侧的胸袋可用来别钢笔、放钱夹或名片夹，但不要放过厚的东西或无用之物。外侧下方的两只口袋，原则上以不放任何东西为佳。

（2）西装背心上的口袋大多具有装饰功能，除可以放置怀表之外，不宜再放其他的东西。

（3）在西装的裤子上，两只侧面的口袋只能放纸巾、钥匙包或者零钱包，其后侧的两只口袋，则不放任何东西。

（三）西装的搭配

熟知西装着装规范的人，大都听说过一句话：西装的韵味不是单靠西装本身穿出来的，而是用西装与其他衣饰一道精心组合搭配出来的。由此可见，西装与其他衣饰的搭配，对于成功地穿着西装是何等的重要！

下面，分别介绍穿着西装时，衬衫、领带、鞋袜与之进行组合搭配的基本常识和技巧。

1. 衬衫

与西装配套的衬衫，应当是正装衬衫。一般而言，正装衬衫具备以下几个方面的特征：

（1）讲究面料。

正装衬衫以高支精纺的纯棉、纯毛制品为主，以棉、毛为主要成分的混纺衬衫，亦可酌情选用。但不要选择以条绒布、水洗布、化纤布制作的衬衫，因为它们要么过于厚实，要么易于起皱、起球、起毛。用真丝、纯麻、牛仔布做成的衬衫，也不宜选择。

（2）讲究色彩。

正装衬衫必须为单一色彩。在正规的商务应酬中，白色衬衫可谓男性商务人员的唯一选择。除此之外，蓝色、灰色、棕色、黑色衬衫，有时亦可加以考虑。但是，杂色衬衫，或者红色、粉色、紫色、绿色、黄色、橙色等穿起来有失庄重之感的衬衫，则是不可取的。

（3）讲究图案。

正装衬衫大体上以无任何图案为佳。印花衬衫、格子衬衫，以及带有人物、动物、植物、文字、吉祥物、建筑、大型商标等图案的衬衫，均非正装衬衫。唯一的例外是，较细的竖条衬衫在一般性的商务活动中可以穿着。但是，必须禁止同时穿着竖条纹的西装。

（4）讲究领型。

正装衬衫的领型多为方领、短领和长领。具体进行选择时，须兼顾本人的脸形、脖长以及将要打的领带结的大小，千万不要使它们相互之间反差过大。扣领的衬衫，有时亦可选用。此外，立领、翼领或异色领的衬衫，大都不适合与正装西装相配套。

（5）讲究衣袖。

正装衬衫必须为长袖衬衫，短袖衬衫则具有休闲性质。以其袖口而论，衬衫又有单层袖口与双层袖口之别。双层袖口的衬衫又称法国式衬衫，主要的作用是可以佩戴装饰性袖扣。装饰性袖扣又称链扣或袖链，使用时如恰到好处，可为自己平添高贵而优雅的风度。在国外，装饰性袖扣早已被视为职场人士在正式场合所佩戴的重要饰物。但是，若将其别在单层袖口的衬衫上，则有些煞有介事的味道。

（6）讲究衣袋。

正装衬衫以无胸袋者为佳，即便穿有胸袋的衬衫，也要尽量少往或不往胸袋里放东西。

除了上面介绍的正装衬衫的“六大讲究”之外，还要留意正装衬衫与西装相配套的问题，在此方面有以下四点注意事项：

其一，衣扣要系上。穿西装的时候，衬衫的所有纽扣都要一一系好，不论是衣扣、领扣还是袖扣，概莫能外。只有在穿西装而不打领带时，才可以解开衬衫的领口。

其二，袖长要适度。穿西装时，衬衫的袖长最好长短适度。最美观的做法，是令衬衫的袖口恰好露出来一厘米左右。要是衬衫的袖口外露过长，甚至被一卷再卷，直至翻到西装上衣的袖口之上，不免有些滑稽。不过，使衬衫袖口永远“不见天日”，也是犯规的。

其三，下摆要掖好。穿长袖衬衫时，不论是否穿外衣，均须将其下摆均匀而认真地掖进裤腰之内。不要使它在裤腰的交界之处皱皱巴巴，或者上下错位、左右扭曲，尤其是不要使之部分或全部露在裤腰以外“自由活动”。

其四，大小要合身。除休闲衬衫之外，衬衫既不宜过于短小紧身，也不应当过分地宽松肥大、松松垮垮。选择正装衬衫时，务必要使之大小合身。特别要注意：其衣领与胸围要松紧适度，其下摆不宜过短。

此外，还应指出：男性商务人员在自己的办公室里，可以暂时脱下西装上衣，直接穿着长袖衬衫、打着领带。但是，要以这种着装方式外出办事，就有失体统了。简言之，不穿西装上衣而直接穿着长袖衬衫、打着领带外出参加正式活动，是不合乎礼仪规范的。

2. 领带

领带，可以说是男性商务人员穿西装时最重要的饰物。因此人们才说：男人的领带，总是缺少一条。在职场上，领带往往与手表和装饰性袖扣并列，称为“成年男子的三大饰品”。

作为西装的灵魂，领带的选择讲究甚多，男性商务人员在挑选领带时，至少要重视如下几点：

（1）面料。最高档的领带，应当是用真丝或者羊毛制作而成的。以涤丝制成的领带售价较低，有时也可以选用。除此之外，用棉、麻、绒、皮、革等物制成的领带，大多适用于非正式场合，在商务活动中均不宜佩戴。

（2）色彩。从色彩方面来看，领带有单色与多色之分。在商务活动中，蓝色、灰色、棕色、黑色、紫红色等单色领带都是十分理想的选择。男性商务人员在正式场合中所佩戴的领带最好与西装同一色彩，切勿使自己佩戴的领带多于三种色彩。同时，还应尽量少打浅色或艳色领带。浅色、艳色领带与三种颜色以上的领带一样，仅适用于在休闲活动中佩戴。

（3）图案。适用于商务活动中佩戴的领带，主要是单色、无图案的领带，或者是以条纹、圆点、方格等规则的几何图形为主要图案的领带。以人物、动物、植物、文物、景观、徽记、文字或电脑绘画为主要图案的领带，则主要适用于社交或休闲活动。

（4）款式。领带的款式往往受到时尚的左右。在这个问题上，主要应注意以下四点：其一，领带有箭头与平头之分。一般认为，下端为箭头的领带，显得比较传统、正规；下端为平头的领带，则显得时髦、随意一些。其二，领带有宽窄之别。除了要尽量与流行保持同步之外，根据常规，领带的宽窄最好与本人的胸围以及上衣的衣领相般配。其三，忌用简易式的领带。诸如“一拉得”领带、“一挂得”领带等，均不适合在正式的商务活动中使用。其四，领结宜于同礼服、翼领衬衫相搭配，并且主要适用于社交场所。

（5）配套。有时，领带与装饰性手帕会被组合在一起成套销售。与领带配套使用的装饰性手帕，最好与领带的面料、颜色、图案完全相同。两者同时“亮相”，则多见于社交活动之中。

（6）质量。一条好的领带，必须具有良好的质量。其主要特征为：外形美观、平整，无跳丝、无疵点、无线头，衬里为毛料，不变形，悬垂挺括，较为厚重。宁肯不打领带，也不要以次充好。

挑选好了领带之后，还要面临如何发挥领带的功效、体面地结系领带的问题。一条打得漂亮的领带，在穿西装的人身上会发挥画龙点睛的作用。而要充分发挥领带的作用，就务必要关注场合、服装、性别、位置、结法、长度、配饰等几个方面的问题。

其一，场合。打领带有其适用的特定场合。因为打领带便意味着郑重其事，所以在谈判、会见、开会或拜访等场合，以打领带为佳。在参加宴会、舞会、音乐会时，为表示尊重主人，亦可打领带。在休闲场合，则通常是不必打领带的。

其二，服装。打领带，必须注意与之配套的服装。一般而言，穿西装套装是非打领带不可的。穿单件西装上衣时，领带则可打可不打。在非正式活动中单穿西装背心时，可以打领带。不穿西装的时候，例如穿风衣、大衣、夹克、毛衣、短袖衬衫时，通常是不宜打领带的。

其三，性别。严格地讲，在商务活动中，领带仅适合男士佩戴。领带是男性商务人员的基本标志之一。由于男女有别，一般女性商务人员在正式活动中不宜打领带。若是女士将其视为普通饰物而在社交场合加以使用，则是允许的。

其四，位置。将领带打好后，必须将其置于适当的位置。穿西装上衣与衬衫时，应将其置于两者之间，并令其自然下垂。在西装上衣与衬衫之间加穿西装背心或羊毛衫、羊绒衫时，应将领带置于西装背心、羊毛衫、羊绒衫与衬衫之间，切勿将领带夹在西装上衣与西装背心、羊毛衫、羊绒衫之间，尤其是不要在穿两件羊毛衫或羊绒衫时将领带掖在两者中间。

其五，结法。领带打得漂亮与否，关键在于领带结打得如何。打领带结的基本要求是：令其挺括、端正，并且在外观上呈倒三角形。领带结的具体大小，则最好与衬衫衣领的大小成比例。要想使之稍有变化，还可以在它的下面压出一处小窝或一道小沟来，此所谓“男人的酒窝”，是当今流行的领带结法之一。打领带时，最忌讳领带结不端正、松松垮垮。在正式场合露面时，务必要提前收紧领带结，千万不要为使自己爽快，而将其与衬衫的衣领“拉开距离”。

其六，长度。领带打好之后，必须长短适度。最标准的长度是领带打好之后，下端的大箭头正好抵达皮带扣的上端。超过了这一长度，领带有可能暴露于上衣衣襟之外；而达不到这一长度的话，领带则很有可能会时不时地从上衣衣襟里“蹦跳”出来。

其七，配饰。依照惯例，打领带时大可不必使用任何领带的配饰。设想一下，在自己疾步行走时，领带在敞开的衣襟之外随风荡漾，岂不是很棒！在国外，人们只有在有必要限制领带的“活动范围”或穿制服时，才使用领带夹。即便使用领带夹，也不宜令其处于外人视野之内，而宜将其夹在领带打好后的“黄金分割点”上，即衬衫自上而下的第四粒至第五粒纽扣之间。如果愿意，打领带时亦可使用领带针或领带棒。前者应插在领带打好后偏上方的正中央，后者则只能用在衬衫衣领上。应当强调的一点是，使用任何领带的配饰，数量上均应以一件为限，千万不要同时使用多件，更不要滥用、乱用。

3. 鞋袜

穿西装时，男性商务人员所穿的鞋子与袜子均应符合既定的要求，必须与之配套。对男性商务人员来说，鞋袜在正式场合亦被视作“足部的正装”。不遵守相关的礼仪规范，则必定会令自己“足下无光”。

（1）鞋子。

与西装配套的鞋只能是皮鞋。拖鞋、凉鞋、布鞋、球鞋、旅游鞋，显然都是与西装所具有的郑重其事的风格“互相抵触”的。

与西装配套的皮鞋，应当是真皮制品而非仿皮。一般来说，牛皮鞋与西装最为般配，羊皮鞋、猪皮鞋则不甚合适。至于以鳄鱼皮、鸵鸟皮、蟒蛇皮制作的皮鞋，穿出去多有炫耀之嫌，一般也不宜选择。

需要说明的是，磨砂皮鞋、翻毛皮鞋大都属于休闲皮鞋，也不太适合与西装相配套。

与西装配套的皮鞋，按照惯例应为深色、单色。浅色皮鞋、艳色皮鞋与多色皮鞋，例如白色皮鞋、米色皮鞋、红色皮鞋、香槟色皮鞋、拼色皮鞋等，都不宜在穿西装时选择。人们通常认为，最适于同西装套装配套的皮鞋，只有黑色一种。就连棕色皮鞋，正式场合往往也会受排斥。

男性商务人员在正式场合所穿的皮鞋，应当没有任何图案、装饰。打孔皮鞋、绣花皮鞋、压花皮鞋、拼图皮鞋、带有文字或者金属扣的皮鞋等，均应不予考虑。

男性商务人员所穿皮鞋的款式，应当庄重而正统。根据这一要求，系带的制式皮鞋是最佳之选。各类无带皮鞋，如船形皮鞋、盖式皮鞋、拉锁皮鞋等，都不符合这一要求。此外，在正式场合，男性商务人员穿各类皮靴、厚底皮鞋、高跟皮鞋、坡跟皮鞋或高帮皮鞋也会显得不伦不类。

男性商务人员在商务活动中穿皮鞋时，必须切记以下五点：

其一，鞋内无味。可能的话，皮鞋要勤换、勤晾，免得其味道过于浓重。

其二，鞋面无尘。皮鞋必须天天上油，反复擦拭。不论鞋子是何种名牌，假如使它“蒙尘”良久，自然也不会给人以好感。

其三，鞋底无泥。每天擦皮鞋时，切勿忘记同时打扫一下鞋底。雨天、雪天拜访他人时，还要在进门前再次检查一下鞋底是否“拖泥带水”，并采取适当的措施及时将其去除。

其四，鞋垫相宜。使用鞋垫时，一定要令其大小与皮鞋相适应，以防其动辄在自己行走之际“逃脱”在外。

其五，尺码合适。正式场合所穿的皮鞋，其尺码大小必须合适。如果小了，肯定会夹脚、磨泡；如果大了，则难免不跟脚，走起路来踢踢踏踏，极不自然。

（2）袜子。

穿西装、皮鞋时所穿的袜子，最好是纯棉、纯毛制品。有些质量好的以棉、毛为主要成分的混纺袜子，也可以选用，最好别选择尼龙袜、丝袜。

与西装、皮鞋相配套的袜子，以深色、单色为宜，并且最好是黑色的高筒袜。千万别穿与西装、皮鞋的颜色对比鲜明的白色袜子。发光、发亮的袜子或船袜、袜套，则更是绝对不宜采用的。

在袜子上，允许出现以几何图案为主的具有庄重风格的图案。当然，穿没有任何图案的袜子更为合适。

男性商务人员在穿袜子时，必须遵守下列四项规则：

其一，干净。袜子务必要做到一天一换，洗涤干净，以防止其异味令自己难堪、令他人难忍。

其二，完整。穿袜之前，一定要检查一下有无破洞、跳丝。如果发现有此类现象，应及时更换。

其三，成双。无论如何，穿袜子时都要穿成双的袜子。不要自行将原非一双的两只袜子随意组合后穿在一起，尤其当两者颜色不同、图案各异时，更不该那么做。

其四，合脚。在正式场合穿的袜子，其大小一定要合脚。特别应当注意，别穿太小、太短的袜子。袜子太小，不但易破，而且容易从脚上滑下去。袜子太短，则时常会使脚踝外露。一般而言，袜子的长度不宜低于自己的踝骨。

最后，还须强调，赤脚穿皮鞋属于时尚界人士之举，男性商务人员绝对不宜那么做。

二、套裙

商务人员的着装，一向讲究男女有别。主流社会的基本要求是：女性商务人员在正式场合的着装以裙装为佳，各种裤装都是不宜选择的。

不仅如此，商界还约定俗成地认为：在所有适合于女性商务人员在正式场合所穿着的裙式服装之中，套裙是名列首位的选择。在一些人的眼里，套裙甚至与单位的职业女装直接画上了等号。

套裙，通常是西装套裙的简称，其上身为一件女式西装，下身则是一条半截式的裙子。平时，女性商务人员所穿着的套裙，大致上可以分成两种基本类型：一种是用女式西装上衣同任意一条裙子所进行的自由搭配与组合，被称为“随意型”套裙；另外一种则是女式西装上衣和与之同时穿着的裙子为成套设计、制作而成，被称为“成套型”或“标准型”套裙。严格地讲，套裙目前一般指的仅仅是后一种类型。

顾名思义，任何一套套裙都应当以裙为主，并成套穿着。也就是说，离开了裙子的套装不应当称作套裙，女式西装上衣与裙子不配套也不能算作套裙，这绝非多余之言，女性商务人员对此应当引起重视。

进而言之，每一套正宗的套裙，一般都是由一件女式西装上衣和一条半截裙所构成的两件套女装。有些时候，也可以见到三件套的套裙，它只不过是在女式西装上衣与半截裙之外，再加上了一件背心而已。自从套裙问世至今，占主导地位的一直都是两件套套装。

根据商务礼仪规范，一套经典的、可供女性商务人员在正式场合穿着的套裙，通常必须具备如下特征：一是它应当是由高档面料制作的，上衣与裙子应当采用同一质地、同一色彩的素色面料。二是它在造型上讲究典雅大方与扬长避短，因此提倡量体裁衣、做工考究。三是它的上衣注重平整、挺括、贴身，较少使用饰物、花边进行点缀。四是它的裙子应以窄裙为主，并且裙长应当及膝或者过膝。

（一）套裙的选择

时至今日，套裙早已在职场上大为普及，而且还在许多著名的服装设计师手里花样翻新，渐渐地具有某种“时装化”的倾向。但是从本质上来看，它依旧万变不离其宗，与“古典化”套裙相比，变化尚且不多。下面主要介绍女性商务人员在选择套裙时需要兼顾的七个具体问题。

1. 面料

总体而言，套裙在面料上的选择余地远远要比西装套装大得多。其主要的要求是：套裙最好选用既是纯天然质地的又是质量上乘的面料。上衣、裙子以及背心等，应当选用同一种面料。在外观上，套裙所选用的面料，讲究的是匀称、平整、润滑、光洁、柔软、悬垂、挺括，不仅要求弹性好、手感好，而且应当不起皱、不起毛、不起球。

通常，人们对于组成套裙的上衣、裙子以及背心的面料的一致性，是最为看重的。之所以如此，是因为这样不仅可以使套裙浑然一体、朴素自然，而且还会使穿着者看起来高雅、脱俗、美观、悦目。

目前，人们依照以上标准来选择套裙的面料，除薄花呢、人字呢、女式呢、华达呢、凡尔丁、法兰绒等纯毛面料之外，高档的府绸、丝绸、亚麻、麻纱、毛涤以及一些化纤面料，也在选择之列。皮套裙，尤其是黑色皮套裙，一般不宜充当女性商务人员的职业装。

2. 色彩

在色彩方面，套裙的基本要求是：应当以冷色调为主，借以体现出着装者的典雅、端庄与稳重。用常人的眼光来看，套裙的色彩应当清新、雅气而凝重。因此，不应选择鲜亮抢眼的色彩。同时，还须使其与时尚的各种“流行色”保持一定的距离，以显示自己的传统与持重。

具体而言，标准而完美的套裙的色彩，不仅要兼顾着装者的肤色、形体、年龄与性格，而且更要与着装者从事商务活动的具体环境协调一致。在一般情况下，各种加入了一定灰色的色彩，例如，藏青、炭黑、烟灰、雪青、茶褐、土黄、紫红等稍冷一些的色彩，往往都是女性商务人员可予以优先考虑的。由此可知，同男性商务人员所穿的西装套装相比，女性商务人员所穿的套裙不一定非得是深色的不可，而且其选择范围也远远不止蓝、灰、棕、黑等几种。

不仅如此，套裙的色彩有时还可以不受单一色彩的限制。以两件套套裙为例，它的上衣与裙子可以是一色，也可以采用上浅下深或上深下浅两种并不相同的色彩，使之形成鲜明的对比，来强化它所留给人们的印象。在上面所提及的两种套裙色彩的组合方法中，前者庄重而正统，后者则富有活力与动感，两者各有千秋。

有时，即使穿着上衣、下裙同为一色的套裙，也可以采用与其色彩不同的衬衫、纽扣、领花、丝巾、胸针、围巾等衣饰，来对其加以点缀，以便使之显得生动而活泼。此外，还可以采用不同色彩的面料，来制作套裙的衣领、兜盖、前襟、下摆，这样也可以“激活”套裙的色彩。

应当谨记：一套套裙的全部色彩最多不要超过三种，否则就会显得杂乱无章。

3. 图案

选择套裙，讲究的是朴素而简洁。在具体考虑其图案时，也必须注意到这一点。

按照常规，女性商务人员在正式场合穿着的套裙，可以不带有任何图案。如果本人喜欢，以各种或宽或窄的格子、或大或小的圆点、或明或暗的条纹为主要图案的套裙，大都可以选择。其中，采用以方格为主体图案的格子呢所制成的套裙，穿在女性商务人员的身上，可以使人感觉静中有动，充满活力。多年以来，它一直盛行不衰，大受白领丽人们的欢迎。一般认为，套裙不应以花卉、宠物、人物、卡通、字母、数字、文字、符号、商标为主体图案。一名白领丽人假如穿着那样的套裙行走于职场，不但会过于引人注目，而且看起来也会让人感到头晕目眩。总而言之，绘有此类图案的面料，在本质上与套裙的风格是不相容的。

4. 点缀

在一般情况下，套裙上不宜添加过多的点缀，否则极有可能使其显得琐碎、杂乱、低俗和小气。

一般而言，以贴布、绣花、花边、金线、彩条、扣链、亮片、珍珠、皮革等加以点缀或装饰的套裙，穿在女性商务人员的身上，都不会有良好的效果。通常，这一类的套裙往往是不为人们所接受的。

不过，并非所有带有点缀的套裙均应遭到排斥。有些套裙上适当地采用了装饰扣、包边、蕾丝等点缀之物，实际效果也不错。关键在于，套裙上的点缀宜少不宜多、宜小不宜大、宜精不宜糙、宜简不宜繁。

5. 尺寸

从具体的尺寸上来讲，套裙可谓变化无穷。但从根本上讲，套裙在整体造型上的变化，主要表现在它的长短与宽窄两个方面。

（1）套裙的长短。一般来说，套裙的上衣与裙子的长短是没有明确而具体的规定的。以前，在欧美国家，女性商务人员的套裙曾被要求上衣不宜过长，下裙不宜过短。比较而言，人们对于裙子的长度似乎关注得更多一些。传统的观点是：裙短则不雅，裙长则无神。裙子的下摆恰好抵达着装者小腿肚上最为丰满之处，乃是最为标准、最为理想的裙长。然而，在现实生活中依旧墨守此规者并不多见。目前，套裙之中的裙子，有的是超短式，有的是及膝式，有的则是过膝式。女性商务人员在选择时，应主要考虑的是：个人偏好、身材特点以及流行时尚。

应予强调的是，在套裙之中，虽然超短裙已被渐渐地接受，但是出于自尊自爱与职业道德等方面的缘故，女性商务人员仍须注意，套裙之中的超短裙并非越短小、越“迷你”越好，在工作场合里过多地裸露自己的大腿无论如何都是不文明的。在一般情况下，女性商务人员所穿着的套裙中的超短裙，裙长应以不短于膝盖以上 15 厘米为限。越是正式的场合，越是要求女性商务人员所穿的套裙裙长必须长于其膝盖。

在套裙的着装实践中，上衣与裙子的具体尺寸，主要有上长下长式、上短下短式、上长下短式、上短下长式四种基本形式，只要着装选择适当，它们穿起来都能够在视觉上令人赏心悦目。

（2）套裙的宽窄。在套裙之中，由于背心需要内穿，因而不宜过于宽松肥大。由于裙子强调贴身为美，故此以窄为主。套裙宽窄的问题，实际上主要与上衣有关。

以宽窄肥瘦而论，套裙之中的上衣分为紧身式与松身式两种。紧身式上衣的肩部平直、挺拔，腰部收紧或束腰，长不过臀，整体上呈倒梯形造型，线条硬朗而鲜明。松身式上衣的肩部则大都任其自然，或稍许垫高一些，腰部概不收缩，衣长往往直至大腿，线条上讲究自然流畅。一般认为，紧身式上衣显得较为正规，松身式上衣看起来则更加时髦一些。

6. 造型

套裙的造型，具体是指它的外观与轮廓。从总体上来讲，套裙的基本造型可以大致上分为“H”型、“X”型、“A”型、“Y”型四类。

(1)“H”型。“H”型套裙的主要特征是：上衣较为宽松，裙子亦多为筒式。这样一来，上衣与下裙便给人以直上直下、浑然一体之感。它既可以让着装者显得优雅、含蓄，也可以为身材肥胖者遮丑。

(2)“X”型。“X”型套裙的主要特征是：上衣多为紧身式，裙子则大都是喇叭式。它有意识地突出着装者腰部的纤细。此种造型的套裙轮廓清晰而生动，可以令着装者看上去婀娜多姿、楚楚动人。

(3)“A”型。“A”型套裙的主要特征是：上衣为紧身式，裙子则为宽松式。此种上紧下松的造型，既能体现着装者上半身的身材优势，又能适当地遮掩其下半身的身材劣势。不仅如此，它还在总体造型上显得松紧有致、富于变化和动感。

(4)“Y”型。“Y”型套裙的主要特征是：上衣为松身式，裙子多为紧身式，并且以筒式为主。它的基本造型实际上就是上松下紧。一般来说，它意在遮掩着装者上半身的短处，同时表现出其下半身的长处。此种造型的套裙往往会令着装者看上去亭亭玉立、端庄大方。

7. 款式

套裙在款式方面的变化，主要集中于上衣与裙子方面。一般来说，背心的变化往往不会太大。

套裙之中上衣的变化，主要表现在衣领方面。除了最为常见的平驳领、枪驳领、一字领、圆领、“V”字领、“U”字领之外，青果领、披肩领、燕翼领、蟹钳领、束带领等领型，也是比较常见的。

上衣的另外一个主要变化，则是在其衣扣方面。它既有无扣式的，也有单排式、双排式的；既有明扣式的，也有暗扣式的。在衣扣的数目上，少则只有一粒，多则不少于十粒。就具体作用而言，有的纽扣发挥实际作用，有的纽扣则只起着装饰作用。

除了领型、纽扣等方面的变化，套裙之中的上衣在门襟、袖口、衣袋等方面，往往也多会花样翻新、式样辈出。

作为套裙的主角，裙子的式样也不乏变化。就最常见者而言，西装裙、一步裙、围裹裙、筒式裙、折裥裙等，款式端庄、线条优美；百褶裙、旗袍裙、开衩裙、“A”字裙、喇叭裙等，则飘逸洒脱、高雅漂亮。它们都是大受欢迎的式样。

与男性商务人员的西装相比，女性商务人员的套裙在款式上千变万化，令人眼花缭乱。此种状况，是男性商务人员在选择西装时根本不会碰到的。

（二）套裙的穿法

女性商务人员在正式场合要想显得衣着不俗，不仅要注意选择一身符合常规要求的套裙，更要注意的是，套裙的穿着一定要得法。也就是说，在穿着套裙时，必须要讲究套裙的具体穿着方式。

在穿着套裙时，女性商务人员需要注意下述几点。

1. 大小适度

一套做工精良的优质面料的套裙，穿在一位白领丽人的身上，无疑会为之平添魅力。如果想让穿在自己身上的套裙美丽而生动，就必须大小相宜。过大或过小、过肥或过瘦的套裙，通常都不宜贸然穿着。

通常认为，套裙之中的上衣最短可以齐腰，而裙子最长则可以到达小腿的中部。但是，在一般情况下，上衣不可以过短，裙子也不可以太长，否则便会给人以勉强或者散漫的感觉。

特别应当注意，上衣的袖长以恰恰盖住着装者的手腕为好。衣袖如果过长，甚至在垂手而立时挡住着装者的大半个手掌，往往会使其看上去矮小无神；衣袖如果过短，动不动就使着装者“捉襟见肘”，甚至将其手腕完全暴露，则会显得滑稽而随便。

还应注意，上衣或裙子均不可过于肥大或包身。过于肥大的套裙易于使着装者显得萎靡不振，过于包身的套裙则往往会惹来麻烦。

2. 穿着到位

在穿套裙时，必须依照其常规的穿着方法，将其认真穿好，令其处处到位。尤其应当注意：上衣的领子要完全翻好，衣袋的盖子要拉出来盖住衣袋；不允许将上衣披在身上，或者搭在身上；裙子要穿得端端正正，上下需要对齐之处务必对齐。

特别需要指出的是，女性商务人员在正式场合露面之前，一定要抽出时间仔细地检查自己所穿衣裙的纽扣是否系好、拉锁是否拉好，以及内衣是否因纽扣未扣好、拉锁未拉好而暴露在外。在大庭广众之下，如果上衣的衣扣系得有所遗漏，裙子的拉锁忘记拉上或者稍稍滑开一些，进而令内衣外露，都会令着装者无地自容。

按照规矩，女性商务人员在正式场合穿套裙时，上衣的衣扣须一律系上。不允许将其部分或全部解开，更不允许当着别人的面随便将上衣脱下来。此种做法，往往会损害自己的形象。

3. 考虑场合

女性商务人员尽管非常适合穿套裙，但是并不意味着不论干什么事情都可以穿套裙应付自如。与其他服装一样，套裙自有其适用的特定场合。

按照商务礼仪的常规：女性商务人员在各种正式的商务交往中，一般以穿着套裙为好。在涉外活动中，则务必要穿着套裙。除此之外，大都没有必要非穿套裙不可。

女性商务人员在出席宴会、舞会、音乐会时，可酌情选择与此类场合相协调的礼服或时装。此时依旧穿套裙，则会使自己与现场气氛格格不入，并且还有可能影响到他人的情绪。

外出观光旅游、逛街购物，或者进行锻炼时，女性商务人员一般以穿着休闲装、运动装等便装为宜。如果在这些场合还身着套裙，不仅“劳而无功”，而且还会使他人觉得着装者煞有介事。

4. 协调妆饰

高层次的穿着打扮，讲究的是着装、化妆与佩饰风格统一，相辅相成。因此，在穿着套裙时，女性商务人员必须具有“全局”意识，将其与化妆、佩饰一道通盘加以考虑。忽略了这一点，搞不好就会使它们彼此矛盾、不相协调。

就化妆而言，女性商务人员在穿套裙时的基本守则是：既不可以不化妆，也不可以化浓妆。穿套裙时，女性商务人员必须维护好个人的形象，因此是不能不化妆的。而之所以要求不可以化浓妆，主要是因为女性商务人员在工作岗位上要突出的是工作能力、敬业精神，而非自己的性别特征和靓丽容颜，所以应当只化淡妆。换言之，女性商务人员在工作时应当“妆成有却无”，恰到好处即可。

就佩饰而言，女性商务人员在穿套裙时的主要要求是：以少为宜；合乎身份。在工作岗位上，可以不佩戴任何首饰。如果要佩戴的话，则不应当超过三种，每种也不宜多于两件。不仅如此，穿套裙的女性商务人员在佩戴首饰时，还必须兼顾职业女性这一身份。按照惯例，不允许佩戴与个人身份无关的珠宝首饰，也不允许佩戴有可能过度地张扬自己“女人味”的胸针、耳环、手镯、脚链等首饰。

5. 兼顾举止

虽说套裙最能够体现女性的柔美曲线，但假如着装者举止不雅，在穿套裙时对个人的仪态毫无顾忌，甚至肆意而为，则会大煞风景，破坏其应有的美感。

穿上套裙之后，女性商务人员要站得又稳又正，不可以双腿叉开、东倒西歪，或是随时倚墙靠壁而立。就座以后，务必应注意姿态，切勿双腿分开过大，或是翘起一条腿来，或是脚尖抖动不已，更不可以脚尖挑鞋直晃，甚至当众脱下鞋子。

一套剪裁合身或稍微紧身一些的套裙，在行走时或取放东西时，都有可能对着装者产生一定程度的制约。由于裙摆所限，穿套装者走路时不能够大步流星地奔走，而只宜以小碎步行走。行进之中，步子以轻、稳为佳，不可走得“通通”直响。需要取某物时，若其与自己相距较远，可请他人相助，千万不要逞强，尤其是不要踮起脚尖、伸直胳膊费力地去够，或是俯身、探头去拿，免得露出自己身上不该暴露的部位，甚至使套裙因此而突然开裂。

（三）套裙的搭配

对于套裙的搭配，主要应当考虑衬衫、内衣、衬裙、鞋袜的选择是否适当。

1. 衬衫

与套裙配套穿着的衬衫，通常有不少的讲究。从面料上讲，主要要求其轻薄而柔软，因而真丝、麻纱、府绸、罗布、花瑶、涤棉等都可用作其面料。从颜色上讲，它的要求则主要是雅致而端庄，并且不失女性的妩媚。除了作为基本选择的白色之外，其他各种颜色，包括流行色在内，只要不是过于鲜艳，并且与同时所穿的套裙的颜色不相互排斥，均可用作衬衫的颜色。不过，还是以单色为最佳之选。同时，还要注意使衬衫的颜色与所穿套裙的颜色互相搭配，要么外深内浅，要么外浅内深，形成两者之间的雅致而耐看的深浅对比。

与套裙配套穿着的衬衫，最好不要带有繁杂的图案，选择无任何图案的衬衫最妥当。除此之外，可以选择带有条纹、方格、圆点、碎花或暗花的衬衫。假如在穿着带有图案的套裙时穿带有图案的衬衫，应使两者或是外简内繁，或是外繁内简，以求变化有致。

女式衬衫的款式甚多，其变化大多体现在领型、袖管、门襟、轮廓、点缀等方面。应当说明的是，与套裙配套穿的衬衫不必过于精美，在领型等细节上也不宜十分新奇夸张。那些样式极其精美、新奇、夸张的衬衫，仅适合单穿。

穿衬衫时，女性商务人员须注意以下事项：

(1) 衬衫的下摆应掖入裙腰之内。不得任其悬垂于外，或是将其在腰间打结。

(2) 衬衫的纽扣要一一系好。穿衬衫时，除最上端一粒纽扣按惯例允许不系外，其他纽扣均不得随意解开。衬衫上端该系上的纽扣不系上，而在他人面前露出一抹酥胸，乃是不雅之态。

(3) 衬衫在公共场合不宜直接外穿。出于礼貌，不可在外人面前脱下上衣，直接以衬衫面对对方。身穿紧身而透明的衬衫时，特别应当牢记这一点。

2. 内衣

内衣，被女性商务人员称为“贴身的关怀”。在穿着套裙时，依惯例亦须对同时所穿的内衣慎加选择，并注意其穿着之法。

一套内衣往往由胸罩、内裤以及腹带、吊袜带、连体衣等构成。内衣应当柔软贴身，并且起着支撑和烘托女性线条的作用。有鉴于此，选择内衣时，最关键的是要使之大小适当，既不能过于宽大，也不能过于窄小。

内衣所用的面料，以纯棉、真丝等面料为佳。它的颜色可以是常规的白色、肉色，也可以是粉色、红色、紫色、棕色、蓝色、黑色。不过，一套内衣最好同为一色，而且其各个组成部分亦为单色。就图案而论，着装者完全可以根据个人爱好加以选择。

内衣的款式甚多。在进行选择时，特别应当关注的是，穿上内衣以后，不应当使它的轮廓一目了然地在套裙之外凸显甚至展现出来。不然，就很有可能使自己为他人所蔑视。

在内衣的穿着方面，女性商务人员必须注意如下五点：

(1) 务必要穿内衣。无论如何，在工作岗位上不穿内衣的做法都是失礼的。在西方一些国家里流行的不戴胸罩的做法，并不值得国人效仿。

(2) 不宜外穿内衣。有人为了显示自己新潮，在穿着套裙时索性不穿衬衫，而直接代之以连胸式衬裙或文胸。这样一来，它便直接暴露在他人视野之内。此种出格的穿法，是甚为不雅的。

(3) 不宜外露内衣。穿内衣之前，务必要检查一下它与套裙是否般配。若是无意之中在领口露出一条胸罩的带子，在袖口露出一截胸围，或是在裙腰外面露出一圈内裤，都会给自己形象造成无可挽回的损害。

(4) 不宜外透内衣。选择与内衣一同穿着的套裙、衬衫时，应使三者厚薄有别。切勿令三者一律又薄又透，而且色彩反差甚大。那样，从外面就能清楚地看见内衣。

(5) 不宜外凸内衣。选择内衣时，既要令其大小合身，又要防止外衣过小、过紧而致使内衣凸显于外衣之外。

3. 衬裙

衬裙，特指穿在裙子之内的裙子。一般而言，女性商务人员穿套裙时是必须要穿衬裙的。穿套裙时，尤其是穿丝、棉、麻等薄型面料或浅色面料的套裙时，假如不穿衬裙，就很有可能会使自己内裤的轮廓为外人所见。

选择衬裙时，可以考虑各种面料，但是以透气、吸湿、单薄、柔软者为佳。过于厚重或过于硬实的面料，通常不宜用来制作衬裙。

在颜色与图案方面，衬裙的讲究是最多的。衬裙的颜色宜为单色，如白色、肉色等，但必须使之与外面套裙的色彩相互协调。两者要么彼此一致，要么外深内浅。无论如何，都不允许出现内深外浅的情况，同时，衬裙上一般也不宜出现任何图案。

从款式方面来看，衬裙亦须与套裙相配套。总体上来说，衬裙的选择应特别关注线条简单、穿着合身、大小适度三点。它既不能长于外穿的套裙，也不能过于肥大，以免将外穿的套裙撑得变形。

穿衬裙时，有如下两个重要的注意事项：

（1）衬裙的裙腰切不可高于套裙的裙腰。那样的话，则会使衬裙暴露在外。

（2）衬衫下摆应掖入衬裙裙腰与套裙裙腰两者之间。切不可将其掖入衬裙裙腰之内，否则行走的时间一长，或是动作过大时，它就有可能连累衬裙裙腰“重见天日”。

4. 鞋袜

鞋袜，通常被称为女性商务人员的“腿部景致”或“足上风光”。因此，每一位爱惜自身形象的人都切不可对其马虎大意。有人曾言：欲了解一位白领丽人的服饰品位，看一看她所穿的鞋袜即可。此言更是说明了鞋袜对于女性商务人员的重要性。

选择鞋袜时，自当首先注意其面料。女性商务人员所穿的用以与套裙配套的鞋子，宜为皮鞋，并且以牛皮、羊皮的高跟或半高跟的船式皮鞋为佳。与其同时所穿的袜子，可以是尼龙丝袜或羊毛袜。

鞋袜的颜色，有许多特殊的要求。与套裙相配套的皮鞋，以黑色最为正统。此外，与套裙颜色一致的皮鞋亦可选择。但是鲜红、明黄、艳绿、浅紫的鞋子，则最好莫穿。穿套裙时所穿的袜子，可有肉色、黑色、浅灰、浅棕等几种常规选择，宜为单色。多色袜、彩色袜，以及白色、红色、蓝色、绿色、紫色等色彩的袜子，都是不适宜的。

需要强调的是，穿套裙时，应兼顾鞋、袜、裙三者之间的色彩是否协调。一般认为，鞋、裙的颜色必须深于或等同于袜子的颜色。若一位女士在穿白色套裙、白色皮鞋时穿上一双黑袜子，就会给人以长着一双“乌鸦腿”之感。

不论是鞋子还是袜子，其图案与装饰均不宜过多，免得“喧宾夺主”。其实，带有网眼、镂空、拼皮、珠饰、吊带、链扣、流苏、花穗的鞋袜，或印有时尚图案的鞋袜，有时穿起来效果往往不佳。

鞋袜在与套裙搭配穿着时，其款式有一定之规。与套裙配套的鞋子，宜为高跟、半高跟的船式皮鞋或盖式皮鞋。系带式皮鞋、丁字式皮鞋、皮靴、皮凉鞋等，都不宜采用。高筒袜、连裤袜与套裙的搭配比较合适，中筒袜、低筒袜不宜与套裙同时穿着。

穿套裙的女性商务人员在选择、穿着鞋袜时，按照常规有下列六点注意之处：

(1) 大小适宜。鞋子大了不跟脚，并且会露出趾缝；袜子大了则会松松垮垮，甚至还可能脱落下来。

(2) 完好无损。鞋子如果开线、裂缝、掉漆、破残，袜子如果有洞、跳丝，均应立即更换，不要打了补丁再穿。

(3) 不可当众脱下。有些女性商务人员喜欢有空便脱下鞋子或是处于半脱鞋状态。还有个别人经常将袜子撸下去一半，甚至当着外人的面脱去袜子。此类做法，都是有失身份的。

(4) 不宜趿拉鞋子。所谓趿拉鞋子，即将鞋后帮踩在脚后跟之下。此为休闲、时尚之法，并不适合于女性商务人员。

(5) 袜子不可随意乱穿。不允许同时穿两双袜子，也不许将健美裤、九分裤等裤装当成袜子来穿。

(6) 袜口不可暴露于外。袜口即袜子的上端。将袜口暴露在外，是一种公认的既缺乏服饰品位又失礼的表现。女性商务人员不仅穿套裙时应自觉避免此种情形的发生，而且还应当在穿开衩裙时注意，即使在走动时，也不应当让袜口偶尔现于裙衩之外。

应强调的是，穿套裙时不穿袜子或不穿皮鞋，均为不当之举。

三、制服

在国内外的不少单位里，商务人员在工作之时往往会身穿面料、颜色、款式整齐划一的服装。所谓制服，指的就是上班族在其工作岗位上按照规定所必须穿着的，由其所在单位统一制作下发的，面料、颜色、款式整齐划一的服装。对商务人员而言，制服其实是自己在工作岗位上按规定所必须穿着的上班装，或称工作服。

由于职场上所包括的具体职业不胜枚举，因此制服亦可谓变化万千。有时，即便是在同一个单位里，它往往也会呈现出不同的特色。虽然如此，在千变万化、形形色色的制服之中，仍然可以发现许多具有共性的、规律性的一致之处。这种一致之处，即为制服的礼仪规范。

商务人员所应掌握的制服的礼仪规范，主要涉及制服的制作和穿着两个方面。

(一) 制服的制作

制服的制作与选择，既与每一名必须穿着制服的商务人员相关，更主要取决于其所在单位决策者的个人态度。鉴于此事与单位形象息息相关，因此每一家单位的负责人均应亲自过问此事，而不应将它交由办事人员全权处理。

制作与选择一套适合商务人员穿着的制服，所要考虑的重点问题主要包括面料、颜色、款式、分类、做工等。简而言之，面料好、色彩少、款式雅、分类准、做工精，就是对商务人员所穿着的制服在制作方面的具体要求。

1. 面料好

为商务人员制作制服，应尽可能地选择质量上乘的面料。在一般情况下，本着既经济实惠又美观体面的原则，应当优先考虑纯毛、纯棉、纯麻、棉毛、棉麻、毛麻、毛涤等面料。

纯毛、纯棉、纯麻等面料，不仅质地天然，而且吸湿、透气、贴身、舒适，外形美观，穿在身上显得较有档次。经济条件如能允许，应优先考虑此类面料。

棉毛、棉麻、毛麻、毛涤等面料，皆属于高档混纺面料。与前者相比，它们可以说是一种退而求其次的选择。它们大都具备悬垂、挺括、结实、耐折、耐磨等特点，在价格上比较便宜，因而经济实惠。

有些时候，为了从事某些特殊工作或是适应某些特殊环境的需要，用以制作制服的面料，通常还会被要求具备某些比较特殊的功能。例如，防火、防水、防风、防尘、防污染、防辐射、防静电、防氧化、防高温、防低温等。在选择此类特种用途的制服的面料时，务必精益求精、严格把关，绝对不允许降低标准、以次充好。

若非情况较为特殊，一般不应当选择涤纶、涤丝、尼龙、中长纤维等人造化学纤维面料来制作商务人员的制服。用各种化纤面料制作的制服，在短时间内，大都色泽鲜艳、免烫抗皱、坚牢耐穿，而且还可以大大降低制作成本。但是它们往往经不起时间的考验，穿的时间久了，通常都会被磨得发光发亮，表面上往往也会藏污纳垢、起毛起球，并且还极易跳丝或产生静电。这样一来，就给人以劣质低档之感。所以，即使不要求商务人员穿制服，往往也比其身穿低档劣质的化纤制服所留给社会各界的印象要好得多。

2. 色彩少

统一制作制服时，切不可使其色彩过于繁多，或图案过于杂乱。不然看起来显得杂乱无章，或者花里胡哨，有损本单位的整体形象。所以，从总体上讲，制服的色彩宜少而不宜多。

具体来说，选择制服的色彩时，以下三点应予重视：

（1）优先考虑标志性色彩。在用来塑造本单位形象的“形象识别系统”中，标志性色彩占据着重要的位置。标志性色彩是指某一单位为了体现自身特色、表现自身理念，而特意选定一种或数种色彩用以代表自己。在商务活动中，它被广泛地应用于本单位的标志、徽记、广告、标语、商标、旗帜、建筑等各个方面。以标志性色彩作为商务人员制服的主色，亦是一种国际上通行的做法。

（2）力求色彩单一而偏深。如果与单位的标志色不矛盾的话，制服的色彩以单一而偏深为好。在一般情况下，在一套制服里，上衣、裤子或裙子最好采用同一种色彩。为了庄重、耐脏等原因，制服通常不宜采用浅色、花色、艳色。根据常规，可为制服所选择的、符合上述要求的色彩大体上仅有蓝、灰、棕、黑等几种。通常认为，蓝色的制服表示严谨，灰色的制服表示稳重，棕色的制服表示文雅，黑色的制服则表示高贵。在世界各国，它们都是最为常用的制服的“基本色”。

（3）总体上坚持“三色原则”。“三色原则”的基本要求是：与制服一同穿着的衬衫、领带、帽子、鞋袜，包括制服本身在内，其色彩应在总量上被限定在三种以内。这样做，可使配色的效果最佳。具体而言，商务人员在穿制服时，全身一色未必不可，全身两色不能算少，但是不宜超过三色。遵守“三色原则”，主要是为了体现出商务人员着装简洁大方的整体风格。具体进行操作时，有两点务请切记：其一，采用两色或三色时，最好使其中的一种色彩为白色。其二，不论是采用两色还是三色，都不要按同等比例对其进行搭配。

此外，除本单位的标志之外，制服上不宜出现任何图案或饰物。

3. 款式雅

商务人员的制服，总的要求是雅气、端庄。它应当既突出实用性，又传统而保守；既与众不同，又不宜一味追逐时尚，甚至走在时尚之前；既应当体现出本单位的特色，又不可为了标新立异而以奇装异服的面目出现。简而言之，商务人员穿上制服后，应当显得精明干练、精神焕发、文质彬彬、温文尔雅。这些要求体现在制服的款式方面，就是要求它要以“雅”为本。

具体而言，制服目前多为两件套式，即由一件上装与一件下装所构成。由于行业不同、部门不同、要求不同，制服的款式可谓变化多端，令人目不暇接。

制服的上装，有西装式、猎装式、夹克式、衬衫式、两用衫式等。制服的下装，则有裤装式、裙装式、背带装式等。

不论制服具体采用哪一种款式，根据雅气、端庄的总体要求，都必须力戒露、透、短、紧、乱，此所谓“制服五戒”。

（1）戒露。

制服作为衣服理应发挥为人体遮羞的基本功能，对商务人员在工作岗位上不宜裸露在外的身体部位加以遮掩。通常认为，制服是不应当使着装者的胸部、腹部、背部、肩部、大腿在外“曝光”的。此五个不宜外露之处，通称为“制服五不露”。假如达不到这一要求，就会让着装者的乳沟、胸毛、腋毛、肚脐、脊背等处，甚至连同内衣一道昭然示众，显得非常不文明。

（2）戒透。

制服面料即使极为色浅单薄，也绝对不应当是透明的。如果商务人员在上班时所穿的制服成了变相的“透视装”，令本属于着装者“绝对隐私”的背心、胸罩、内裤、腹带、衬裙等若隐若现，甚至赫然在目，犹如特意进行“公开陈列”一般，那样不但有碍观瞻，而且也会使着装者失掉自尊自爱。

（3）戒短。

无论如何，制服都应当合身。有些制服因为工作的需要，允许相对宽松肥大一些。但是，不应使制服过分短小，不然，既显得小气，又会给人以不文明之感。在一般情况下，制服的上装不宜短于腰部，否则会露出裤腰、裙腰甚至肚皮，成了改头换面的“露脐装”。裤装式的制服，一般不宜为短裤式样。裙装式的制服，裙摆大都应长于膝盖。这样规定，对着装者其实也是一种保护。

（4）戒紧。

必须明确的是，制服并非时装，因此不应使之过于紧身以凸显着装者的线条。通常，以高弹面料制作制服是不合适的。应当注意的是，欲体现本人的苗条身材而随意改动制服的做法是不可取的。

（5）戒乱。

穿制服时，绝对不宜乱穿。乱穿制服，在此所指有二：一是制服、便服混穿，胡乱组合、搭配；二是不遵守制服自身的穿着之法，肆意而为。显而易见，乱穿制服有损其着装者自身的形象。

4. 分类准

要使制服在商务活动中真正地发挥良好的作用，就必须在恪守上述几项规则的前提下，对其进行必要的分类。在实际工作中，制服的分类有多种方法。不论采用何种分类方法，都应当使之适应实际工作的需要，并且有助于维护本单位的形象，定位恰到好处。这就是所谓的分类要准。

就目前而言，制服的分类通常采用的主要有以下四种方法：

（1）按性别分类。总的说来，制服明显地具有“中性化”趋向。有时，它甚至可以不分男女。不过为了照顾男性和女性的不同生理特点，并且在工作中得以分辨清楚，故此制服通常都有男式与女式的区别。

（2）按季节分类。在我国，一年四季寒暑不同，制服自然应当随之而有所变化。在四季明显的地区，制服往往被分为三类，即夏装、冬装与春秋装。而在一年只有冷暖两季的地区，制服则可分为暖季制服与冷季制服两类。在热带地区，制服实际上只有夏装一种。

（3）按用途分类。由于商务人员的具体工作岗位各不相同，因此制服依照其具体用途可以分为办公服、礼宾服与劳动服三类。其一，办公服，主要供日常在办公室里办公的商务人员穿着。其二，礼宾服，主要适合礼仪人员在礼宾岗位上穿着。其三，劳动服，适用于在从事体力劳动的现场劳作之时穿着。

（4）按职级分类。在职场上，讲究的是商务人员分工明确、下级服从上级，这一特点往往也会在制服的分类上得到体现。在许多大单位里，不同级别者的制服各不相同，不同部门的制服也区分得一清二楚。它的好处是不仅方便了自己的交往对象，而且亦可增强着装者的责任心与荣誉感。

5. 做工精

制作制服，注意节省费用、反对铺张浪费是非常有必要的，但这绝不能以牺牲做工的精细严谨为代价。

要做到不允许对制服进行粗制滥造这一点，就必须严守制服的制作标准。没有制作标准与不遵守制作标准，同样都是有害的。特别应当切记，绝对不允许以任何借口在制作制服时偷工减料，使其看起来粗陋不堪，甚至面目全非；也不允许在制作制服时马马虎虎，使其“好景不长”。因此，在制服的加工制作阶段，务必要严加监管、抽查与验收。

制服的做工要精，这是制服美观耐用的前提，同时更与维护着装者及其所在单位的形象直接相关。为此，在检查一套制服的制作质量时，尤其需要注意下列细节：领子是否大小相当；衣袖、裤管是否长短一致；衣袋是否端正而对称；肩线、裤缝、裙腰是否平直；

衬里是否外露；纽扣、别针、挂钩、拉锁、裤襻、裙襻是否钉得结实；纽扣与扣眼是否对应；拉锁是否能用、耐用。

（二）制服的穿着

制服既然属于上班装，那么对身着制服上班的商务人员而言，穿着和搭配制服，就必须严格地遵守有关的礼仪规范和本单位的具体规定。

在穿着制服上班时，商务人员必须关注下述三个方面的问题。

1. 忌脏

穿着制服，必须努力使之保持干净整洁的状态。上班所穿的制服难免会被弄脏，这并不值得大惊小怪。重要的是，对于制服的清洁与否，一定要时刻留意。一旦发现它被弄脏了，就应当及时进行换洗。换而言之，对于制服定期或者不定期地进行换洗，应当成为每一位商务人员用以维护自我形象的自觉而主动的行动。不仅如此，除制服之外，与之配套穿着的内衣、衬衫、鞋袜亦应定期进行换洗，而决不可容忍其长期“值班”。

在外人面前，商务人员所穿的制服必须无异味、无异物、无异色、无异迹。若是制服汗臭扑鼻，或是遍布油垢、汗迹、汤渍、漆色，不一定表明着装者勤劳辛苦，却往往会令人感到其肮脏不堪。

2. 忌皱

穿着制服的一项重要要求，就是制服外观应整齐、完好。由于制服所用的面料千差万别，并非所有的制服都能够悬垂挺括、线条笔直，但是不使其皱皱巴巴、折痕遍布，却是每一名商务人员均应做到的。无论从哪一个方面来说，身穿一套皱皱巴巴的制服的商务人员，都难以赢得他人的尊敬。除了邋邋遢遢、消极颓废、懒惰不堪、不修边幅这一类的评价之外，恐怕再也找不到适于对其加以评论的言辞了。

为了防止制服产生折皱，必须采取一些必要的措施。例如，脱下来的制服应当挂好或叠好，切勿信手乱扔。洗涤之后的制服，要加以熨烫或是上浆。穿制服时，不要乱倚、乱靠、乱坐等。最重要的，则是要在思想上时刻提醒自己注意此点。

3. 忌破

在工作中，有时商务人员所穿的制服经常会在一定程度上出现破损的现象。除了“工伤”这一因素之外，制服穿着的时间久了，也会自然地发生“老化”，例如开线、磨毛、磨破、纽扣丢失等。

发现制服破损之后，商务人员应采取必要的补救措施。一般情况下，制服一旦在外观上发生明显的破损，如掉扣、开线或有破洞等，就不宜在工作岗位上继续穿着。在办公室里，特别是在某些“窗口”部门工作的商务人员，或是担任领导职务的商务人员，更是要注意这一点，千万不可视而不见。

对残破的制服，应根据具体情况分别进行处理。若其为劳动服，在经过认真修补后，仍然可以再穿。但不应对修补残破之处敷衍了事，贴胶布或别别针，都是不规范的。若其为礼宾服或办公服，残破之处经过修补后痕迹明显者，如打补丁或换上式样不配套的纽扣之类，则不宜再度在正式场合穿着。

除去上装与下装这两大主体部分之外，商务人员往往还要按照有关规定，使自己其他的衣饰与制服协调、系统地组合搭配。

在一般情况下，商务人员穿制服时，按规定要求与其配套使用的衣饰，主要有衬衫、帽子、鞋袜、皮带等。它们往往会与制服一起下发，以便在整体风格上与制服保持一致。商务人员在穿着制服时，若是离开了这些衣饰，往往会使其所穿制服失去本应具有的神韵。因此，穿制服时，必须按规定同时使用与其配套的衣饰，不准不用或以其他非配套使用的衣饰代替。

即使单位未对穿制服时其他部分的衣饰作统一规定，商务人员在选用其他衣饰时，亦应将它们与制服协调与否的问题置于首位予以考虑，切不可滥用衣饰。

四、饰品

在商务交往尤其是涉外交往中，除西装、套裙、制服等正装之外，商务人员通常还离不开许多重要的饰品。饰品的选择、搭配与使用等一系列的细节，往往更能充分、客观地反映出商务人员的素养。

饰品，又叫做饰物。对商务人员而言，所谓饰品，是指在其整体服饰中发挥装饰作用的一些配件。顾名思义，饰品主要具有装饰作用。然而，不少饰品在装扮其使用者的同时，往往还发挥着不可替代的实际功能。因此，在探讨商务人员的衣饰时，不应对饰品有所忽略。

下面，主要介绍首饰、手表、钢笔、皮具、围巾等几种商务人员最为常用的饰品的礼仪规范。

（一）首饰

首饰，是人们平日使用最多的一种饰品。严格地说，它指的是那些功能专一的装饰品，诸如戒指、耳环、项链、胸针等。有的时候，人们往往将首饰与饰品直接画上等号。

在一个人的穿着打扮中，首饰处于画龙点睛的位置。有鉴于此，商务人员在选用首饰时，务必要三思而行。对下述几条有关首饰的礼仪规范，一定要认真遵守。

1. 符合身份

在正式的商务交往中选戴首饰时，商务人员务必要使之与自己的身份相称。一般而言，在工作中商务人员要讲究以下“首饰三不戴”：

（1）有碍工作的首饰不戴。如果佩戴某些首饰会直接影响自己的正常工作，那么就应当坚决不佩戴它们。

（2）炫耀财力的首饰不戴。在工作场合佩戴过于名贵的珠宝首饰，难免会给人以招摇过市、不务正业之感。

（3）突出性感的首饰不戴。胸针、脚链、及胸的项链、耳部的荡环之类的首饰，往往会突出佩戴者的性别特征，从而引起异性过分的注意，在工作场合不宜佩戴。

2. 男女有别

从某种意义上讲，首饰实际上是女性的“专利品”。除结婚戒指等极少数品种的首饰之外，男性通常是不宜在正式场合佩戴过多首饰的。此项社会上普遍通行的规则，对于男性商务人员同样是适用的。

与男性相反，在佩戴首饰时，女性往往有多种多样的选择。俗称“女性首饰三大件”的戒指、项链、耳环，许多职业女性是经常佩戴的。对于此点，社会上并无任何非议。

3. 遵守成规

对商务人员特别是白领丽人们来说，在上班时佩戴首饰，还须自觉遵守以下几项约定俗成的常规：

（1）以少为佳。在上班时即便可以佩戴首饰，但还是要限制其数量，并以少为佳。一般而言，佩戴首饰时，总量上不宜多于三种，每种不宜超过两件。

（2）同质同色。同时佩戴多件首饰时，应尽量选择质地、色彩都基本相同的首饰，至少也要使其色彩相似。否则搞得五花八门、异彩纷呈，往往便会令人感到佩戴者粗俗不堪。

（3）风格划一。风格划一，在此既指同时佩戴的多件首饰应当统一风格，也指所佩戴的首饰应当与自己的其他衣饰在风格上协调一致。

（二）手表

对商务人员来说，手表既是一种常用的计时工具，又是一种重要的饰品。社会上早就有“男人看表”一说，可见对于男性商务人员而言，手表是一件十分关键的饰品。

手表，亦称腕表。在此，它特指以表带佩戴于手腕上的计时工具。商务人员在佩戴手表时，主要应当在款式、功能、戴法三个方面遵守成规。

1. 手表的款式

选择手表的款式讲究甚多。商务人员在正式场合佩戴手表时，在其款式方面主要应考虑以下几点：

（1）男女有别。男款表与女款表，是手表在款式上最基本的区别。佩戴手表时，一般不允许男女不分，胡乱戴之。

（2）风格庄重。在商务交往中所佩戴的手表，其风格以庄重、保守为主。因此，商务人员大多喜欢佩戴比较传统的机械表，而很少选择时髦的石英表、电子表。

（3）重视外观。商务人员选择正式场合佩戴的手表时，大都十分重视其外观，尤其关注以下两点：

其一，轮廓。一般而言，正圆、正方、椭圆、长方等形状的手表都是适宜之选，而异形手表则不宜考虑。

其二，色彩。手表的表盘、表壳、表带的色彩均极有讲究。商务人员在正式场合中，往往首先考虑选戴“全黄表”、“全银表”与“全黑表”。有些人也喜欢表盘为乳白色，而表壳、表带为金色、银色、黑色的“两黄一白表”、“两银一白表”或“两黑一白表”。

2. 手表的功能

手表的功能，在此指的是它的具体用途。在这个方面，一般要求商务人员遵守如下

“六不戴”：

（1）不戴广告表。若非本单位的广告表，在正式场合中是不宜佩戴的。

（2）不戴时装表。时装表只宜用以与时装进行搭配，上班时穿着正式的套装、套裙、制服的商务人员显然不宜佩戴。

（3）不戴珠宝表。上班时，任何人都不宜招摇过市，所以奢华抢眼的珠宝表不宜佩戴。

（4）不戴特种表。一些具有特种用途的手表，如太空表、潜水表、血压表、纪念表、军表等，商务人员均不宜佩戴。

（5）不戴劣质表。虽说商务人员没有必要上班时一律佩戴高档表，但这并不意味着可以选择走时不准、外观粗糙的劣质表。

（6）不戴残损表。残损表，在此特指那些功能与外观均已严重受损的手表。上班时佩戴这种表，无疑是缺乏自尊自爱的表现。

3. 手表的戴法

佩戴手表时，商务人员应当注意以下三点：

（1）不宜不戴手表。在外人面前，不戴手表的人通常会被视为时间观念不强。

（2）不宜乱戴手表。作为腕表，手表只宜戴于手腕之上。将其挂于胸前、腰带上或装入口袋中，都显得不伦不类。

（3）不宜乱用手表。佩戴手表，意在察看时间。但在商务交往中，面对外人频频看表、反复上弦，则是不允许的。那样做，往往有逐客或心不在焉之嫌。

（三）钢笔

随着科技的进步，电脑已广泛地应用于商务场合。商务人员平时在互行文书时，已越来越多地采用了电脑。尽管如此，作为传统书写工具的典型代表——钢笔的重要地位依旧是不可替代的。

在职场上，钢笔历来被视为商务人员的“武器”。在选择与使用钢笔时，商务人员应认真遵守下述礼仪规范。

1. 钢笔的选择

选择钢笔，实际上大有讲究。一般来说，选择钢笔时主要应对品牌、式样、功能、类别四个方面的具体问题予以重视。

（1）品牌。在选择钢笔时，商务人员特别是单位的高层人士往往对品牌特别关注。在国外，著名的钢笔品牌有万宝龙、威迪文、派克等。在国内，英雄、永生、金星等品牌的钢笔则有口皆碑。

（2）式样。商务人员所使用的钢笔，其式样应强调朴实、大方。具体而言，它的色彩应当单一而又传统，并以黑色、灰色、红色、金色、银色为佳。它的长度应为 12 厘米～15 厘米，过长或过短都未必得体。它的装饰，则应简洁而庄重。

（3）功能。在商务交往中，商务人员所使用的钢笔不仅具有实用功能，而且具备一定的装饰功能。但是，其主要用途仍然是书写，因此商务人员尽量不要选用附加功能过多的钢笔。

(4) 类别。某些类别的钢笔，例如签字笔、宝珠笔、书法笔、工艺笔等，属于正式钢笔的变种。在一般情况下，若无特殊原因，商务人员不宜选用它们。

2. 钢笔的使用

商务人员在使用钢笔时，有以下五点基本的注意事项：

(1) 随身携带钢笔。平时，商务人员应养成随身携带钢笔的习惯。不随身携带钢笔的人，往往会在一些关键场合遇到尴尬的情况。

(2) 带有两支钢笔。训练有素的商务人员，往往还会在正式场合同时携带两支钢笔。这样一来，一支钢笔出现问题时，另外一支钢笔便可以及时救场。

(3) 保证墨水充足。因公外出前，有经验的商务人员都会循例检查一下自己随身携带的钢笔，了解其墨水是否充足。

(4) 禁止借用钢笔。通常，在工作之中，商务人员不宜向他人借用钢笔。

(5) 置于适当之处。在正式场合，商务人员随身携带的钢笔应被置于公文包、上衣口袋、笔袋等既定的规范之处。乱放钢笔，如夹在耳朵上、插在衣襟上、别在西装上衣外侧口袋上、放在裤兜内都是不适宜的。

(四) 皮具

皮具，在此特指以皮革制作的较高档次的工作与生活用品。对商务人员而言，皮具兼具实用与装饰之功效。要想发挥皮具的良好功效，首先要注意选择好的皮具。选用皮具时，商务人员对以下五个基本点应有所了解：

(1) 皮具的质地。商务人员所选用的皮具多为牛皮、羊皮制品。有时，亦可选用质地稍逊一筹的猪皮制品。但珍稀、名贵动物的皮革制品，一般都不宜选用。

(2) 皮具的颜色。商务人员在正式场合使用的皮具，大多选用单色，并且往往优先考虑黑色与棕色。对杂色、花色、多色、艳色的皮具切勿滥用。

(3) 皮具的形状。根据惯例，商务人员在正式场合所使用的皮具，形状多为长方形、正方形、椭圆形、半圆形、六边形等较为规范的几何图案。

(4) 皮具的做工。正式场合使用的皮具，不论其式样如何、用途怎样，均应制作精良。粗制滥造的皮具，商务人员还是不使用为妙。

(5) 皮具的品牌。在一些重要场合，尤其是在国际交往中，人们对商务人员所用皮具品牌的关注，往往甚于对其质地、颜色、形状等方面的关注。爱马仕、香奈儿、普拉达、路易威登等品牌，都是知名的一流国际皮具品牌；而金利来、万里马、鳄鱼、素人等国内知名皮具品牌，也有众多的拥戴者。

在日常工作与生活中，商务人员所使用的兼具实用性与装饰性功能的皮具主要有皮包、皮夹、皮带等，下面分别对其各自的礼仪规范进行简述。

1. 皮包

皮包，在此是指真皮制成的各类包袋。在日常工作与生活中，每一名商务人员均离不开对皮包的使用。选用皮包时，对以下几点必须予以注意：

（1）用途明确。

不同类型的皮包用途不同。例如，旅行包用于差旅，公文包用于办公，电脑包用于放置电脑，肩包用于社交，腰包用于休闲。它们通常各司其职，切不可混淆其具体用途而滥用。

（2）讲究搭配。

使用于正式场合的皮包，非常讲究与其使用者整体服饰的搭配。以下各点，尤须重视：

其一，色彩搭配。商务人员所使用的皮包的色彩，一般应当使之与自己整体服饰的主色调相似。有时，亦可令其与自己所穿着的服装的色彩呈对比色。在特别正式的商务交往中，有一项特别的讲究，那就是商务人员所使用皮包的颜色，最好要与其同时穿着的皮鞋的色彩相一致。

其二，质地搭配。使用皮包时，应有意识地使自己同时使用的各类包袋皆为皮质，并且最好脚穿皮鞋，不然的话，就会有碍服饰的和谐统一。

其三，款式搭配。使用皮包时，还应同时使其与自己的其他服饰在款式上较为一致，要么都是商务款，要么同为休闲款。

其四，整体搭配。在任何情况下，选用皮包时，皆应使其服从于自己服饰上的整体搭配。对使用者的性别、年龄、身份、身高等，均应予以考虑。

（3）内容分类。

曾有一位商务礼仪专家讲过：了解一个人为人处世严谨与否的捷径，就是打开他的皮包，去看一看里面摆放的物品是否井然有序、各就各位。因此，商务人员对使用于正式场合的各类皮包，均应注意以下三点：

其一，减少内容。没有必要把自己有用没用的物品一股脑地塞入皮包之内。对使用于正式场合的皮包，一定要提前进行删繁就简的整理，以求轻装上阵。

其二，分类摆放。在皮包里，常用之物均应分类放置。这样一来，使用时便会一目了然。

其三，固定位置。常用的物品既要分类放置，更要固定其摆放位置，以求寻找之时“手到擒来”。

（4）携带有方。

携带皮包时，对一些基本的礼仪规范均应认真遵守。

其一，不要乱用皮包。外出之际，该用什么样的皮包就用什么样的皮包。如果谈判时系腰包，逛街时拎皮箱，就会让人讥笑。

其二，不要乱拿皮包。皮包的带法颇有讲究。旅行箱应当拉着，公文包应当提着，电脑包则应当背着，反其道而行之，通常是不允许的。

其三，不带多只皮包。若非外出旅行，随身携带的大型皮包不宜多于一只。必要时，宁肯选用一只更大一些的皮包，也不带多只皮包。

其四，不要乱放皮包。上门做客时，皮包不应乱放。在一般情况下，可将其交由主人存放，存入专用的衣帽厅，也可以放在自己脚边的地板上。

2. 皮夹

皮夹，在此特指某些较小的皮包。依据皮夹的用途，商务人员最为常用的皮夹有钱夹、钥匙夹、名片夹、文件夹、护照夹等。使用皮夹时，通常要求商务人员重视以下三点：

(1) 内容专一。

皮夹通常容积较小，因此其具体内容越是专一越好。以钱夹为例，其中只宜放置钱币与银行卡。若是里面既放钱币又放名片，再放上电话卡、购物卡，弄得乱七八糟，就非常有碍观瞻。

(2) 外形美观。

皮夹虽小，但因使用较多，故备受瞩目。使用于正规场合的皮夹，理应外观优美。外观出了问题的皮夹，例如褪色、残破、缺损、开线等，最好不用。

(3) 放置到位。

在通常情况下，商务人员所使用的皮夹，应存放在公文包或办公桌内。在其他地方乱摆乱放，均属不当。即使有时将其放在衣服口袋内，也不甚合适。

3. 皮带

皮带又叫腰带。除了可以束腰，系在裤子与裙子之外，皮带有时亦可作为饰品。比较而言，在男性商务人员身上，皮带所发挥的装饰作用尤其突出。

选用皮带时，商务人员一般应注意皮带的颜色、图案、尺寸、环扣与系法等。

(1) 皮带的颜色。

商务人员使用于正式场合的皮带，在颜色上有三点讲究：

其一，宜为单色。使用多色皮带，通常是不允许的。

其二，宜为深色。商务人员所使用的皮带，一般应为深色，并且以墨色、棕色皮带为首选。

其三，重视搭配。众所周知，皮带的颜色宜与同时所使用的皮鞋、皮包的颜色保持一致。

(2) 皮带的图案。

除商标之外，正式场合所使用的皮带应当没有任何图案。它宜为光面，而非压花、磨砂、编织之类。

(3) 皮带的尺寸。

皮带在尺寸上，主要有以下两个方面的具体要求：

其一，宽度。皮带的宽度男女有别。正式场合所使用的皮带，男式宜宽 3 厘米，女式宜宽 2.5 厘米。皮带过宽或过窄，都是不允许的。

其二，长度。皮带的长度，应为系好之后长过皮带环扣约 10 厘米。

(4) 皮带的环扣。

环扣是皮带上最醒目之处，它一般应为金属制品，并且多为单一的金色、银色或黑色。除商标之外，皮带环扣上不宜出现其他任何文字、图案。

（5）皮带的系法。

系皮带时，以下各点均为既定之规，应予以遵守：

其一，自右而左。一般而言，系皮带时，皮带头大都应当自右而左。

其二，进入襻带。系皮带时，大都应当认真将其穿入裤子、裙子上的每一个襻带之内。

其三，勿挂他物。在正规场合，皮带上不宜挂放诸如手机、钥匙链、打火机等物品。

（五）围巾

围巾，在传统意义上一般指的是围在脖子上保暖的针织品或纺织品。在现代生活中，许多商务人员，尤其是女性商务人员，往往喜欢选用围巾作为自己重要的装饰之物。对商务人员而言，不论是选择还是使用围巾，都有一些既定的规则。

1. 围巾的选择

选择围巾时，其质地、颜色、图案、规格、品牌等，均须予以注意。

（1）质地。围巾的质地，往往多种多样。人们公认为真丝、羊绒、羊毛质地的围巾乃是上品。

（2）颜色。围巾的颜色，在选择时可兼顾以下三点：个人偏好；整体风格；流行时尚。应当注意的是，一条围巾上的颜色总量最好别超过三种。与此同时，还须使之与同时选用的其他配饰彼此之间呼应、搭配。

（3）图案。图案往往是女性商务人员选择围巾时关心的重点。从总体上讲，使用于正式场合的围巾，可以没有任何图案。喜欢有图案的围巾的人，可选择具有典雅、庄重等特点的图案。

（4）规格。围巾的具体尺寸往往多种多样，选择时，可以根据个人的具体需要而定。

（5）品牌。围巾的知名品牌甚多。国外的爱马仕、古琦，国内的雪莲、鹿王等，都是其中的佼佼者。

2. 围巾的使用

使用围巾时，一般要求商务人员对以下四点予以注意：

（1）男女有别。比较而言，男性商务人员使用围巾时，大都依旧偏重于保暖这一传统功能。女性商务人员使用围巾时，则往往偏重于装饰或点缀。例如，不少女性商务人员喜欢选用围巾束发、束腰、束腕、披肩。

（2）季节有别。在一般情况下，商务人员在选用围巾时，往往会首先考虑到季节的差异。在冬季，人们青睐羊毛、羊绒围巾，而在其他季节里，真丝、纯麻的围巾则是大多数人的首选。

（3）场合有别。一般来讲，在较为正式的场合里，商务人员使用围巾时宜讲究其庄重、大方；而在轻松愉快的场合里，商务人员使用围巾则应讲究时尚、俏丽、别致。

（4）形状有别。就围巾的基本形状而论，有正方形、长方形、三角形三种基本形状。此外，还有不规则形状的围巾。具体使用时，长方形围巾使用最广，并且可以使之形成多种变化，因此最受白领丽人的喜爱，有人甚至称长方形围巾为围巾的“基本型”。

本章小结

本章介绍的是有关商务人员的形象礼仪，其具体内容涉及商务人员先天的容貌修饰与后天的穿着打扮。其基本要求是：内强素质，外塑形象。其目的，则是要使商务人员塑造出良好的个人形象。

关键概念

形象　仪容　仪态　服饰　自然美　修饰美　内在美

复习题

1. 商务人员进行仪容修饰时有哪些重点？
2. 个人举止在与人沟通时有何作用？
3. 怎样做到举止敬人？
4. 商务人员的化妆有何禁忌？
5. 商务人员穿西装有何讲究？
6. 商务人员穿制服有何禁忌？

讨论及思考题

1. 商务人员为什么要维护其个人形象？
2. 商务人员的个人形象与其所在单位的形象之间有何关系？
3. 商务人员应如何兼顾自己的心灵美与仪表美？
4. 为什么要进行个人仪容修饰？
5. 为什么提倡白领丽人“化妆上岗”？
6. 为什么要求商务人员关注其工作岗位上的个人服饰？